A. BOURNAND
ancien élève de l'École des Hautes Études
Un bienfaiteur de l'Humanité
PASTEUR
sa vie son œuvre
Quand on aura bien étudié on
verra la foi du paysan
si j'avais étudié plus
j'aurais la foi de la
paysanne bretonne
PASTEUR
Paris

PARIS. — IMP. TEQUI, 92, RUE DE VAUGIRARD.

UN BIENFAITEUR DE L'HUMANITÉ

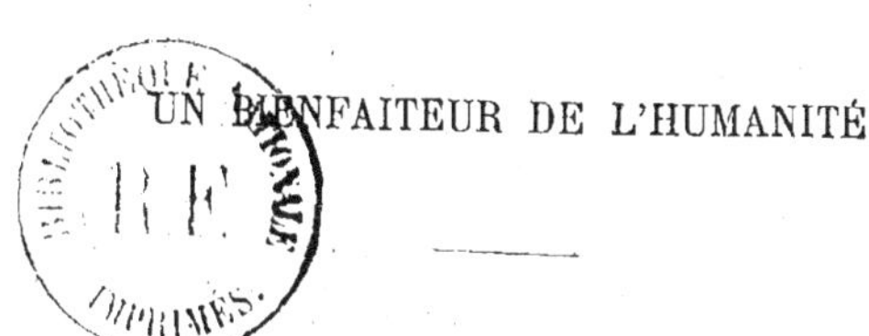

PASTEUR

SA VIE, SON ŒUVRE

Fr. BOURNAND
ancien élève de l'École des hautes Études.
Un bienfaiteur de l'Humanité.
PASTEUR.
Sa vie, son œuvre.
Quand on a bien étudié, on
revient à la foi du paysan
breton. Si j'avais étudié plus
encore, j'aurais la foi de la
paysanne bretonne.
PASTEUR.
Tolra, éditeur, PARIS.
J. MAITREJEAN inv. & del. 1895

A

MONSIEUR JULES SIMON

Membre de l'Académie française,

Membre de l'Académie des Sciences morales et politiques,

Ancien Ministre de l'Instruction publique,

Respectueux hommage de son dévoué

FRANÇOIS BOURNAND,

Ancien élève de l'École des Hautes-Études.

3o Novembre 1895.

INTRODUCTION

EUNES gens, quelle que soit votre carrière, ne vous laissez pas atteindre par le scepticisme dénigrant et stérile, ne vous laissez pas décourager par les tristesses de certaines heures qui passent sur une nation. Dites-vous d'abord : « Qu'ai-je fait pour mon instruction ? » Puis, à mesure que vous avancerez : « Qu'ai-je fait pour mon pays ? » jusqu'au moment où vous aurez peut-être cet immense bonheur de penser que vous avez contribué en quelque chose au progrès et au bien de l'humanité. Mais que les efforts soient plus ou moins favorisés par la vie, il faut, quand on approche du grand but, être en droit de se dire qu'on a fait ce qu'on a pu. » Ces belles paroles, l'illustre savant qui vient de mourir les prononçait le 27 décembre 1892, à l'occasion du soixante-dixième anniversaire de sa naissance, quand, recevant dans le grand amphithéâtre de la Sorbonne l'hommage reconnaissant de la France, le salut des savants du monde entier, il s'adressait particulièrement, en terminant son discours de remercîment, aux étudiants de Paris. Il y avait dans ces quelques mots toute une admirable leçon de devoir, de dévouement, d'énergie et de patriotisme donnée à la jeunesse.

Il faut d'ailleurs le dire hautement, Pasteur ne laisse pas seulement une œuvre de savant, il laisse une autre œuvre non moins belle : celle de son existence, de sa vie si fière et si noble et pendant laquelle il suivit toujours, suivant l'expression de Montaigne, *la voie une et droicturière*.

Ce *bienfaiteur de l'humanité*, dont les découvertes ont rendu de si précieux services, avait eu les origines les plus modestes. Et c'est pourquoi précisément il faut l'offrir en exemple. Trouver la vie belle et assurée dès le berceau, ne rencontrer que de la chance sur son chemin, cela est donné à beaucoup, et on peut s'étonner à bon droit qu'ayant ainsi l'existence toute faite, ils n'emploient pas toujours leur temps à se rendre utiles. L'étonnement n'est pas moins grand, mais alors l'admiration s'en mêle, quand on voit un pauvre enfant d'ouvrier, parti de très bas, s'élever aux sommets de la gloire et mériter qu'on dise de lui : « Le monde entier doit le pleurer de toutes les larmes du cœur ! »

*
**

Pasteur fut le vrai type de cet *homme supérieur* si superbement décrit par Hello :

« L'homme supérieur, incessamment tourmenté, déchiré par l'opposition de l'idéal ou du réel, sent mieux qu'un autre la grandeur humaine et mieux qu'un autre la misère humaine ; il se sent plus fortement appelé vers la splendeur idéale, qui est notre fin à tous, et plus mortellement endommagé par la vieille déchéance de notre pauvre nature : il nous communique ces deux sentiments qu'il subit, il allume en nous l'amour de l'être, et éveille en nous sans relâche la conscience de notre néant. L'homme médiocre ne sent ni la grandeur, ni la misère, ni l'être, ni le néant; il n'est ni ravi, ni précipité; il reste sur l'avant-dernier degré de l'échelle, incapable de monter, trop paresseux pour descendre.

« L'homme de génie est supérieur à ce qu'il exécute; sa pensée èst supérieure à son œuvre. »

Pasteur était aussi un être essentiellement bon. Il était bon en tout et pour tous. Bon envers les jeunes savants qu'il encourageait et réconfortait, bon envers les siens qu'il adorait, bon au milieu de ses amis intimes qui le bénissaient, bon pour les pauvres, pour les humbles, les déshérités de la nature et de la fortune. Ce savant, comblé d'honneurs, auquel les grands de la terre venaient rendre des hommages, était sensible comme un enfant à la moindre attention. Il avait les larmes aux yeux, quand de pauvres parents venaient le remércier avec effusion d'avoir sauvé l'un de leurs enfants; comme une tendre mère, il prodiguait des caresses aux petits bébés que l'on allait inoculer et que la peur faisait trembler et crier. Aussi a-t-il inspiré de tendres affections, de persévérants dévouements. S'il eût vécu aux siècles antiques, les peuples lui auraient élevé des statues et l'auraient acclamé comme un des plus grands bienfaiteurs du genre humain.

C'est peut-être la première fois de notre vie que nous regrettons de n'avoir pas une plume assez éloquente, assez bien inspirée pour consacrer un beau livre à sa douce mémoire. Nous espérons néanmoins avoir fait tout notre possible, dans notre modeste sphère, pour le faire connaitre, aimer, et notre plus grande ambition serait de le donner ici comme un bel exemple à notre jeunesse studieuse.

FRANÇOIS BOURNAND.

28 octobre 1895.

La maison de Pasteur à Arbois.

CHAPITRE PREMIER

LES DÉBUTS DU SAVANT

Louis Pasteur est né à Dôle, le 27 décembre 1822.
Son père était un vieux soldat décoré sur le champ de bataille. La vie avait été rude pour lui. Ne trouvant plus de foyer à son retour en France, il avait été obligé de gagner sa vie bien péniblement et il avait pris le métier de tanneur.

Il s'était donné pour compagne une vaillante jeune fille, au cœur enthousiaste, agité de grandes pensées, faisant pour l'avenir du petit Louis de beaux rêves ambitieux. Tous deux pensaient avec un mélange d'orgueil et de tendresse à lui faire donner une belle instruction.

En 1825, le père de Pasteur acheta à Arbois, sur les bords de la Cuisance, une petite tannerie. La famille quitta donc Dôle pour aller s'y installer.

Ce fut dans cette ville d'Arbois et dans cette tannerie que le jeune Louis Pasteur passa son enfance.

Sitôt qu'il fut en âge d'être reçu demi-pensionnaire, on le mit au collège communal. Son père lui servait le soir de répétiteur, lorsque son travail était terminé.

Lorsque le jeune Louis Pasteur était rentré à la maison, il se dépêchait à faire à la diable, tant bien que mal, ses devoirs, ses versions, ses théorèmes, ses analyses, et vite, vite il filait chez les voisins avec une boîte de pastels à la main. Il allait dans des maisons amies pour faire des portraits et on lui faisait fête partout, on l'appelait l'*artiste*.

C'est ainsi que plusieurs familles arboisiennes possèdent des portraits signés Pasteur, et ces portraits sont tous accrochés depuis longtemps à la place d'honneur, soit d·· ·on, soit dans la boutique. Quand le jeune Louis P usa être devenu assez habile dans le genre du port· ulut faire celui de sa bonne et vaillante mère dont il n'a jamais parlé sans être attendri (1).

Ce joli portrait, resté longtemps à Arbois, est aujourd'hui à l'Institut Pasteur. Louis Pasteur a représenté sa bonne mère les épaules serrées par un châle à carreaux, sa douce et grave figure encadrée dans un blanc bonnet.

« Quel dommage qu'il se soit enfoncé dans un tas de chimie! disait, il y a peu de temps, une vieille Arboisienne; il a manqué

(1) Un jour, voyant dans la chambre de Pasteur ce portrait de sa mère, peint par lui à l'âge de quatorze ans, Gérôme se félicitait qu'il se fût livré aux sciences : « Nous aurions eu, disait-il, en ce diable d'homme, un rival dangereux. »

Rappelons que Pasteur a toujours parlé de sa mère dans les termes les plus attendris, car son intelligence s'était ouverte, réchauffée, grandie sous la chaleur bienfaisante de l'amour maternel.

sa vocation : il serait arrivé à se faire certainement une réputation de peintre. »

*
* *

Si le jeune Pasteur abandonna ses pastels et son goût pour les arts quand il fut en troisième, s'il sentit dans l'âme ce goût profond, cette puissante ardeur de travail qu'il ne devait pas quitter de toute sa vie, ce fut pour répondre aux conseils de son père qui voulait faire quelque chose de bien de ce fils qu'il aimait tant.

*
* *

On causait bien souvent dans la famille de ce que ferait plus tard le petit Louis Pasteur : « Ah ! s'il pouvait être professeur au collège d'Arbois, disait en soupirant son père, qui, avant de gagner sa vie comme tanneur, avait été sergent-major et décoré p[ar] [Na]poléon I[er], je serais l'homme le plus heureux de la terre [1]. »

Le pr[inci]pal du collège, qui voyait avec plaisir les progrès rapides de cet élève devenu en quelques mois un des plus laborieux, des plus tenaces, des plus impatients de tout apprendre, avait pour Louis Pasteur une affection ambitieuse :

« C'est vers l'École normale qu'il faut le diriger », disait-il avec confiance.

Le collège d'Arbois n'ayant pas de professeur de philosophie, M. Pasteur partit pour Besançon, raconte M. Vallery-Radot [2].

---

[1] Si déjà, quand il habitait Dôle et que son fils n'avait que deux ans, ce père se laissait aller à de tels rêves d'avenir, qu'aurait-il dit si on lui eût annoncé que cinquante-huit ans plus tard, sur la façade de la petite maison de la rue des Tanneurs, on placerait devant son fils vivant, chargé d'honneurs et de gloire, passant au milieu d'un cortège triomphal, dans la ville pavoisée — une plaque portant ces mots écrits en lettres d'or :

Ici est né Louis Pasteur, le 27 décembre 1822.

[2] *Histoire d'un savant par un ignorant.*

Il y resta l'année scolaire, fut reçu bachelier ès lettres, et nommé immédiatement maître-répétiteur au même collège. Dans l'intervalle de ses fonctions, il suivait les cours de mathématiques spéciales, qui préparaient aux examens des sciences de l'École normale. Il fallait qu'il y eût déjà en lui une maturité singulière, car le proviseur lui confia la surveillance du quartier des grands, et jamais jeune maître n'eut autant d'autorité et si peu besoin d'en montrer.

Son premier goût pour la chimie se manifesta par des questions tellement fréquentes adressées, en plein cours, à un vieux professeur nommé Darbay, que ce brave homme, désorienté, finit par déclarer que c'était à lui d'interroger Pasteur, et non à Pasteur de lui faire subir, à propos de tout, un véritable interrogatoire. M. Pasteur n'insista pas, mais apprenant qu'il y avait à Besançon un pharmacien qui s'était distingué autrefois par un travail inséré dans les *Annales de chimie et de physique*, il alla le trouver et lui demanda de vouloir bien consentir à lui donner en cachette, les jours de sortie, quelques répétitions particulières.

Aux examens de l'École normale, M. Pasteur fut reçu admissible : il était le quatorzième. Le rang ne lui plut pas. Quel que fût le blâme des candidats qui se présentaient en même temps que lui, il déclara qu'il recommencerait une nouvelle année de préparation. Ce fut à Paris même qu'il voulut travailler, dans un des coins du Paris silencieux, enveloppé du recueillement des écoles préparatoires et des couvents.

Impasse des Feuillantines, demeurait un chef d'institution, M. Barbet, ou plutôt le père Barbet, comme l'appelaient avec une familiarité provinciale tous les Francs-Comtois. M. Pasteur demanda à entrer dans cette institution, non plus comme maître-répétiteur, mais comme simple élève. Sachant le peu de fortune de son compatriote, M. Barbet réduisit d'un tiers la pension de M. Pasteur. Le père Barbet était coutumier de ces

Vue d'Arbois. (L'Eglise et la Place.)

(Gravure extraite de *France-Album* par A. Karl.)

générosités. Il n'aimait pas qu'on les lui rappelât ; aussi est-ce double plaisir de les raconter.

L'année se passe, les examens arrivent : M. Pasteur est reçu le quatrième. Le voici enfin, au mois d'octobre 1843 , dans cette École normale, où il doit occuper une si grande place. Le goût de M. Pasteur pour la chimie était devenu une passion. Il put la satisfaire à son gré.

La chimie était alors enseignée, à la Sorbonne, par M. Dumas, et à l'École normale, par M. Balard. Les élèves de l'École suivaient chaque cours. Si différents que fussent les deux professeurs, ils avaient l'un et l'autre une grande action sur les élèves : M. Dumas, avec sa gravité sereine, son respect profond pour son auditoire, ne laissant jamais la moindre incorrection se glisser dans ses paroles ou dans ses expériences ; M. Balard, d'une vivacité toute juvénile, s'agitant dans sa chaire comme un Méridional à la tribune, ne donnant pas toujours à ses paroles le temps de suivre sa pensée. C'est lui qui, en montrant un peu de potasse au public, disait avec un entrain resté célèbre : « Potasse qui, potasse donc, potasse enfin que je vous présente ici. » Les idées générales que M. Dumas, dans son enseignement souverain, se plaisait à développer, la multitude des faits savamment étudiés que faisait défiler M. Balard, tout répondait aux besoins d'esprit de M. Pasteur. S'il aimait les grands horizons de la science, il avait déjà le souci rigoureux, le besoin du contrôle perpétuel de l'expérimentation. Chacune des leçons de l'École normale ou de la Sorbonne excitait en lui un profond enthousiasme. Un jour que M. Dumas, faisant l'expérience de l'acide carbonique, demandait un mouchoir de bonne volonté pour recevoir cette neige d'acide carbonique solide, M. Pasteur se précipita au pied de la chaire, sollicita l'honneur de prêter son mouchoir, reçut le morceau de neige, revint triomphalement et en courant à l'École normale, répéta sur-le-champ les principales expériences que l'illustre chimiste venait de faire passer sous les yeux de son auditoire, et garda religieusement le mouchoir touché par M. Dumas. Le dimanche, M. Pasteur passait ses journées chez M. Barruel, le préparateur de M. Dumas. Il ne songeait qu'aux manipulations. Longtemps on admira, on admire peut-être encore dans un des laboratoires de l'École un bocal contenant 60 grammes de phosphore, obtenus à l'aide d'os que M. Pasteur avait achetés chez un boucher, qu'il avait calcinés, qu'il avait soumis à toutes les épreuves bien connues des élèves en chimie, qu'il avait réduits enfin, après une journée de chauffe de quatre heures du matin à neuf heures du soir, à ces 60 grammes. C'était la première fois que l'on tentait, à l'École normale, les longues manipulations qui préparent ce corps simple. Aussi, la veille du jour où le fourneau devait être mis en chauffe, M. Pasteur murmurait en se couchant : « Encore sept heures d'attente avant de redescendre au laboratoire. » Laboratoire ou bibliothèque, il ne pensait qu'à s'enfermer là ; curieux de toutes les choses de la science, cherchant toujours à apprendre, à questionner, à contrôler. Comme le règlement de l'École laisse une large part à l'initiative individuelle, il s'en donnait à cœur joie. Cette liberté quotidienne fait le charme et l'honneur de l'École normale ; non-seulement elle permet, mais elle encourage les études personnelles ; elle laisse l'élève fréquenter à son aise la bibliothèque, consulter les journaux et les revues scientifiques. Ce système d'éducation majeure développe singulièrement l'esprit de recherche. Il y a là un élément de supériorité sur l'École polytechnique. Se ressentant de son origine militaire, contrainte, d'ailleurs, par le nombre de ses élèves, à imposer à tous une exacte discipline, à introduire dans chacun des exercices une stricte régularité, l'École polytechnique est peut-être moins faite que l'École normale pour éveiller dans l'esprit de l'élève le goût des sciences spéculatives. Il est certain que M. Pasteur dut à cette grande liberté de travail, à ses facilités de lectures solitaires, la première occasion d'une recherche qui fut le point de départ d'une véritable découverte.

****

Reçu agrégé des sciences physiques en septembre 1846, il demeura pendant deux années attaché à l'Ecole en qualité de préparateur de chimie, se fit recevoir docteur en 1847, fut nommé l'année suivante professeur de physique au lycée de Dijon, et fut appelé au bout de trois mois comme suppléant à la chaire de chimie de la Faculté des Sciences nouvellement créée à Lille (1). Trois ans plus tard, M. Pasteur revenait à Paris prendre la direction des études scientifiques à l'Ecole normale supérieure (1857-1867). En 1863, il fut nommé professeur de géologie physique et de chimie à l'Ecole des Beaux-Arts (2), puis, en 1867, professeur de chimie à la Sorbonne ; il occupa cette chaire jusqu'en 1875. Il fut élu membre de l'Académie des Sciences (section de minéralogie) en 1862.

****

Quand on ouvre un dictionnaire, on trouve invariablement accolé au nom du grand homme qui vient de mourir l'épithète

---

(1) Il avait trente-deux ans !

(2) Il est question, à l'Ecole des Beaux-Arts, où M. Pasteur occupa pendant quatre ans, comme nous le rappelons plus haut, de 1863 à 1867, la chaire de professeur de chimie, de physique et de géologie, de perpétuer, soit par un portrait, soit par une statue, le souvenir de l'illustre savant qui vient de s'éteindre.

Tout le monde sait que M. Bonnat a fait de Pasteur un magistral portrait ; malheureusement, une peinture de maître ne peut pas se répéter. D'autre part, le directeur actuel de l'Ecole des Beaux-Arts, M. Paul Dubois, a fait du savant un buste fort ressemblant ; M. Pasteur tenait cette œuvre en grande faveur et l'avait fait reproduire pour l'envoyer dans les établissements de province dépendant de l'Institut de la rue Dutot. Il est donc probable que c'est ce buste qui sera choisi.

Son inauguration donnerait lieu à une cérémonie solennelle à l'Ecole des Beaux-Arts.

de « chimiste français ». Pasteur, en effet, qui devait plus tard conquérir une réputation universelle par ses travaux originaux en biologie et en médecine, débuta par des recherches dans un ordre de sciences essentiellement différent, la minéralogie et la chimie, recherches où il n'avait d'ailleurs pas d'idées fixes, s'occupant seulement des résultats (1).

Les premières recherches originales de Pasteur furent consacrées à des études de chimie moléculaire et de cristallographie. Etudes dans lesquelles le jeune savant devait bien vite se révéler comme un maître, à la grande admiration des spécialistes de l'époque, dont l'un des plus illustres, le physicien Biot, lui disait en le présentant au non moins célèbre Mitscherlisch : « Mon jeune ami, vous pouvez vous vanter d'avoir fait quelque chose de grand en trouvant ce qui a échappé à un homme comme celui-là. »

C'était précisément une note de ce Mitscherlisch (2) qui l'avait troublé. Deux substances identiques par la nature, le nombre, l'arrangement et la distance des atomes, agissaient d'une manière différente sur la lumière. Pasteur reprit avec passion l'étude de la forme cristalline des deux sels de Mitscherlisch, et il arrive à sa belle théorie de la *dissymétrie moléculaire ;* c'est-à-dire qu'il démontra que deux groupes chimiques ont une droite et une gauche, qu'on peut les opposer et non les superposer comme les deux mains.

Le jour où il venait de faire cette découverte, rencontrant le préparateur de physique, Pasteur l'embrassa en lui disant :

« Mon cher monsieur Bertrand, je viens de faire une grande découverte ! j'ai séparé le paratartrate double de soude et d'ammoniaque en deux sels de dissymétrie inverse et d'action in-

______

(1) « Les idées fixes sont le danger des sciences d'observation », disait Pasteur. Et il rappelait la belle phrase de Bossuet : « Le plus grand dérèglement de l'esprit, c'est de croire les choses parce qu'on veut qu'elles soient. »
(2) Minéralogiste allemand.

verse sur le plan de polarisation de la lumière. Le sel droit est de tout point identique au tartrate droit. J'en suis si heureux que j'éprouve un tremblement nerveux qui m'empêche de remettre à nouveau l'œil à la polarisation. Allons au Luxembourg; je vous expliquerai tout cela. »

L'Académie fut émerveillée de ces résultats. M. Biot fut chargé d'en rendre compte.

« Il me fit venir chez lui, racontait Pasteur dans une de ses leçons ; il me remit de l'acide paratartrique qu'il avait soigneusement étudié lui-même et qu'il avait trouvé parfaitement neutre vis-à-vis de la lumière polarisée. Ce ne fut pas au laboratoire de l'Ecole normale, ce fut en sa présence, dans sa cuisine, qu'il me fallut préparer le sel double avec de la soude... »

L'expérience réussit : « Alors, dit Pasteur, très visiblement ému, l'illustre vieillard me prit le bras et me dit : « Mon cher enfant, j'ai tant aimé les sciences dans ma vie que cela me fait battre le cœur ! »

*
* *

Lorsqu'il fut nommé professeur suppléant de chimie à Strasbourg, Pasteur poursuivit avec passion ses anciennes études.

C'est à cette époque qu'il épousa mademoiselle Marie Laurent, la fille du recteur de l'Académie de Strasbourg. On raconte que le matin même du mariage, il fallut courir chercher Pasteur à son laboratoire pour lui rafraîchir la mémoire et lui rappeler qu'il devait se marier ce jour-là.

A la suite de nouvelles découvertes sur la cristallisation, M. Biot fut encore plus enchanté de son jeune ami; il résolut d'en faire un rapport à l'Académie, et il mettait une telle émotion à féliciter le jeune professeur que madame Biot se penchant vers Pasteur, lui dit :

« Je vous en supplie, changez la conversation. Ne répondez plus à ce qu'il dit sur vos travaux, vous le rendriez sûrement malade; il ne vit plus depuis que vous découvrez de si belles choses! »

L'enthousiasme de Biot fut partagé par l'Académie et Arago demanda que le rapport fut inséré dans le recueil des mémoires de l'Académie, ce qui était un exceptionnel honneur.

*
* *

Cependant, malgré la beauté des découvertes qu'il venait de réaliser dans cette branche de la science chimique, Pasteur ne devait pas tarder à délaisser ses premières recherches pour se livrer à l'étude des phénomènes de la vie. Un hasard motiva cette orientation. C'était en 1854. A trente-deux ans, il venait d'être nommé doyen de la Faculté des Sciences de Lille, où il occupait la chaire de chimie. Estimant, avec juste raison, qu'il attirerait davantage l'attention de la sympathie générale sur la Faculté en rendant son enseignement directement utile à ses auditeurs, il résolut de consacrer une partie de ses leçons à l'étude de la *fermentation*. Question d'un intérêt majeur dans un département comme celui du Nord où la fabrication de l'alcool, provenant de la betterave et des grains, constitue une des principales industries. Cette décision devait avoir des conséquences fécondes pour l'avenir des sciences biologiques. Jusqu'au temps où Pasteur entreprit ses recherches sur les fermentations, l'opinion publique existante était qu'elles étaient dues à l'altération de certains produits azotés dits ferments au contact de l'oxygène de l'air. Pasteur, dans son premier travail sur la fermentation lactique, fut conduit à une manière de voir entièrement différente.

Le premier échelon des découvertes de M. Pasteur fut donc l'explication de la nature des fermentations. Un vieux chimiste, Lémery, disait : « La fermentation est une ébullition causée par des esprits qui cherchent une issue pour sortir et, rencontrant des parties terrestres qui s'opposent à leur passage, font

gonfler et raréfier la matière jusqu'à ce qu'ils soient détachés. »
Liebig, le grand chimiste allemand, pensait que les fermentations étaient : « les mouvements intestins qui se propagent
d'une substance albuminoïde en décomposition, le ferment, la
levure, par exemple, vers une autre substance capable d'éprou-

Maison où naquit Louis Pasteur, à Dôle.

ver un dédoublement : la matière fermentescible, le sucre, par
exemple. »

M. Pasteur vint, et la lumière se fit dans ce chaos. Il démontra que, pour faire fermenter du moût de raisin, la levure est
seule nécessaire. « Les fermentations, a-t-il dit, sont des métamorphoses chimiques provoquées par la présence d'êtres microscopiques qui se développent et se multiplient aux dépens
de certains éléments du milieu fermentescible. »

Connu, apprécié, en possession des plus hauts emplois, il va pouvoir se livrer aux travaux et expériences qui lui acquerront la gloire. Dès ce moment, il ne quitte plus son laboratoire. Jour et nuit, car la nuit même il se relève pour surveiller une expérimentation en cours, il est tout à son œuvre ; et, par sa découverte sur les ferments, il va non-seulement révolutionner la médecine, mais porter un coup décisif aux théories matérialistes de Darwin.

Par lui, la chimie va jeter une flamme nouvelle sur la médecine. Grâce à sa méthode, le rôle des infiniment petits dans les affections infectieuses va être reconnu et décrit ; à l'aide de ses puissantes et incessantes investigations il découvrira le microbe cause première du mal, et dès lors, il ne restera plus qu'à rechercher la façon de le combattre. C'est là l'œuvre d'aujourd'hui et surtout le labeur de demain.

Quoi de plus remarquable et de plus merveilleux que la découverte des ferments à laquelle nous faisons allusion !

CHAPITRE II

LES MICROBES

> « S'il est terrifiant de penser que la vie
> puisse être à la merci de la multiplication
> des infiniment petits, il est consolant
> aussi d'espérer que la science ne restera
> pas toujours impuissante devant de tels
> ennemis, lorsqu'on la voit, prenant à peine
> possession de leur étude, nous apprendre,
> par exemple, que le simple contact de
> l'air suffit parfois pour les détruire. »
> PASTEUR.

UJOURD'HUI que la mort consacre et l'œuvre immense et l'admirable caractère de M. Pasteur, il importe non point de scruter son prodigieux labeur, ce qui serait une tentative impossible, mais d'énumérer chronologiquement et ses expériences et ses découvertes. Cela seul rendra même plus saisissant encore le travail gigantesque de l'homme que la mort vient de frapper.

*
* *

Le premier échelon des découvertes de Pasteur a donc été l'explication de la nature des fermentations.

Robert Bayle, physicien anglais du dix-septième siècle, écrivait :

« Celui qui pourra sonder jusqu'au fond la nature des ferments et des fermentations sera sans doute beaucoup plus capable qu'un autre de donner une juste explication des divers phénomènes morbides, aussi bien des fièvres que des autres affections. Ces phénomènes ne sont jamais bien compris, sans une connaissance approfondie de la théorie des fermentations. »

Les immortels travaux de Pasteur ont répondu à la prophétie de ces lignes du savant anglais.

La lumière allait se faire.

En effet, Pasteur a démontré par l'expérience que le phénomène de la fermentation était invariablement lié au développement des êtres vivants microscopiques, et qu'il n'y a jamais de fermentation sans la présence de ces petits êtres qui sont des *ferments*.

Il démontra aussi, comme nous l'avons déjà cité, que, pour faire fermenter du moût de raisin, la levure est seule nécessaire.

« Les fermentations, a-t-il dit, sont des métamorphoses chimiques provoquées par la présence d'êtres microscopiques qui se développent et se multiplient aux dépens de certains éléments du milieu fermentescible (1).

Lavoisier (2), le premier, prouva que le sucre, en fermentant,

(1) Par son étude sur la fermentation, Pasteur découvrait une nouvelle espèce d'êtres microscopiques, les êtres *anaérobiés*, qui vivent sans air. La levure est un de ces êtres anaérobiés, puisqu'à l'abri de l'air, un kilogramme de levure décompose environ 100 kilogrammes de sucre en acide carbonique et en alcool. « Il a su créer une science nouvelle, la microbie, sans faire appel aux néologismes tirés du grec ou du latin, dit le docteur G. Daremberg. Il n'a créé qu'un mot nouveau : *anaérobie*, doué de la vie sans air, en parlant des microbes qui, ainsi que les vibrions septiques, vivent sans oxygène. Il réserva l'expression d'*aérobie*, pour caractériser tous les autres êtres microscopiques, qui, ainsi que les grands êtres de la nature, ne peuvent se passer d'air. Pasteur, comme Claude Bernard, Wurtz, J.-B. Dumas, Flourens, Buffon, Pascal, Descartes, fut un grand savant et un grand écrivain, clair, net, précis, éloquent et passionné. »

(2) Célèbre chimiste (1743-1794) que la Révolution envoya stupidement à l'échafaud.

se dédouble en alcool et en acide carbonique, et que les poids
d'alcool et de gaz carbonique, résultant de ce dédoublement,
ajoutés l'un à l'autre, représentent exactement le poids du sucre
avant sa fermentation.

En 1860, Pasteur, qui était alors professeur à la Faculté des
Sciences de Lille, affirmait que le phénomène expliqué chimi-
quement par Lavoisier était de nature vitale et dû à la présence
active de la levure, contrairement aux idées de Liebig, attri-
buant à la levure une action de présence purément chimique, et
à l'opinion de Berzélius qui traitait de « rêverie poético-scienti-
fique » cette idée entrevue déjà par Cagniard de Latour en 1828
et par Schwann en 1837.

C'est ainsi que l'un des ferments les plus connus, la *levure
de bière*, est un être vivant, une plante réduite à l'organisation
la plus simple, un petit champignon. Donnons une preuve.
Mettons la levure dans un liquide fermentescible. Nous avons
avancé que la levure était un être vivant ; or, tous les êtres
respirent, et pour respirer il leur faut absorber de l'oxygène.
La levure mise dans un liquide sucré emprunte de l'oxygène
au sucre, dont la composition chimique élémentaire se trouve
ainsi modifiée ; et la conséquence de ce prélèvement d'oxygène
par la levure sur le sucre est la transformation de celui-ci en
alcool (1).

En résumé, la *fermentation* est « une série de phénomènes

---

(1) De ce que la levure et les ferments, pour se développer, produisent la
fermentation dans les liquides sucrés, il ne faut pas croire qu'ils soient en
cela différents des autres cellules végétales ou animales, de celles qui, par
exemple, entrent dans la constitution des tissus, car : *toutes les cellules
vivent de même.*

Voici comment le distingué professeur Schutzenberger, de l'Académie des
Sciences, a prouvé par deux expériences des plus ingénieuses, dont l'une contrôle l'autre, que les éléments de la levure agissent comme les éléments cons-
tituant les tissus d'un animal.

Afin de bien comprendre ces expériences, il est essentiel de se rappeler que
les tissus, formés d'éléments microscopiques vivants, transforment, pour

chimiques, se développant sous l'influence de l'activité d'un organisme vivant (1).

Il est un point d'une *grande importance* qu'il faut très fermement se fixer dans l'esprit : c'est que *la présence de la cellule vivante dans la fermentation est la condition exclusivement nécessaire et suffisante. Si la cellule vivante est un agent de la fermentation, réciproquement, il n'est pas de fermentation en dehors de l'action de la cellule.*

C'est Pasteur qui a établi victorieusement la démonstration de ce fait scientifique si important.

Il a fait ce qu'on appelle un bouillon artificiel, dit *bouillon de culture*, dont voici la formule :

Eau distillée.	100 grammes	
Sucre candi.	10	—
Cendres de levure.	1	—
Carbonate d'ammoniaque.	1	—

Dans ce mélange purement minéral, en semant de la levure de bière, il a vu cet élément se reproduire en déterminant le phénomène de la fermentation.

Il a démontré aussi que, dans un liquide semblable à ce

leurs besoins, le sang artériel ou nutritif en sang veineux ou sang incapable de nourrir les tissus

Première expérience. — M. Schutzenberger fait passer du sang artériel dans des tubes chauffés à une douce température et dont les parois sont tapissées de levure. Le sang sort du tube, à l'état veineux. Riche en oxygène à son entrée, il est surchargé d'acide carbonique à sa sortie de l'appareil.

Deuxième expérience. — Le même savant fait passer du sang artériel au travers de tubes semblables en tout à ceux qui ont servi dans l'expérience précédente, mais dont les parois ne sont pas enduites de levure. Artériel à l'entrée, le sang est artériel à la sortie.

Dans la première expérience, c'est donc bien la levure qui a retenu l'oxygène du sang artériel, tout comme le font les tissus vivants des animaux.

(PHILIPPON.)

(1) Docteur Dubief. — *Manuel pratique de Microbiologie.*

bouillon de culture, aucune fermentation ne pouvait naître spontanément (1).

C'est à Lille, au mois d'août 1857, que l'illustre chimiste lut à la Société des Sciences de cette ville la conclusion de son mémoire sur la fermentation appelée lactique.

Ce premier travail surprit le monde savant ; on s'étonnait de l'hypothèse nouvelle qu'il formulait en ces termes : « Dans tout le cours de ce mémoire, j'ai raisonné dans l'hypothèse que la nouvelle levure est organisée, que c'est un être vivant et que son action chimique sur le sucre est corrélative de son développement et de son organisation. Si l'on venait me dire que, dans ces conclusions, je vais au delà des faits, je répondrais que cela est vrai, en ce sens que je me place franchement dans un ordre d'idées qui, pour parler rigoureusement, ne peuvent être irréfutablement démontrées. Telle est ma manière de voir. » En parlant ainsi, Pasteur soulevait le voile épais qui cachait le profond mystère de la vie.

*
* *

Les *microbes !* qui n'en a pas parlé, et qui sait que ce n'est réellement que depuis Pasteur qu'on connait leur rôle, leur puissance, la manière de les combattre (2) ! Ce sont les plus terribles ennemis du genre humain.

Le *microbe*, en somme, est un organisme microscopique

(1) C'est en généralisant l'application de cette méthode que Pasteur a permis de constituer des bouillons de culture propres à chaque espèce de microbe et dans chacun desquels (ceci a une grande importance) les microbes appartenant à d'autres espèces ne peuvent vivre.

(2) Les microbes résistent aux plus basses températures (même à 100° centigrades au-dessous de zéro). Le froid ne fait qu'arrêter le développement des microbes ; il ne les tue pas. On ne peut donc pas compter sur le froid. Au contraire, la chaleur est un moyen antiseptique des plus certains. Elle tue les microbes. Cela était connu des anciens, puisque Moïse faisait brûler les habitations contaminées.

Des expériences précises ont établi que 100° de chaleur humide (vapeur dont la présence dans l'atmosphère, dans l'eau, sur les corps qui nous entourent, dans les substances employées dans les pansements, exerce une action nuisible. Par extension, on donne le nom de microbe à tout être inférieur, infiniment petit, trouvé dans les fermentations, dans les maladies. Ils produisent la plupart des maladies infectieuses de l'homme et des animaux, et peut-être toutes. C'est aux microbes que l'on doit la rage, les maladies du vin, du lait, des œufs, de la bière, des vers à soie, le charbon, le choléra des poules, l'infection purulente. Il n'y a pas de doute possible, car en inoculant aux animaux les produits morbides engendrés par ces organismes, on a pu produire chez ces animaux des maladies identiques à celles dont ils provenaient. Les microbes se multiplient à l'infini et forment de véritables colonies (1).

Ces *unités vivantes*, selon l'heureuse comparaison que Duclaux en a donné dans son beau livre sur le *Microbe et la*

---

d'eau bouillante) suffisent à détruire tous les germes nocifs, d'où la pratique connue qui consiste à faire bouillir les liquides suspects devant servir de boisson. Mais c'est à 140° seulement que périssent les microbes dans la chaleur sèche.

Nous terminerons en citant encore l'opinion de M. Dujardin-Beaumetz sur la désinfection :

« Le seul désinfectant, dit ce savant, est la chaleur humide lorsqu'elle atteint 110 à 115 degrés; mais comme cette chaleur n'est pas applicable dans toutes les circonstances où la désinfection est urgente, il faut utiliser les désinfectants liquides et les gazeux; en tête des premiers, il faut placer le sublimé qui est hors de pair, puis le sulfate de cuivre; dans les seconds, l'acide sulfureux et le chlore. »

(1) C'est Sédillot qui a donné le nom de *microbes* aux bactéries ou schyzomycètes. On les divise en :

1° *Microcoques*, se présentant habituellement sous la forme de cellules globuleuses immobiles animées seulement d'un mouvement vibratile (*mouvement brownien*; — ce mouvement peut facilement s'observer en examinant au microscope certaines poudres mêlées en suspension dans l'eau); on peut citer le ferment lactique, le ferment de l'urée;

2° *Bactérium*, assez semblables aux microbes. Ils sont allongés;

3° *Bacilles*, constitués en forme de bâtonnets plus ou moins incurvés;

4° *Microbes spiralés* et *vibrions* qui se déplacent en ondulant.

Louis Pasteur à 24 ans.

De toutes les maladies virulentes
la rage est la plus facile à prévenir.

L. Pasteur

17 février 1892

Autographe de Louis Pasteur à 70 ans.

Maladie, constituent par leur agglomération un véritable empire ; réunion de cités plus ou moins florissantes ; ayant chacun leur vie propre, mais exigeant pour leur existence des conditions spéciales. Cellules policées, elles réclament une nourriture particulière qui doit leur être apportée d'une façon suffisante par les nombreux vaisseaux qui relient ces cités entre elles, comparables à nos routes et à nos canaux. Il faut aussi que le produit excrémentiel de chacune d'elles trouve une issue rapide, et qu'un système d'égout, permettez-moi l'expression, conduise au dehors leurs excrétions journalières. Il faut enfin qu'elles puissent communiquer les unes avec les autres et qu'elles obéissent au pouvoir central qui les dirige ; ce rôle est dévolu au système nerveux dont les branches représenteraient, dans la comparaison que je viens de vous faire, les fils télégraphiques d'un réseau admirablement organisé.

La santé résulte du bon fonctionnement de chacune de ces cités, de l'harmonie des concours que chacun y apporte, et de l'appui réciproque qu'elles se prêtent l'une à l'autre. Examinons maintenant quelles sont les circonstances qui viennent rompre cette harmonie. D'abord, c'est l'âge même de ces cellules, et cet empire si florissant au début de la vie et à l'âge adulte verra ses forces s'amoindrir à mesure que les années s'avanceront ; puis les périodes de déclin et de décrépitude se feront sentir, la mort surviendra et, de cet empire puissant, il ne restera plus que les parties misérables, vestiges de la grandeur du passé, comparables à ces monuments que l'explorateur découvre par des fouilles perseverantes et qui indiquent, par leur présence, qu'une grande cité ou qu'un grand peuple a existé sur ce sol aujourd'hui désert.

Dans d'autres circonstances, c'est la nourriture nécessaire à la vie de chacune de ces cellules qui ne lui parviendra pas en quantité suffisante ; la route destinée à les faire arriver s'oblitérant, la cité succombera.

Ou bien ce seront les voies d'excrétion qui seront bouchées, et, de même que nous voyons nos grandes villes infestées par le mauvais fonctionnement de leurs égouts, de même l'économie sera empoisonnée par cette rétention des produits excrémentitiels.

Enfin, il peut arriver que certaines cités rompront le pacte qui les unit entre elles ; elles voudront vivre d'une vie indépendante ; leurs cellules prendront un développement anormal et, n'obéissant plus au pouvoir central, elles constitueront une cause d'affaiblissement et de mort pour l'organisme tout entier ; c'est ce qui arrive pour les tumeurs de nature maligne.

Cet empire, si bien organisé, a sur ses frontières de nombreux ennemis qui l'attaquent incessamment. Ces ennemis, ce sont les barbares qui ne connaissent qu'une loi, la loi de la multiplication ; ils ont une existence individuelle, vivant d'ailleurs de peu, de rien pour ainsi dire ; ce sont les microbes pathogènes.

*
* *

C'est par ses travaux, si beaux en même temps que si dangereux, sur le *microbe du charbon*, que Pasteur passa du domaine de la science pure à celui de la médecine.

« Qui ne connaît la maladie *du charbon* au moins par son triste renom ? Le plus souvent cette terrible maladie, du reste assez rare chez l'homme, est contractée par ceux qui sont appelés par profession à toucher les cadavres d'animaux domestiques abattus parce qu'ils étaient atteints du charbon, particulièrement les moutons et les bœufs. Le mal peut être également répandu par les mouches qui se sont posées sur les mêmes charognes charbonneuses, et dont les pattes ou les poils sont couverts du microorganisme. Que la mouche se pose sur la peau excoriée d'un homme, la bactérie charbonneuse est semée.

» Au point correspondant à l'écorchure va se développer la *pustule maligne*. D'abord apparaît une aréole rutilente présentant une petite vésicule centrale remplie de liquide, accompagnée de démangeaisons. La vésicule crève pour être remplacée par une écaille (escharre) centrale circulaire, qui noircit en croissant rapidement; en même temps naît autour de la partie rouge une couronne de vésicules semblable à la première. L'invasion du mal dans l'organisme se fait assez discrètement; mais quelques jours après les premiers accidents, la fièvre éclate, accompagnée de troubles respiratoires, de diarrhée et de vomissements, et, presque fatalement, le malade meurt.

» Le charbon peut également s'inoculer par le tube intestinal et donner ieu à la fièvre charbonneuse qui s'annonce par des courbatures, continue par des coliques, accompagnées de vomissements et de diarrhée, et qui se termine après quelques jours par des accidents rappelant le choléra et rapidement mortels.

» Si cette affection est rare chez l'homme, elle sévit épidémiquement chez les animaux, appelée *fièvre charbonneuse* ou *sang de rate*. Les bêtes qui en sont frappées en meurent dans l'espace de quelques heures.

» Ne devant pas faire ici l'étude spéciale et complète de l'affection charbonneuse, même au point de vue microbien, puisque nous traiterons à part et spécialement les maladies microbiennes, nous nous contenterons d'esquisser l'historique de la question.

» En 1850, Royer et Davaine communiquèrent le charbon à des animaux en injectant dans le sang de ces animaux du sang de rate emprunté à d'autres animaux malades. Ils examinèrent le fluide nourricier des sujets qu'ils avaient tués ainsi; les premiers ils y signalèrent l'existence de petits bâtonnets immobiles : c'étaient des bactéries charbonneuses ; mais leur découverte se borna seulement à cette constatation.

» Après eux, la bactérie charbonneuse fut confondue avec un microorganisme qui l'accompagne toujours, le vibrion septique, qui, très dangereux lui-même, accomplit un rôle tout différent en concourant au travail de la putréfaction. Tandis que son compagnon charbonneux est toujours immobile, le vibrion de la purulence est sans cesse agité de mouvements très caractérisés (1). »

C'est en 1877 que Pasteur parvint à séparer les deux microorganismes ; il isola et s'occupa de la culture seule du *bouillon antracis*. Il fit, comme on dit, *un bouillon de culture*, et plongeant la pointe d'une aiguille dans cette liqueur, il piquait ensuite des animaux à l'aide de cette aiguille empoisonnée par les germes et communiquait ainsi le charbon à l'animal piqué.

C'était déjà une bien belle découverte que celle de l'isolement par Pasteur de la bactérie charbonneuse, dans le bouillon gélatiné, ce qui lui permettait de le cultiver dans un véritable état de domestication.

Mais Pasteur allait faire une découverte splendide, non moins admirable que la précédente, découverte qui allait rendre un immense service à l'agriculture, à l'humanité tout entière : c'était l'application rationnelle de la découverte de Jenner qui avait été réalisée empiriquement par ce dernier pour combattre la variole par le vaccin de génisse.

**

C'est le hasard qui a servi Pasteur pour la découverte des vaccinations par les virus atténués. Mais il fallait un homme de génie comme lui pour utiliser ce hasard.

(1) Gustave Philippon, *Microbes bienfaisants et Microbes malfaisants*.

Un jour qu'il voulait inoculer le choléra des poules (1) à une des bêtes de son laboratoire, Pasteur ne trouva, à portée de sa main, qu'un tube de culture « *éventé* », comme on dit, et l'utilisa tout de même. Et chose curieuse, la poule survécut à l'inoculation du choléra. A dater du moment de cette vaccination, il semble qu'une force étrange, inexpliquée, inconnue, la fortifie contre le mal, la rende pour ainsi dire inattaquable, car désormais cette poule résiste aux plus violentes inoculations. Pasteur se dit qu'il doit y avoir là quelque grand mystère qui sera utile et qu'il faut découvrir.

Pasteur répète l'expérience, la varie, apprend à atténuer les virus, à les conduire d'une manière méthodique à un certain degré d'énergie, où, trop faibles pour empoisonner, ils sont assez forts pour vacciner. La grande découverte du siècle était faite et, entre ses patientes mains, le microbe, qui tout à l'heure était le mal terrible, devient désormais son remède et préserve contre lui-même. Le génie avait tué le mal.

Le charbon et le choléra des poules allaient être vaincus (2).

*
* *

Ce ne sont pas les chirurgiens qui ont transformé la chirurgie en cette fin de siècle, c'est Pasteur. Si aujourd'hui les chirurgiens font avec un succès presque certain de graves opérations que leurs devanciers ne réussissaient presque jamais, c'est à Pasteur qu'ils le doivent.

Voyez, par exemple, une des magnifiques conséquences des découvertes de Pasteur pour le traitement des amputés. C'est le chirurgien si connu, M. Alphonse Guérin, qui va parler et

(1) Le choléra des poules est caractérisé par un microbe ou bâtonnet dont les éléments accolés souvent deux à deux ressemblent à des 8 de chiffre.

(2) Huxley a dit que, dans la vaccination du bétail contre le charbon, la France avait retrouvé ses 5 milliards.

nous montrer combien on a pu sauver d'existences humaines après les opérations chirurgicales, grâce à Pasteur. Après avoir rappelé comment les malades opérés mouraient en nombre incalculable de fièvre purulente, d'infection, il disait :

« Pour moi, avant de connaître les travaux de M. Pasteur, je disais que les miasmes sont les agents de la production de la maladie et de sa transmission d'un blessé à ses voisins.

» L'induction m'avait amené à cette conviction. L'infection purulente débute, en effet, par un violent frisson avec claquement des dents ; l'aspect du malade est tellement le même dans les deux maladies, pendant l'accès, qu'il est impossible de ne pas prendre pour une infection purulente la première manifestation d'une fièvre intermittente qui se produit chez un blessé. Or, personne ne doute de l'influence miasmatique des marais dans les productions de la fièvre ; c'était un fait admis depuis longtemps, bien que personne ne pût dire quelle est la nature des miasmes. Pourquoi eût-on été plus difficile pour admettre des émanations animales mortelles pour les blessés ?

» Cette influence miasmatique m'a paru plus évidente encore pendant la guerre de 1870, parce que, sans doute, mon esprit était mieux préparé à l'observation exacte et rigoureuse des caractères de la maladie. Il n'y a point encore de statistique qui permette de dire la proportion des morts et des blessés ; mais je crois pouvoir affirmer que l'on n'a pas guéri plus d'un malade par trente amputés. Le désespoir me fit rechercher s'il n'y aurait pas moyen, non de guérir, mais de prévénir le développement de cette maladie. Les travaux de M. Pasteur se présentèrent à mon esprit : il devint alors évident pour moi que les miasmes qui portent l'infection ne sont que des ferments.

» M. Pasteur ayant découvert que l'air est pur lorsqu'il est filtré par la ouate, dont les feuilles retiennent les ferments, je résolus de faire en sorte que l'air n'arrivât plus sur les plaies des blessés qu'après avoir été purifié de tous les corpuscules microscopiques auxquels j'attribuais la mort de nos malades.

» Je fis alors un pansement qui ressemble à une expérience de physique. J'appliquai la ouate directement sur la plaie et je fis en sorte que l'air ne pût pas y arriver impur en passant sur les confins du pansement. A dater du jour où, par mon pansement ouaté, j'empêchai les ferments contenus dans l'air empesté des hôpitaux d'arriver sur les plaies, je vis presque tous mes amputés guérir.

» Avant la découverte des ferments, nous étions dans l'impuissance de nous opposer à la production de ces émanations, tandis que, avec le pansement ouaté, le pus n'étant plus soumis à l'action des agents qui produisent la fermentation putride, les blessés peuvent être entassés les uns à côté des autres, sans qu'il y ait une odeur appréciable.

. . . .

» On ne peut, en effet, se soustraire à l'évidence de faits qui ont la rigueur d'une expérience physiologique. Deux hommes amputés ont cessé de souffrir dès que leur plaie entourée d'une épaisse couche de ouate n'a plus été en contact qu'avec de l'air filtré ; ils mangent, ils dorment, ils sont sans fièvre, comme tous les amputés qui seront dans les mêmes conditions qu'eux. Sur leur demande, on enlève leur pansement dans la salle où vivent tous les blessés, et le lendemain pour l'un, le surlendemain pour l'autre, il y a des signes irrévocables d'empoisonnement ; et l'on refuserait d'admettre que la ouate agit en filtrant l'air, en le débarrassant de ce principe qui provient de l'encombrement !

» Tous les savants qui ont étudié, à l'aide du microscope, le pus des plaies exposées à l'air, ont été frappés de la rapidité avec laquelle il se décompose. Au bout d'un ou deux jours, on y constate déjà des milliers de corpuscules animés, tandis que le pus des plaies traitées par ma méthode ne contient ni vibrions ni bactéries. Ne suis-je pas en droit d'affirmer que c'est au filtrage de l'air par la ouate qu'il faut attribuer ce résultat? »

*
* *

A la suite des travaux de Pasteur démontrant que l'infection des plaies est toujours microbienne, et s'inspirant des résultats obtenus par M. Alphonse Guérin, le grand chirurgien Lister, à Edimbourg, créa la *méthode antiseptique*, en introduisant dans la chirurgie journalière l'usage du pansement phénique, du *pansement antiseptique*. Lister a su ainsi faire une application admirable des théories pastoriennes, féconde en beaux résultats pour le bien de l'humanité, en supprimant les dangers de la chirurgie, en forçant les chirurgiens à désinfecter leurs instruments chirurgicaux, leurs mains et leurs pansements (1).

(1) « Avant les travaux de Pasteur, le chirurgien qui faisait une opération prenait intuitivement des précautions et certains soins de propreté, en lavant, par exemple, les parties entamées avec de l'eau phéniquée. Mais il se contentait de passer ses instruments à l'eau tiède et de les essuyer; quelques-uns pouvaient même dire : *Le sang lave les instruments!* Sur son instrument mal lavé, des bactéries naissaient, et le bistouri devenait pour le malade souvent un instrument de mort; sur ses doigts rincés seulement au savon, il emportait des colonies de microbes infectieux : ces mains de guérisseur qu'il posait sur la plaie des clients confiants y semaient des germes mortels.

» Aujourd'hui, les manœuvres chirurgicales les plus audacieuses réussissent constamment, parce que tout ce qui touche ou approche le malade opéré, avant, pendant et après l'opération, a été préservé de l'atteinte des microbes dangereux.

» L'une des substances antiseptiques les plus énergiques et les plus employées est la solution aqueuse de *bichlorure de mercure* ou *sublimé corrosif,* poison des plus dangereux et des plus violents, qui, même diluée, ne peut guère être employée que par les praticiens.

» C'est dans le sublimé corrosif ou mieux dans l'acide phénique que baignent les instruments du chirurgien qui va opérer; c'est avec un linge lessivé au sublimé qu'il les essuie, après s'être lavé les mains et les bras dans le même liquide. C'est de cette solution encore qu'il se sert pour nettoyer la plaie; l'ouate qu'il introduit dans les parties coupées est préparée au sublimé; aucun

*
* *

Nous trouvons d'ailleurs un exposé de ces résultats chirurgicaux dans un beau travail de Pasteur sur la *Théorie des germes et les applications à la médecine et à la chirurgie*.

Pasteur démontre comment arrive une véritable décomposition grâce aux microbes, et quelles précautions les médecins et chirurgiens doivent prendre :

« Que l'on prenne un morceau de chair d'un poids quelconque : pour fixer les idées, ce sera un morceau de gigot de mouton volumineux, et qu'après l'avoir rapidement flambé en tous les points de sa surface extérieure, on plonge dans l'épaisseur des tissus la lame d'un bistouri également flambé ; que dans la fente ainsi pratiquée on laisse tomber quelques gouttes d'une eau commune ou qu'on y insère une petite bourre de coton qui aura été exposée au courant d'air de la rue, puis qu'on recouvre le gigot d'une grande cloche de verre ; qu'enfin on fasse la même expérience à *blanc*, c'est-à-dire avec une même masse de chair flambée et quelques gouttes d'eau parfaitement privée de germes vivants, condition facile à réaliser, en portant préalablement une eau quelconque à la température de 110 à 120 degrés. Si l'on considère que la chair musculaire absorbe facilement l'oxygène, en dégageant un volume à peu près égal d'acide carbonique, on comprendra aisément que nos gouttes d'eau se trouvent comme ensemencées à l'abri de l'air atmosphérique, en présence d'un milieu de culture favorable au développement de certains germes. D'ailleurs, il est facile de remplir les cloches

auxiliaire ne l'aide s'il n'a préalablement fait une toilette antiseptique et s'il n'est revêtu comme lui-même d'une b'ouse de toile lavée au sublimé.

» Alors toutes les conditions préservatrices, *prophylactiques*, comme disent les savants, sont remplies, et la réussite de l'opération est généralement assurée si le chirurgien éclairé a consenti à le faire.

» GUSTAVE PHILIPPON. »

(*Microbes bienfaisants et Microbes malfaisants*.)

qui recouvrent la chair de gaz acide carbonique pur. Voici ce que l'on constate : en *un jour ou deux au plus*, à une température comprise entre 30 et 40 degrés, *le gigot à eau pure ne montre d'organisme microscopique* dans aucune de ses parties; *au contraire, celui à eau commune, alors même qu'il n'aurait reçu, par exemple, qu'une goutte d'eau de Seine, et à plus forte raison une goutte d'eau d'égout, contient en chaque point de sa masse et jusque dans les points de sa périphérie des microbes* (vibrions anaérobies) *plus ou moins rapides dans leurs mouvements et dans leur propagation.*

» L'expérience est plus remarquable encore lorsqu'on a déposé sur un point central du morceau de chair une goutte de culture d'un vibrion (microbe) à l'état de pureté, sans mélange d'autres espèces. — Le vibrion septique, entre autres, pénètre et se multiplie avec une si grande rapidité, que chaque parcelle microscopique des muscles en offre par myriades, ainsi que les corpuscules-germes de ce vibrion. — La chair, dans ces conditions, est toute gangrenée, verte à sa surface, gonflée de gaz, s'écrase facilement en donnant une bouillie sanieuse, dégoûtante. *Quelle saisissante démonstration,* quoique indirecte, de la résistance vitale, ou, pour me servir d'une expression tout à la fois et plus vague et plus claire, de l'influence de la vie pour combattre les conséquences si souvent désastreuses des plaies en chirurgie! Cette eau, cette éponge, cette charpie avec laquelle vous lavez ou vous recouvrez une plaie, y déposent des germes qui, vous le voyez, ont une facilité extrême de propagation dans les tissus, et qui entraîneraient infailliblement la mort des opérés dans un temps très court, si la vie, dans ce membre, ne s'opposait à la multiplication de ces germes. Mais, hélas ! combien de fois cette résistance vitale est impuissante ! combien de fois la constitution du blessé, son affaiblissement, son état moral, les mauvaises conditions du pansement, n'opposent qu'une barrière insuffisante à *l'envahissement d'infini-*

ment petits dont vous l'avez recouvert à votre insu dans la partie lésée ! »

** **

Nous pouvons ajouter que l'*hygiène* a été aussi complètement transformée par les idées pasteuriennes, la stérilisation de l'eau et la désinfection des objets et locaux contaminés dérivant des idées de Pasteur (1).

L'air et l'eau sont regardés par les savants comme les deux principales voies de transmission des maladies épidémiques et infectieuses. Il est aujourd'hui admis que le choléra et la fièvre typhoïde se propagent par le moyen de l'eau. L'air possède aussi le triste privilège de charrier constamment, parmi ses poussières, les germes des fièvres éruptives, de l'érysipèle, des affections septiques, de la tuberculose, etc. C'est grâce aux travaux de Pasteur que l'on connaît tout cela et que l'on multiplie, heureusement, les mesures hygiéniques, afin de lutter avec efficacité contre l'envahissement croissant des microbes qui nous déciment (2).

(1) La méthode anti-microbienne est usitée dans les hôpitaux du monde entier, où on l'applique à un grand nombre de maladies. On se rappelle les efforts faits depuis quelques années au sujet de la tuberculose, les essais tentés Je me souviens à ce sujet des quelques visites que j'ai faites à l'hôpital de Villepinte, en compagnie de l'aimable docteur Gouël, son médecin en chef. Il n'y a là que des jeunes filles poitrinaires. Les traitements reposent sur les doctrines de Pasteur. On ne pense qu'à se préserver des microbes et à fortifier les organismes dans la lutte. Des eucalyptus partout (on sait l'influence salutaire des eucalyptus contre les miasmes), de la ventilation, de la propreté, et une nourriture fortifiante, saine. Est-ce que tout cela n'est pas fait contre les microbes? Et partout il en est de même.

(2) Il est aujourd'hui bien absolument certain qu'un grand nombre des maladies qui sévissent sur les végétaux, les animaux et les hommes ont pour *origine indiscutable certains champignons* contenus dans l'air et transportés par lui à des distances souvent très considérables.

En découvrant le ferment qui transforme le sucre de lait en acide lactique, Pasteur montrait indirectement comment le lait devient aigre et comment on peut éviter cette aigreur, en tuant par la chaleur (1) ce ferment dangereux qui cause tant de maladies aux petits enfants.

Et l'on peut dire, sans crainte d'être démenti, que des milliers d'enfants doivent la vie à la propagation des doctrines pasteuriennes.

La consommation du lait « *pasteurisé* » à la température de 70 à 75 degrés est devenue considérable dans tous les grands centres. C'est un hommage, entre tant d'autres, rendu à la mémoire du grand savant que la France vient de perdre. Le lait pasteurisé se conserve pendant deux jours environ, délai suffisant dans la pratique de cette délicate matière. La ville de Paris, à elle seule, en consomme jusqu'à 600,000 litres par jour, en hiver.

Il nous faut ajouter que l'hygiène alimentaire a aussi largement profité des découvertes de Pasteur pour la fabrication du vin et de la bière.

En effet, le chauffage, appelé *pasteurisation* ou *stérilisation* des vins, de la bière, empêche ces liquides d'être envahis par des microbes qui causent l'amer, l'aigreur, le gras, le tournage.

Pasteur savait donc rendre les plus grandes aides aux plus grands problèmes humains, en mettant la science au service d'une idée réactrice, vraie et féconde.

(1) C'est ce qu'on appelle *pasteuriser le lait*. Le lait est appelé *lait pasteurisé* ou *lait stérilisé*.

CHAPITRE III

LUTTE CONTRE LA GÉNÉRATION SPONTANÉE

C'EST en étudiant et en expliquant la nature intime des fermentations que Pasteur a porté un coup terrible et décisif à la théorie de la *génération spontanée* qui avait tant passionné les savants des siècles derniers et qui les a encore passionnés en ce siècle-ci (1).

On connaît la fable antique (2) où le berger Aristée, après une prière adressée aux divinités, voit du cadavre de ses bêtes mortes s'envoler un essaim d'abeilles, *nées spontanément* dans la chair du cadavre (3).

(1) « Il y a longtemps déjà, qu'à l'occasion d'une lutte mémorable au sujet de la génération spontanée, M. Pasteur prouva d'une façon triomphante que rien ne naît de rien, et que ces phénomènes mystérieux de la fermentation tenaient à la pullulation à l'infini de ces infiniment petits venus de l'atmosphère qui dissociaient, en absorbant les éléments propres à leur existence, les molécules constitutives d'un liquide ou d'un organe, pour les mettre en liberté et leur permettre de former des combinaisons nouvelles. »

(TESSIER, Cours de Pathologie de la faculté de médecine de Lyon. Leçon de février 1885.)

(2) Virgile, *Bucoliques*, chant IV.

(3) Aristote avait dit : « Tout corps sec qui devient humide et tout corps humide qui se dessèche engendrent des animaux. »

Cette idée exposée d'une façon poétique était formulée habilement par le professeur Van Helmont, de Louvain, qui disait : « Prenez une chemise sale, placez dans cette chemise des grains de blé, et au bout d'un certain temps, il y aura *transmutation* du blé en souris. »

A la fin du dix-septième siècle, Léuwenboeck, en regardant au moyen du microscope, qui venait alors d'être inventé, de l'eau de pluie ou des infusions organiques, les trouva remplies d'une grande quantité d'êtres très divers. Il remarqua aussi curieusement que le premier symptôme occasionné par ces êtres était de troubler les liquides qui se trouvaient primitivement limpides (1).

C'est dans ce monde si curieux, si étrange des infiniment petits que s'implanta la *doctrine des générations spontanées.*

On désigna donc sous le nom de *génération hétérogénèse* (2) ou *génération spontanée* la création d'un organisme vivant en l'absence de tout germe, de tout être créateur.

En 1745, Nedham, ayant enfermé dans des vases hermétiquement fermés des infusions végétales, qu'il faisait ensuite bouillir pour détruire les germes qu'elles pouvaient renfermer, vit, malgré cette précaution qui alors pouvait passer pour suffisante, ces infusions végétales se peupler de microbes au bout de quelques jours. Selon lui, ces bactéries ne pouvaient que provenir de générations spontanées (3).

Un célèbre physiologiste italien, l'abbé Spallanzani (4),

(1) Je me souviens avoir vu un vieux livre du dix-septième siècle (1605), dont le titre était *Histoire admirable*, de Duret. On y voyait des fruits tombant d'un arbre : en tombant dans l'eau ils se changeaient en poissons, en tombant sur terre ils se changeaient en oiseaux. C'était une représentation figurée de la génération spontanée.

(2) *Homogénèse* est le terme contraire.

(3) Rappelons que Buffon crut aussi à la génération spontanée.

(4) Spallanzani (1729-1799), *Opuscules de physique animale et végétale* et *Expériences pour servir à l'histoire de la génération des animaux et des plantes.*

M. Pasteur dans son laboratoire.

Tableau de Edelfelt.

ayant répété l'expérience précédente en chauffant par exemple plus longtemps et plus fort, ne vit point de développement d'organismes. Il communiqua ses observations. Mais Nedham émit la prétention que le physiologiste italien avait dû altérer, par le chauffage prolongé, soit l'air contenu dans le récipient, soit la force végétative de l'infusion. La composition de l'air était alors inconnue. Spallanzani ne répondit rien.

En 1835, Schwann fit à son tour une expérience confirmant celle de Spallanzani.

Schwann mettait une infusion dans un vase fermé par un bouchon, donnant passage à deux tubes métalliques pouvant être facilement portés au rouge. Le savant faisait bouillir l'infusion pour la *stériliser*, puis il faisait refroidir. Dans ces conditions-là, l'air qui entrait dans l'appareil était porté à une haute température par son passage dans les tubes chauffés au rouge.

L'infusion ainsi préparée restait toujours complètement stérile, même si on renouvelait, toujours au travers des tubes chauffés à rouge, l'air contenu dans l'appareil. L'année suivante, Schultze obtint les mêmes résultats que Schwann en remplaçant les tubes chauffés par deux flacons contenant de l'acide sulfurique.

Dix-huit ans plus tard, en 1854, Ducsh et Schröder arrivèrent au même résultat en supprimant les deux flacons laveurs et en les remplaçant par des bourres de coton qui retenaient les poussières de l'air.

Cependant, il arriva quelquefois que, malgré les précautions prises, les infusions se troublèrent ; les partisans de la génération spontanée s'emparèrent aussitôt de ces faits qui paraissaient leur donner raison.

De ce nombre fut Pouchet.

Parmi les admirateurs et amateurs de la génération spontanée, il y avait nombre de farceurs ou de gens de mauvaise foi.

En 1817, dans son *Essai sur l'origine des corps organisés et inorganisés*, Fray avait osé déclarer avoir constaté la génération spontanée non seulement d'infusoires mais de crustacés et d'insectes, ce qui était grave. Gruithniser avait, disait-il, produit des infusoires à l'aide de substances minérales; et en 1837, Cross avait eu aussi l'aplomb d'affirmer qu'il avait fait naître des acarus en électrisant une pierre, et il avait pompeusement porté ce beau fait à la connaissance de l'Académie des Sciences (1).

**

La question de la *génération spontanée* restant toujours en suspens, dans le but de la trancher, l'Académie des Sciences la mit au concours.

C'est alors qu'en 1860, Pasteur, par de mémorables expériences, détruisit un à un tous les arguments des partisans de la génération spontanée et fit triompher par cela même la doctrine de l'homogénèse (2).

Pouchet, savant naturaliste, était alors directeur du Muséum de Rouen. En 1858, il annonça qu'il avait fait la *preuve expérimentale* des générations spontanées, c'est-à-dire qu'il avait vu naître des êtres vivants infiniment petits sans aucun germe provenant d'autres vivants.

Pasteur qui inclinait alors, d'après ses propres expériences, à penser que les germes des ferments étaient apportés par l'air, se mit à étudier l'expérience de Pouchet.

(1) Compte rendu de 1837.

(2) « Dans ces infiniment petits de la vie, disait un jour M. Dumas à M. Pasteur, devant l'Académie des Sciences, vous avez découvert un troisième règne, celui auquel appartiennent ces êtres qui, avec toutes les prérogatives de la vie animale, n'ont pas besoin d'air pour vivre et trouvent la chaleur qui leur est nécessaire dans les décompositions chimiques qu'ils provoquent autour d'eux.

Voici comment Pouchet faisait son expérience. Il remplissait un flacon d'eau bouillante, le bouchait hermétiquement, le renversait et en plongeait le col dans une cuve à mercure; il le débouchait alors et y introduisait de l'oxigène pur; puis, il y faisait pénétrer une petite botte de foin qui avait été préalablement chauffée dans une étuve à plus de 100 degrés. Tous les germes devaient avoir été tués nécessairement par cette grande chaleur. Or, pourtant, au bout de huit jours, une moisissure se développait dans l'infusion du foin ainsi obtenue (1).

Pasteur ne se laissa pas démonter. Avec sa perspicacité habituelle, sa réflexion attentive, il pensa tout de suite que la surface du mercure n'étant pas stérilisée du tout, il était certain qu'elle entraînait les poussières qui s'y trouvaient et qui devaient contenir des germes.

Pasteur reprit et varia même l'expérience de Pouchet avec les liquides les plus fermentescibles : l'urine, le lait, etc. Il les fit d'abord bouillir dans un ballon en verre où l'air ne pouvait arriver qu'en passant dans un mince tube de platine chauffé au rouge. Il ne se présenta pas alors de traces de génération. Comme on pouvait, et comme d'ailleurs on le fit, objecter que le feu pouvait détruire, outre les germes, certains agents comme l'ozone qui pouvaient être indispensables à la génération spontanée, il filtra simplement l'air qu'il faisait pénétrer dans ses ballons stérilisés à travers des tubes qu'il remplissait de bourre de coton. Il n'y eut pas trace non plus de végétations, de génération spontanées.

(1) Vers la même époque, Jeffries Wyman faisait des expériences analogues à celles de Pouchet (1862), mais n'osait guère conclure en faveur de la génération spontanée; en 1867, de nouvelles expériences qu'il fit confirmèrent pleinement les conclusions de Pasteur (*Americ. Journ. of Science*, 1861 et 1867).

Rappelons que, lorsque Pasteur annonça à ses maîtres et amis son intention d'entrer en lutte avec les partisans de la génération spontanée, presque tous l'en avaient dissuadé. « Je ne conseillerais jamais, disait Dumas, de rester trop longtemps dans ce sujet. » Pasteur y lutta cinq ans et fut triomphant!

Faisant alors une autre épreuve, il ensemença les liquides stériles avec la bourre de coton qui avait servi au filtrage de l'air, et des organismes apparurent.

Donc Pasteur triomphait de Pouchet et il détruisait le système des générations spontanées (1).

Ces expériences de Pasteur prouvaient (2) :

1° Qu'un liquide quelconque, mis à l'abri des impuretés de l'air, ne décèle jamais de microbes;

2° Que ces impuretés atmosphériques seules sont cause de l'éclosion des microbes ;

3° Que l'air filtré ou fortement chauffé (ce qui le stérilise) est absolument impropre à peupler de germes un liquide altérable (3).

Ceci allait être d'une grande importance, tant au point de vue de la science qu'au point de vue de la foi. Nombreux étaient les partisans de la génération spontanée se déclarant à refuser l'existence d'un Créateur. Pasteur mettait à néant leur outrecuidante négation, et le jour où il a détruit le système de la génération spontanée, il a fait œuvre à la fois de savant et de

---

(1) Flourens s'écriait : « Les expériences sont décisives. Pour avoir des animalcules, que faut-il, si la génération spontanée est réelle? de l'air et des liquides putrescibles. Or, M. Pasteur met ensemble de l'air et des liquides putrescibles et il ne se fait rien. La génération spontanée n'est donc pas. »

(2) En 1858, Milne-Edwards avait déjà fait une intéressante expérience : il prenait deux longs tubes en verre dans lesquels il mettait de l'eau et des matières organiques; il en laissait un ouvert, et l'autre était scellé à la lampe. Il plongeait les deux tubes dans l'eau bouillante pour bien chauffer leurs contours. Au bout de quelques jours, il s'était aperçu qu'il existait des infusoires dans le tube ouvert tandis que le tube fermé en était complètement dépourvu. (*Leçons sur la physiologie.*)

(3) Quand on examine au moyen d'un microscope les poussières brutes de l'air recueillies avec des instruments spéciaux appelés *aéroscopes,* ou plus simplement une goutte d'une infusion dans laquelle on a fait barboter un certain volume d'air, on reconnaît facilement des microbes en tous points analogues, pareils à ceux que l'on trouve habituellement dans l'eau ou dans le sol.

déiste. On retrouvera du reste l'expérience de ceci à la fin de
ce chapitre.

Il est intéressant, au sujet de cette *génération spontanée*, de
voir les luttes que soutenait aussi un savant anglais, le grand
physicien Tyndall, qui s'est en cela trouvé d'accord avec
Pasteur et dont les travaux forment le complément.

« La remarque du docteur Bastian, qui attribue aux rayons
actiniques du soleil le pouvoir de produire la *génération spontanée* (1), raconte Tyndall, m'engagea à emporter avec moi,
l'été dernier, en Suisse, un certain nombre de ballons préparés
avec le plus grand soin, et contenant des infusions diverses. Je
fis emballer soigneusement ces ballons dans de la sciure de
bois.

» Pendant dix jours de l'été splendide dont nous jouîmes pendant une portion de juillet dernier, j'exposai toute la journée
ces flacons au soleil sur le toit de l'hôtel Bel-Alp ; le ciel pendant
ces jours d'été était d'un bleu foncé sans nuage, et certainement
son pouvoir actinique était bien supérieur à tout ce que nous
pouvions obtenir à Londres ; la température à certains moments
s'élevait à 120° F. Tous les soirs, lorsque le thermomètre des-
cendait au-dessous de 70° F, on enlevait mes flacons, on les
suspendait au-dessus de la cheminée de l'hôtel, où la température variait habituellement entre 70 et 80° F. Il faut remarquer
que les températures sont indiquées comme très formelles par
le docteur Bastian.

» Après la fin du beau temps, les flacons restèrent trois semaines suspendus dans la cuisine et exposés de temps en temps
au soleil ; la moyenne de température de la partie de cuisine
dans laquelle ils étaient placés était environ 90° F. *Dans aucun*

____

(1) *Nature*, vol. III, p. 247.

flacon on n'aperçut des traces de génération spontanée. Dans
tous, sans exception, le liquide resta aussi limpide que l'eau
distillée. »

Dans son discours inaugural, à Norwich, comme président de
la section de physique de l'Association britannique, le grand physicien anglais Tyndall disait encore : « Et si vous demandez au
matérialiste d'où vient cette matière dont nous avons tant discuté, comment et qui l'a divisée en molécules, comment et qui
lui a imprimé la nécessité de se grouper en formes organiques,
il ne saura jamais le dire. La science aussi est sans réponse à
ces questions. Mais, si le matérialisme est confondu et la science
rendue neutre, à qui appartiendra-t-il de donner la réponse ?
A Celui à qui le sens a été révélé ! Inclinons nos têtes et recon-
naissons notre ignorance, une fois pour toutes... Le mystère
n'est pas sans avantage et peut certainement devenir une source
de puissance pour l'âme humaine...

» Il peut avoir, et il aura, nous l'espérons, forcément pour effet
de fortifier l'intelligence, et de mettre l'homme au-dessus de
ce rapetissement vers lequel, dans la lutte pour l'existence et la
conservation de son existence dans le monde, il est continuel-
lement entraîné ! »

Ce langage est tout chrétien, et voyez comme il est logique,
comme il est vrai !

C'est au sujet de ce discours de Tyndall que l'abbé F. Moigno
s'écriait avec enthousiasme : « Si nous écoutons le dernier mot
de la science, même expérimentale, il n'y a en réalité, dans
l'univers, que des myriades de monades simples ou sans étendue,
identiques entre elles ! Et c'est avec ces monades inétendues
qu'il a fallu constituer tous les corps gazeux, liquides, solides,
inorganiques et organiques du règne minéral, du règne végétal,
du règne animal, du règne humain, et engendrer par le mouvement toutes les forces et tous les phénomènes de la matière.
Pour le savant sans Dieu, cette synthèse de l'univers, par les

seuls *monades* ou *atomes*, serait évidemment la génération
spontanée, l'impossibilité, l'absurde à la suprême puissance !
Au contraire, pour le savant chrétien qui croit au Dieu éternel,
tout-puissant, créateur et conservateur des mondes, cette synthèse atomique est un hymne admirable qu'il chante de grand
cœur et qui le fait tomber en extase, parce que tout est ramené
à *l'unité*. L'inconnu, le mystère de la science reste, mais il
passe en réalité du fini à l'infini, du monde à Dieu. Il restera
toujours vrai qu'il est, en dehors et en dedans de nous, des
êtres que nous ne pouvons pas atteindre, des vérités que nous
ne pouvons pas comprendre ; mais ces êtres et ces vérités ont
leur source et leur raison d'être dans l'être éternel et infini qui
les a créées et qui nous les révèle ! »

Cobayes en traitement.

CHAPITRE IV

APRÈS ses études victorieuses sur la génération spontanée, Pasteur devait faire une première, grande et utile découverte. Il devait étudier et découvrir la *guérison des maladies des vers à soie*, cause de ruine pour plus d'une contrée.

Les travaux sur les vers à soie, qui furent commencés immédiatement après les recherches sur les maladies du vin et avant le travail sur la bière, rentrent par leur date (1866-1869) dans la période des fermentations ; mais, par leurs objets, ils sont comme la préface de la troisième période, celle des virus et des vaccins ; Pasteur les entreprit sur les instances de Dumas, qui avait été nommé rapporteur de la commission du Sénat chargée d'étudier les moyens de sauver l'industrie séricicole, très éprouvée depuis plusieurs années et menacée de ruine complète par les maladies des vers à soie.

Les achats de graines étrangères qui avaient un instant enrayé le mal, outre qu'ils étaient très dispendieux pour les éducateurs, ne donnaient plus que des succès incomplets et incertains. La maladie qui sévissait le plus rigoureusement sur les vers à soie était appelée la pébrine. Le corps des vers était en effet piqué de taches brunes, comme poivré. On avait bien soupçonné l'existence d'un parasite, cherché à pratiquer l'isolement des vers malades ; on avait choisi comme porte-graines ceux qui n'avaient pas présenté, jusqu'au moment de filer le cocon, la moindre tache. Filippi et Cornali avaient signalé la présence dans les vers malades de corpuscules microscopiques qu'Osimo avait même retrouvés dans les graines. Vittadini était allé jusqu'à proposer de trier la graine au microscope. Malgré toutes les précautions, beaucoup d'œufs n'éclosaient pas et parmi les vers issus des autres beaucoup mouraient de la pébrine.

Pasteur se rendit à Alais, en pleine région séricicole, et avec quelques collaborateurs, Duclaux, Gernez et d'autres, improvisa un laboratoire dans les environs. Ce furent de laborieuses et souvent rebutantes études. Les membres de la mission rivalisèrent de zèle et d'ingéniosité. Il faut lire l'histoire de cette mission, racontée par Pasteur lui-même. Au point de vue de la science, le résultat fut la confirmation de la nature parasitaire et de la transmissibilité par contagion et par hérédité de la pébrine. Au point de vue pratique, ce fut le moyen d'obtenir à coup sûr des œufs sains en montrant par où les essais antérieurs avaient péché. Or, voici ce point : la pébrine se montre à tous les âges ; un ver encore sain au moment de filer peut être contaminé et la maladie continue à évoluer dans la chrysalide et dans le papillon qui donne naissance à des œufs malades. L'examen des œufs un à un sous le microscope étant impraticable, Pasteur institua l'examen microscopique des papillons après la ponte. Chaque papillon est avant la ponte placé sur un morceau de linge distinct et épinglé après la ponte. Son corps est ensuite soumis, après avoir été broyé, à l'examen microscopique, et s'il contient des corpuscules, sa ponte est détruite ; sinon, les œufs sont conservés. Un seul examen suffit pour garantir la pureté d'une ponte entière, c'est-à-dire de deux ou trois cents œufs.

Une autre maladie, la flacherie, dans laquelle les vers s'étiolent, deviennent mous et noircissent après la mort, attira aussi l'attention de Pasteur. Ici, le parasitisme est d'un genre différent. Il s'agit de ferments qui se développent dans l'intestin aux dépens des aliments ingérés, troublent la nutrition des vers, et ceux-ci meurent en quelque sorte d'inanition.

Le remède est ici en grande partie du domaine de l'hygiène; la trop grande chaleur, l'humidité, prédisposent à la maladie ; les feuilles mouillées, sur lesquelles la pluie ou la rosée ont déposé les poussières rencontrées dans l'air, sont fréquemment la source de l'infection ; d'ailleurs, contrairement aux germes de la pébrine qui ne vivent pas en dehors des vers ou des œufs, ceux de la flacherie se retrouvent à l'état d'activité dans les vieilles litières et dans les poussières des magnaneries, d'une année à l'autre, d'où la nécessité d'une méticuleuse propreté. Quant à l'hérédité, on s'en préserve par le choix des reproducteurs. « Servez-vous, dit Pasteur, de graines provenant de papillons dont les vers sont montés avec prestesse à la bruyère sans offrir de mortalité par la flacherie de la quatrième mue à la montée et ne contenant pas le moindre corpuscule de la pébrine, et vous réussirez dans toutes vos éducations. » Et de fait, grâce aux instructions du savant, les ravages de la maladie ont été enrayés (1).

Pendant que Pasteur se livrait à des études acharnées sur les vers à soie, pour toutes les minutes de ses observations, il vivait auprès d'une collection de ces annelites et, par conséquent, il s'enfermait avec eux dans une sorte de serre vitrée, chauffée à une température haute et constante. Cette atmosphère surchauffée minait sa santé.

Il tomba malade. Son médecin lui dit :

— Si vous continuez à vivre là-dedans, c'est la mort peut-être, c'est la paralysie sûrement. .

(1) Ph. Poirrier.

— Docteur, répondit Pasteur, je ne puis abandonner mes études ; je touche au but, je sens la découverte prochaine. Advienne que pourra ! J'aurai fait mon devoir.

Il continua de vivre avec ses bestioles, dans la chaleur sèche qui lui détruisait lentement la vie.

Quelque temps après, il donnait au monde une découverte de plus ; mais la moitié de son corps était paralysé (1).

*
* *

C'est ici le moment de rappeler ce que disait un jour Pasteur à l'inauguration de la statue de J.-B. Dumas (de l'Académie des sciences) à Alais (2).

Pasteur y prenait la parole comme secrétaire perpétuel de l'Académie des Sciences et président de la cérémonie d'inauguration. Nous trouvons dans ce discours un passage concernant ses travaux sur les vers à soie :

« Je puis dire, s'écriait-il, que pendant quarante ans je n'ai cessé de travailler en ayant devant l'esprit cette figure vénérée, dont un mot encourageant d'abord, puis mieux, puis plus que je n'osais espérer, étaient une récompense et un honneur qui dépassaient tous les autres. Son enseignement avait ébloui ma jeunesse ; j'ai été le disciple des enthousiasmes qu'il m'avait inspirés. Son autorité, son pouvoir d'âme étaient si grands que, quand il me demanda, en 1865, le plus dur des sacrifices, celui d'interrompre mes recherches sur les fermentations, pour venir dans votre pays étudier, sans que rien m'y eût préparé, le fléau qui ruinait la sériculture, je lui répondis ce simple mot :

(1) C'est pendant les premiers symptômes de cette maladie, que son courage l'abandonna un instant. Il disait à son ami Sainte-Claire-Deville, accouru à son chevet : « Je regrette de mourir ; j'aurais voulu rendre plus de services à mon pays ».

(2) 21 octobre 1889.

» Disposez de moi. » — « Ah ! me dit-il avec une intonation
» où éclatait tout son cœur d'enfant d'Alais, ah ! partez ! la
» misère dépasse tout ce que vous pouvez imaginer. »

» Ce qu'il me fallut d'efforts durant cinq années pour triompher
de cette maladie des vers à soie qui désolait vos magnaneries,
je n'ai pas à le rappeler. Mais dans l'expression de votre reconnaissance, dont je suis profondément troublé, n'oubliez pas la
part d'initiative qui revient à M. Dumas. »

N'est-elle pas touchante, dites, cette dernière remarque de
Pasteur, qui avait abandonné sa tranquillité et ses chères
études pour venir à Alais chercher la destruction d'une maladie
des vers à soie qui ruinait le pays et qui semble vouloir en faire
retomber le mérite sur son ancien maître Dumas?

Pasteur allait ensuite s'attaquer à la maladie charbonneuse
qui tue tant de bestiaux et, sous le nom de *pustule maligne,*
d'œdème malin, fait chez les hommes vivants aussi de nombreuses victimes.

En 1850, Davainne avait annoncé qu'il trouvait dans le sang
des animaux charbonneux de petits corps filiformes. « Personne, disait-il, dans l'état actuel de la science, n'aura l'idée
de chercher en dehors de ces corpuscules l'agent de la contagion. »

Pasteur cultiva le microbe du charbon, multiplia les inoculations et les cultures, et il ne prit de repos que lorsqu'il eut
enfin découvert un moyen de vaccination permettant de sauver
tant de bêtes si utiles.

Ce fut le 28 février 1881 (date mémorable !) que la découverte de la vaccination charbonneuse fut annoncée à l'Académie des Sciences (1).

Le 5 mai de la même année, des expériences célèbres commencèrent dans une ferme de Pouilly-le-Fort, près de Melun. C'était la Société d'agriculture de Melun qui les avait demandées.

On fit une série d'inoculations graduées de virus atténué. Et le 31 mai suivant, les animaux qui avaient été vaccinés et ceux qui ne l'avaient pas été reçurent l'inoculation virulente du microbe charbonneux.

Un rendez-vous fut assigné par Pasteur pour le 2 juin, sur le lieu même.

Une foule de médecins, de vétérinaires, de fermiers, les autorités, le préfet de Seine-et-Marne, les conseillers généraux, des sénateurs, des députés, des journalistes, vinrent au rendez-vous.

Aucun des animaux qui avaient été inoculés par le microbe du charbon après avoir été vaccinés ne fut malade.

Au contraire, tous les animaux qui n'avaient pas reçu la vaccination préventive et qui avaient reçu le microbe du charbon, soit vingt-quatre moutons, une chèvre, six vaches, prirent la maladie, et les moutons et la chèvre moururent le jour même.

C'était un triomphe ! (2)

Il faut ajouter, d'ailleurs, que la pratique de cette vaccination charbonneuse se répandit très rapidement. Mais la pratique fit voir que l'immunité ne durait pas indéfiniment, et qu'il était utile de revacciner tous les ans (3).

(1) Le jour où il découvrit la vaccination charbonneuse, Pasteur, le front rayonnant, les larmes aux yeux, disait aux siens : « *Je ne me consolerais pas, si une découverte comme celle que nous venons de faire, mes préparateurs et moi, n'était pas une découverte française.* »

(2) A un vétérinaire incrédule, Bouley disait : « Allons, êtes-vous converti ? Il ne vous reste plus qu'à vous incliner devant le maître (il montrait Pasteur) et à vous écrier :

» Je vois, je sais, je crois, je suis désabusé. »

(3) C'est d'ailleurs Pasteur qui a donné ce nom de *Vaccination* à l'inoculation d'un virus, et ce fut au Congrès médical international de Londres (août

Portrait de M. J.-B. Dumas, de l'Académie des Sciences.

*
**

Après le charbon on s'occupa, au laboratoire de Pasteur, du *rouget du porc*, autre maladie. Ce fut un jeune élève collaborateur de Pasteur, Louis Thuillier, qui trouva le microbe de cette affection.

Pasteur s'occupa de l'étude de ce microbe, ce qui l'amena à de curieuses découvertes. Il vit alors que certains microbes, rendus violents par une inoculation sur certains animaux, deviennent par là même inoffensifs sur une autre espèce chez laquelle ils sont habituellement mortels. C'est ainsi que le rouget du porc ne tue pas forcément un lapin; mais si l'on inocule le microbe du rouget de lapin à lapin, la maladie devient fatalement funeste. Au contraire, le virus modifié par le lapin ne tue plus le porc, et donne l'immunité à celui-ci contre les atteintes du microbe vorace du rouget. La vaccination du rouget du porc était donc trouvée. C'était une victoire de plus.

*
**

Le *choléra des poules*, dont nous avons déjà parlé, fut aussi, après le microbe du charbon, l'objet des recherches de Pasteur. Ce microbe avait déjà été soupçonné et même vu en 1878, par un vétérinaire de Tunis, M. Peronisto. Mais on ne l'avait pas étudié, observé, et la preuve de la virulence de cette maladie terrible et désastreuse pour les campagnes n'avait pas été faite.

1881). Devant trois mille médecins, accourus de toutes les parties du globe, il disait : « J'ai prêté à l'expression de vaccination une extension que la science, je l'espère, consacrera comme un hommage au mérite et aux immenses services rendus par un des plus grands hommes de l'Angleterre. Jenner ».

(1) Cette épizootie s'attaque à d'autres animaux de basse-cour, dindes, oies, canards. — On l'a comparée au choléra asiatique.

Pasteur s'en chargea. Il cultiva ce microbe, y reconnut un microbe, l'obtint à l'état de pureté, montra qu'il conservait dans les cultures toute sa force (sa *virulence*, comme on dit en termes scientifiques), mais que privé d'air il meurt tout à fait et ne se transforme pas en corpuscules-germes comme le microbe septique ou le microbe du charbon. Il s'aperçut, en outre, que ce microbe, qui tue les poules avec rapidité, ne donne aux lapins et aux cobayes chez lesquels on l'inocule que des abcès qui guérissent assez vite.

En faisant toutes ces recherches il arriva aussi à découvrir une inoculation ou vaccination préventive, ce qui a rendu d'énormes et inappréciables services à l'agriculture.

*
* *

Si Pasteur n'a pas connu entièrement le bonheur au point de vue de la santé, si grandement ébranlée par ses fatigues et ses travaux, il a du moins connu la gloire, et cela dès longtemps. Les récompenses de ses succès arrivaient en foule. Rappelons-les brièvement :

Il a reçu de la Société royale de Londres la médaille Rumford en 1856, la médaille Copley en 1874 ; du ministre de l'agriculture de l'Empire d'Autriche, en 1868, un prix de 10,000 francs, pour ses procédés contre la maladie des vers à soie.

En 1875, il recevait de la Société d'Encouragement un nouveau grand-prix de 12,000 francs.

En 1874, sur le rapport de Paul Bert, l'Assemblée nationale vota à Pasteur une pension viagère de 12,000 francs, qui, en juillet 1883, fut élevée à 25,000 francs. Cette pension est reversible sur sa veuve et ses enfants.

En 1882, des médailles lui étaient decernées, pour l'ensemble de ses travaux, par un comité comprenant des membres de l'Académie de Médecine, de l'Académie des Sciences ; par le conseil de la Société des arts et manufactures, par la Société d'économie rurale russe.

Chevalier de la Légion d'honneur en 1853, Pasteur avait été promu successivement : officier en 1863, commandeur en 1868, grand-officier en 1878, et grand-croix le 7 juillet 1881.

Pasteur avait reçu en outre un grand nombre d'ordres étrangers. C'est ainsi qu'il était grand-croix du Danebrog de Danemark, de l'ordre de Sainte-Anne de Russie, de l'Étoile polaire de Suède, du Nicham-Iftikar, du Sauveur de Grèce, du Medjidieh de Turquie, de la Rose du Brésil, de Saint-Olaf de Norvège, de Léopold, de l'ordre d'Orange, de Saint-Jacques de Portugal, d'Isabelle-la-Catholique, des Saints-Maurice-et-Lazare, etc..

*
* *

Napoléon III avait aussi une sympathie très particulière pour l'illustre savant. La bonhomie de Pasteur, jointe à la finesse d'un esprit vif et prompt, plaisait à l'Empereur, qui ne rencontrait pas souvent chez ses interlocuteurs cette spontanéité, cette libre expression de la pensée.

Pasteur joignait d'ailleurs à son rare mérite le don de la simplicité. Cela plaisait aussi à l'Empereur qui détestait les pédants. En 1867, lors de l'Exposition universelle, le même jury international qui décernait à l'Empereur un grand-prix, hors concours, pour les maisons ouvrières, décernait à Pasteur un grand-prix égal, pour sa découverte relative à la conservation des vins.

Dans un dîner de gala, qui eut lieu au palais des Tuileries, peu après la distribution des récompenses, et où Napoléon III avait tenu à réunir les plus marquants parmi les titulaires des autres prix, il s'entretint longuement avec Pasteur, tandis que l'Impératrice Eugénie, très enthousiaste, elle aussi, de ses succès scientifiques, lui disait avec grâce : « C'est surtout vous, monsieur Pasteur, que l'Empereur a été fier de pouvoir présenter aux suffrages universels. »

On ne manquait jamais d'inviter Pasteur à venir passer quelques jours à Compiègne, où se trouvait la souveraine.

L'illustre savant, alors tout jeune, lui expliquait ses expériences, et trouvait moyen, grâce à sa bonne humeur et à sa séduisante facilité de parole, d'y intéresser l'Impératrice et les dames de la cour.

Un familier de Compiègne contait que, très souvent, le soir, Pasteur tenait ainsi, suspendues à ses lèvres, de charmantes auditrices, en leur dévoilant les petits mystères de la nature, et que plus d'une fois le conférencier, ayant besoin pour son microscope d'une goutte de sang, l'Impératrice Eugénie se piqua le bout du doigt avec une aiguille d'or et lui permit de cueillir dévotement cette perle précieuse. Pasteur, ne voulant pas abuser de l'auguste complaisance, demandait au jardinier du château de lui apporter des grenouilles vivantes. Un jour, il eut la malencontreuse idée d'oublier son sac de grenouilles dans l'appartement impérial. L'Impératrice, se levant la nuit, poussa un cri terrible ; son pied venait d'écraser sur le parquet un corps froid et visqueux... Elle crut mourir d'épouvante, et, si elle n'eût pas réellement aimé Pasteur, elle l'eût pris en grippe à cause de ses grenouilles... (1)

Pasteur fut nommé sénateur par l'Empereur le 27 juillet 1870. — Hélas, c'était au lendemain de la déclaration de guerre, et l'illustre savant ne put siéger dans ce Sénat impérial, où l'Empereur avait tenu à lu voir occuper un siège parmi les gloires nationales.

---

(1) Adolphe Buisson, *Une visite à l'Institut Pasteur.*

Louis Pasteur a reçu de la France et du monde entier tous les honneurs, toutes les manifestations d'admiration qu'un homme peut espérer, et cependant, il resta sur la brèche jusqu'à la dernière heure.

Oui, ce fut un grand savant, ce fut un véritable bienfaiteur de l'humanité, ce fut un grand homme dans toute la belle acception du mot.

Sans doute Pasteur souleva bien des colères, bien des inimitiés; il fut durement combattu, cruellement discuté. Qu'importe! le temps effacera ces polémiques d'homme à homme. Ses travaux n'en restent pas moins debout, impeccables, indéniables, servant d'exemples merveilleux aux savants de l'avenir. Il a fait école et école puissante et radieuse. Tout autour de lui ses adeptes ont conservé, perfectionné même des méthodes d'expérimentation qu'aucun savant n'a égalées et qui restent de véritables chefs-d'œuvre de sûreté, de précision et d'ingéniosité.

Oui, les méthodes pastoriennes demeureront immortelles.

Flacons contenant les moelles de lapins qui servent aux inoculations.

La trépanation d'un lapin. (Page 77.)

CHAPITRE V

LA RAGE

ES peuples ne savaient rien de la dissymétrie moléculaire; ils n'avaient pas entendu parler de l'acide tartrique droit ni de l'acide tartrique gauche; ils ne con-
naissaient que d'une façon très vague les découvertes de
M. Pasteur dans le domaine des fermentations; mais, en 1884,
ils avaient été secoués par cette éclatante nouvelle : « M. Pasteur empêche de devenir enragés ceux qui ont été mordus par
un animal enragé » (1).

C'est que tous les peuples avaient une peur atroce de ce mal
terrible, la *rage*, mal qui ne pardonnait pas, affection épouvantable dont nous allons retracer les symptômes terrifiants.

La rage est une affection virulente qui ne se développe pas
spontanément chez l'homme et qui lui est communiquée par la
morsure de chiens enragés. Le virus rabique est contenu dans
la bave seule des animaux. Aussi tout individu mordu n'est-il

(1) Docteur Bouchard.

pas fatalement atteint de la rage, car, outre que le sujet peut
n'être pas en état de réceptivité, il arrive souvent que les parties lésées sont protégées contre la bave par les vêtements qui
les recouvrent. Toute morsure atteignant des parties découvertes, telles que la face et les mains, est plus dangereuse que
celle portant sur le reste de la surface du corps.

La période d'incubation peut varier de quelques jours à trois
mois. En général, la rage se manifeste de trois à huit semaines
après la morsure. Il y a trois périodes dans la rage confirmée :
1º une période de mélancolie; 2º une période de fureur ou spasmodique; 3º une période de paralysie ou d'asphyxie. La période
de mélancolie se manifeste par une tristesse inaccoutumée, de
l'inquiétude, de l'agitation. Le malade recherche la solitude :
son sommeil est agité, interrompu par des réveils en sursaut,
des cauchemars. Il évite de parler de la cause de son affection,
et, si on l'interroge à ce sujet, il détourne la tête et cherche à
éluder la question. Les mêmes phénomènes se retrouvent chez
le chien, qui est encore docile à la voix de son maître et des
personnes qu'il affectionne. Mais il faut déjà se méfier, car si
on le châtie pour sa lenteur à obéir, il peut, malgré lui, faire
une morsure fatale. L'agitation augmente et progressivement
l'animal arrive à la seconde période de transition, durant laquelle la fureur peut être entrecoupée d'accès de tristesse. Le
chien a des hallucinations ; il croit voir des objets ou entendre
des bruits qui le font s'élancer la gueule ouverte, déchirant tout
ce qu'il peut saisir. A ces accès succèdent des périodes d'ac-
calmie ou des phénomènes de paralysie qui annoncent la troisième période. L'aboiement devient sourd, rauque, et les coups
de gueule vont en diminuant d'intensité. La gueule reste
entr'ouverte, la langue pendante, et des babines s'écoule une
salive écumeuse. La déglutition est gênée, l'animal ne peut ni
boire ni manger. Parfois le pharynx est fermé aux liquides
seuls, et le chien qui mord l'eau, mais ne l'avale pas, ingère

tous les objets solides qui sont à sa portée. Bien qu'il ne puisse avaler l'eau, le chien enragé n'en a pas horreur, et on le voit parfois, au milieu de son accès, se jeter dans une rivière qu'il traverse à la nage. Chez l'homme, cette période spasmodique s'annonce par de la gêne précordiale, des troubles de la res-

Observation d'un chien enragé.

piration, de l'irrégularité du pouls. Puis surviennent des frissons, des convulsions. A ce moment apparaît un symptôme, à peu près constant, l'horreur de l'eau, non parce que le malade redoute la vue seule de l'eau, mais parce qu'il ne peut l'avaler. Il a soif, il veut boire; mais dès que le verre arrive à ses lèvres le patient est pris de frissons, de spasmes, de tremblement des membres. C'est cette conscience des souffrances que l'ingurgitation de ce liquide détermine chez lui, qui lui fait repousser l'eau. A ce phénomène se joint de l'hyperesthésie de la peau, à l'encontre du chien qui présente de l'anesthésie cutanée. On observe du satyriasis, des hallucinations, des terreurs soudaines. Mais l'homme n'a pas de tendance à mordre, il ne frappe pas ceux qui l'entourent. A la troisième période, de paralysie chez l'animal, d'asphyxie chez l'homme, la soif devient plus ardente et l'impossibilité de satisfaire ce besoin est encore plus marquée. La voix est rauque, la bouche est remplie d'une écume blanchâtre qui est rejetée par un crachotement continuel. En même temps, les accès convulsifs deviennent plus fréquents et la fin de chaque accès est marquée par un spasme des muscles respiratoires qui se prolonge dans un dernier accès qui amène la mort. Ainsi donc, tandis que le chien meurt paralysé, l'homme succombe dans une convulsion clonique qui porte sur les muscles de la respiration et entraîne l'asphyxie.

L'anatomie pathologique ne révèle que de la congestion dans tous les organes parenchymateux. Cette hypérémie n'est que la conséquence des accidents convulsifs et de la gêne respiratoire. Le diagnostic de la rage est facile. Il existe un état morbide qui peut en imposer au premier abord : c'est ce que l'on a nommé l'hydrophobie morale, état qui se présente chez des individus mordus par des chiens ou qui ont été frappés des souffrances atroces des rabiques et qui, s'imaginant être atteints de la rage, présentent en effet quelques-uns des symptômes de cette maladie. Il suffit, dans ces cas, d'agir par persuasion. Du reste, cet état nerveux dure plus de quatre jours, et il est démontré que la rage confirmée entraîne la mort au bout de trois jours. Le traitement consiste en cautérisations énergiques immédiatement après la morsure. Jusqu'à ces dernières années, il n'y avait pas eu d'autre traitement connu, et une fois la rage confirmée, le malade était voué à une mort certaine. A Pasteur revient l'honneur d'avoir montré qu'il était possible d'obtenir la guérison.

*
**

Le travail sur la rage et la vaccination avait coûté à Pasteur et à ses collaborateurs cinq années d'efforts soutenus.

Ce travail datait du 10 décembre 1880, où le docteur Lannelongue avait reçu un enfant de cinq ans, mourant de la rage, dans son service à l'hôpital Trousseau. Il avait averti Pasteur qui vint recueillir la salive de l'enfant avec laquelle il inocula des lapins. Les recherches sur la rage durèrent jusqu'en 1885, époque où Pasteur crut avoir découvert la vaccination antirabique.

Le remède à la rage est un vaccin, l'inoculation d'un virus atténué, qui, comme le vaccin de Jenner pour la petite vérole, doit rendre les vaccinés absolument réfractaires à la rage.

M. Pasteur, en étudiant cette maladie qu'on n'osait pas traiter, en isola d'abord le microbe, et en trouva le véritable terrain de culture, ainsi que, plus tard, le moyen sûr d'inoculer le virus aux animaux ; dès lors, les expériences pouvaient commencer. En trépanant des lapins et en leur inoculant sous les méninges (la dure-mère du cerveau) une moelle rabique de chien enragé, M. Pasteur constata qu'ils devenaient enragés après une incubation d'une durée moyenne de quinze jours ; en faisant la même opération avec les virus obtenus plus violents par la culture, la rage se déclarait au bout de sept jours.

Par contre, en opérant avec des virus atténués par une dessiccation calculée, il rendit les animaux ainsi traités réfractaires à la rage.

Les expériences furent répétées avec le même succès sur des singes, des moutons, sur des chiens surtout, et il fut acquis que la vaccination était aussi efficace par inoculation du virus sous la peau ou à la surface du cerveau, au moyen d'une seringue de Pravaz, que par la trépanation.

Restait à expérimenter sur l'espèce humaine, et M. Pasteur, bien que convaincu que ses inoculations seraient pour le moins inoffensives, hésitait encore à s'y risquer, quand on lui amena d'Alsace un enfant de neuf ans, le petit Meister, qui avait été mordu par un chien enragé.

Le gendre de Pasteur, M. Vallery-Radot, a fait le récit suivant de cette première inoculation du virus antirabique :

« Le 4 juillet 1885, à huit heures du matin, Joseph Meister, âgé de neuf ans, fils aîné d'un garçon boulanger qui habite Steige, se rendait seul de ce village de Steige à l'école voisine de Meissengott. Il suivait un petit chemin écarté, un chemin d'écolier, quand un chien se précipita sur lui et le terrassa. L'enfant n'essaya pas de lutter. Il couvrit son visage de ses bras. Le chien le mordit, le roula, s'acharna sur lui. Un maçon vit de loin la scène et accourut. Armé d'une barre de fer, il frappa à coups redoublés le chien, qui se sauva et rentra se jeter sur son maître.

» Le maître, Théodore Vone, épicier à Meissengott, prit un fusil et tua son chien. Bave à la gueule, paille et fragments de bois dans l'estomac, toutes les présomptions de la rage furieuse étaient là. Les parents du petit Meister crurent d'abord à la simple rencontre d'un mauvais chien. La journée se passa à soigner, à laver les quatorze blessures de l'enfant. Mais, le soir, la mère, effrayée de tout ce qu'elle apprenait : accident arrivé au propriétaire du chien, détermination soudaine de ce propriétaire de tuer le chien d'un coup de fusil — conduisit le petit Joseph au docteur Weber, de Villé.

» M. Weber fit quelques cautérisations à l'acide phénique et conseilla à madame Meister de partir pour Paris et de conduire son enfant à quelqu'un qui, seul, devant la gravité d'un tel cas, serait capable de donner un bon conseil. « Ce quelqu'un qui

» demeure rue d'Ulm, ajouta le médecin, s'appelle M. Pasteur. »

» M. Théodore Vone voulut accompagner cette mère, de plus en plus inquiète, et cet enfant, dont les blessures à la jambe et aux cuisses étaient telles qu'elles rendaient sa marche incertaine, traînante. Ils arrivèrent au laboratoire le lundi matin, 6 juillet.

» M. Pasteur, très troublé, ému du malheur de ces pauvres gens, plein de confiance dans ses dernières expériences, mais plein d'angoisses à l'idée de tenter sur cet enfant une application de sa méthode, alla dire à M. Vulpian et au docteur Grancher, professeur à la Faculté de médecine, le disciple et l'ami de M. Pasteur, la situation qui se présentait à lui face à face.

» M. Vulpian et M. Grancher vinrent immédiatement voir le petit Joseph Meister; ils examinèrent ses blessures et, d'un commun accord, conseillèrent à M. Pasteur d'essayer sur cet enfant, presque condamné, la méthode qui avait presque constamment réussi pour les chiens. M. Pasteur organisa dans une des dépendances de son laboratoire, — le vieux collège Rollin — une chambre pour la mère et l'enfant. Cette brusque installation ressemblait à un déménagement.

» L'enfant s'en amusa et regarda les chiens, les poules, les lapins, les cochons d'Inde, tout ce petit peuple d'animaux en expérience parqués dans cet enclos de la rue Vauquelin comme dans une ferme d'Alsace. Le soir, à huit heures et demie, on vient le chercher pour le mener au laboratoire. Au milieu des cornues, des tubes, des matras, il promenait un regard d'étonnement effaré. M. Vulpian et M. Grancher l'attendaient. Une seringue Pravaz, contenant la première inoculation, était prête. Quand ce petit vit entre les mains du docteur Grancher cette pointe acérée, il eut peur et se mit à pleurer. Sa mère, pleurant aussi, le déshabilla, et l'injection, non virulente celle-là, fut donnée.

» Le traitement devait simplement consister en une piqûre

faite sous la peau, au bas des côtés, un virus que M. Pasteur jugeait devoir préserver le petit Meister de la rage. Mais, à mesure que le traitement touchait à sa fin et que se succédaient les inoculations du virus le plus virulent, M. Pasteur était cruellement inquiet. Jours d'angoisses, nuits sans sommeil, brusques transitions des grandes espérances aux battements effroyables, voilà de quoi la gloire est faite. Le 18 juillet, deux jours après la treizième et dernière inoculation, M. Pasteur, cédant aux instances de ceux qui l'entouraient, confia le petit Meister au docteur Grancher et consentit à prendre quelque repos loin de son laboratoire.

» Une hospitalité de famille l'attendait dans un coin paisible des bois du Morvan. Mais au milieu de ce calme profond, l'inquiétude le poursuivait affreusement. Les lettres et les dépêches rassurantes du docteur Grancher avaient beau se succéder, M. Pasteur avait toujours devant les yeux cette figure d'enfant qui lui apparaissait malade, mourant, en pleine rage.

» Ce fut le 27 juillet seulement que le petit Meister retourna en Alsace. Il avait voulu emporter une cage de deux lapins et de deux cochons d'Inde, nés au laboratoire, et qui n'étaient pas encore inoculés. Alors s'établit entre M. Pasteur et Joseph Meister une correspondance régulière.

» Le petit Meister devait envoyer tous les quatre jours, puis tous les huit jours, puis tous les quinze jours, son bulletin de santé. Avec quelle impatience était attendue l'arrivée de cette grosse écriture tremblée d'enfant à son « cher monsieur Pas- » teur », selon l'expression habituelle du petit Alsacien ! Quelquefois, Meister oubliait de répondre exactement à son correspondant.

« C'est bien ingrat de ma part, lui écrivait-il dans la dernière » quinzaine du mois d'août, de ne pas vous donner de mes nou- » velles, tandis que vous, mon cher monsieur Pasteur, vous » êtes si soucieux de ma santé. Je vous en remercie mille fois,

M. VIALA.   Dr GRANCHER.   PASTEUR.

Inoculation du vaccin de la rage sur le petit Meister.

» ainsi que mes chers parents. C'est avec joie que je vous ré-
» pète que je me porte bien et que je mange bien.

» Le 26 octobre, le jour où M. Pasteur communiqua à l'Académie des Sciences le procès-verbal de cette expérience et montra par quelles méthodes il était parvenu, après cinq années
d'efforts, à ce qu'il appela modestement une tentative heureuse,
toute l'Académie applaudit avec émotion, et M. Vulpian, de
sa voix calme, réfléchie, habituée à peser chaque mot, dit
simplement : « Ce nouveau travail met le sceau à la gloire
» de M. Pasteur et jette un éclat incomparable sur notre
» pays. »

Dans une communication faite à l'Académie des Sciences,
dans la séance du 26 octobre 1885, Pasteur disait :

« Joseph Meister a donc échappé non seulement à la rage
que ses morsures avaient pu développer, mais à celle que je lui
ai inoculée pour le contrôle de l'immunité due au traitement,
rage plus virulente que celle du chien des rues.

» L'inoculation finale, très virulente, a encore l'avantage de
limiter la durée des appréhensions qu'on peut avoir sur les
suites des morsures. Si la rage pouvait éclater, elle se déclare-
rait plus vite par un virus plus virulent que celui des morsures.
Dès le milieu du mois d'août, j'envisageais avec confiance l'a-
venir de la santé de Joseph Meister. Aujourd'hui encore, après
trois mois et trois semaines écoulés depuis l'accident, cette
santé ne laisse rien à désirer (1). »

Dans la même communication, Pasteur parlait ainsi de la
Vaccination antirabique :

---

(1) Nous voyons, dans le même récit, la prudence avec laquelle opérait
Pasteur :

« Je portai ainsi à treize, dit-il, le nombre des jours de traitement. Je
dirai plus tard qu'un plus petit nombre d'inoculations eussent été suffisantes.
Mais on comprendra que dans ce premier essai je dusse agir avec une cir-
conspection toute particulière. »

« La prophylaxie de la rage, telle que je l'ai exposée en mon nom et au nom de mes collaborateurs, dans des notes précédentes, constituait assurément un progrès réel dans l'étude de cette maladie, progrès toutefois plus scientifique que pratique. Son application exposait à des accidents. Sur vingt chiens traités, je n'aurais pu répondre d'en rendre réfractaires à la rage plus de quinze ou seize.

» Il était utile, d'autre part, de terminer le traitement par une dernière inoculation très virulente, inoculation d'un virus de contrôle, afin de confirmer et de renforcer l'état réfractaire. En outre, la prudence exigeait que l'on conservât les chiens en surveillance pendant un temps supérieur à la durée d'inoculation de la maladie produite par l'inoculation directe de ce dernier virus, et il ne fallait pas moins, quelquefois, d'un intervalle de trois à quatre mois pour être assuré de l'état réfractaire à la rage.

» De telles exigences auraient beaucoup limité l'application de la méthode.

» Enfin, la méthode ne se serait prêtée que difficilement à une mise en train toujours immédiate, condition réclamée cependant par ce qu'il y a d'accidentel et d'imprévu dans les morsures rabiques.

» Il fallait donc arriver, si cela était possible, à une méthode plus rapide et capable de donner une sécurité, que j'oserais dire parfaite, sur les chiens.

» Et comment, d'ailleurs, avant que ce progrès fût atteint, oser se permettre une épreuve quelconque sur l'homme.

» Après des expériences, pour ainsi dire sans nombre, je suis arrivé à une méthode prophylactique pratique et prompte, dont les succès sur les chiens sont déjà assez nombreux et sûrs pour que j'aie confiance dans la généralité de son application à tous les animaux et à l'homme lui-même. Cette méthode repose essentiellement sur les faits suivants :

» L'inoculation au lapin par la trépanation, sous la dure-mère, d'une moelle rabique de chien à rage des rues, donne toujours la rage à ces animaux, après une durée moyenne d'incubation de quinze jours environ.

» Passe-t-on du virus de ce premier lapin à un second, de celui-ci à un troisième, et ainsi de suite, par le mode d'inoculation précédent, il se manifeste bientôt une tendance de plus en plus accusée dans la diminution de la durée d'incubation de la rage chez les lapins successivement inoculés.

» Après vingt à vingt-cinq passages de lapin à lapin, on rencontre les durées d'incubation de huit jours, qui se maintiennent pendant une période nouvelle de vingt à vingt-cinq jours. Puis on atteint une durée d'incubation de sept jours que l'on retrouve avec une régularité frappante pendant une série nouvelle de passages allant jusqu'au quatre-vingt-dixième.

» C'est du moins à ce chiffre que je suis en ce moment, et c'est à peine s'il se manifeste actuellement une durée d'incubation d'un peu moins de sept jours.

» Ce genre d'expériences, commencé en novembre 1882, a déjà trois années de durée, sans que la série ait jamais été interrompue, sans que jamais non plus on ait dû recourir à un virus autre que celui des lapins successivement morts rabiques. Rien de plus facile, en conséquence, d'avoir constamment à sa disposition pendant des intervalles de temps considérables, un virus rabique d'une pureté parfaite toujours identique à lui-même ou à très peu près.

» C'est là le nœud pratique de la méthode.

» Les moelles de ces lapins sont rabiques dans toute leur étendue avec constance dans la virulence. Si l'on détache de ces moelles des longueurs de quelques centimètres avec des précautions de pureté aussi grandes qu'il est possible de les réaliser, et qu'on les suspende dans un air sec, la virulence disparaît lentement dans ces moelles jusqu'à s'éteindre tout à fait.

La durée d'extinction de la virulence varie quelque peu avec l'épaisseur des bouts de moelle, mais surtout avec la température extérieure. Plus la température est basse et plus durable est la conservation de la virulence. Ces résultats constituent le point scientifique de la méthode. Ces faits étant établis, voici le moyen de rendre un chien réfractaire à la rage en un temps relativement court. Dans une série de flacons dont l'air est entretenu à l'état sec par des fragments de potasse déposés sur le fond du vase, on suspend, chaque jour, un bout de moelle rabique fraîche de lapin mort de rage ; rage développée après sept jours d'incubation. Chaque jour également, on inocule sous la peau du chien une pleine seringue Pravaz de bouillon stérilisé, dans lequel on a délayé un petit fragment d'une de ces moelles en dessiccation, en commençant par une moelle d'un numéro d'ordre assez éloigné du jour ou l'on opère pour être bien sûr que cette moelle n'est pas du tout virulente. Des expériences préalables ont éclairé à cet égard. Les jours suivants, on opère de même avec des moelles plus récentes séparées par un intervalle de deux jours, jusqu'à ce qu'on arrive à une dernière moelle très virulente placée depuis un jour ou deux seulement en flacon. Le chien est alors rendu réfractaire à la rage. On peut lui inoculer du virus rabique sous la peau ou même à la surface du cerveau par la trépanation sans que la rage se déclare. Par l'application de cette méthode, j'étais arrivé à avoir cinquante chiens de tout âge et de toute race réfractaires à la rage sans avoir rencontré un seul insuccès ».

Dans une autre communication, Pasteur disait encore :

» Sur cent personnes mordues par des chiens enragées, combien en est-il qui meurent de cette terrible maladie. Il est difficile de répondre à cette question. Le nombre des victimes varie pour plusieurs raisons. Toutefois on admet généralement qu'en additionnant le nombre des morts survenues à la suite d'un grand nombre de cas, de morsures par animaux enragés, la mortalité parmi les personnes mordues varie de quinze à vingt pour cent. En d'autres termes, sur cent personnes mordues il en est donc plus de quatre-vingts qui ne ressentent aucun effet fâcheux. Il est dès lors facile de se tromper au sujet de la valeur de tout remède préventif. Car, si nous l'appliquons à un certain nombre de personnes, il semblera avoir réussi quatre fois sur cinq : n'est-ce pas plus que suffisant pour autoriser un guérisseur, que l'on vient consulter à assurer que son remède est infaillible, et pour amener les ignorants à partager aveuglément sa croyance. La méthode expérimentale juge plus sévèrement les faits. Elle nous apprend que, pour établir la vertu d'un remède préventif contre la rage, il faut, en premier lieu, découvrir le moyen de faire naître la rage à coup sûr, d'appliquer ce moyen à quelques chiens, de faire de ceux-ci deux lots, de soumettre les sujets de l'autre lot, en nombre égal, à la maladie et à la mort. Si la mort ne frappe aucun des sujets traités, il sera prouvé que le remède est efficace. Tout le programme d'expériences est ainsi tracé. Il n'est pas aussi facile qu'on le pourrait croire, au premier abord, d'inoculer avec succès la rage à une série d'animaux. Nous avons précédemment attiré l'attention sur ce fait, que si des chiens sont mordus par des animaux enragés, la maladie ne se manifeste point dans la totalité des cas. Une injection sous-cutanée directe de la salive d'un chien enragé donne à peine plus de succès. La salive renferme, avec le microbe de la rage, d'autres microbes d'espèces variées qui peuvent donner naissance à des abcès et à d'autres complications morbides et empêcher ainsi la production de la rage. Il y a peu d'années encore, les expérimentateurs n'auraient pas su où trouver le virus à l'état pur ; ils n'auraient pas su non plus comment l'employer pour qu'il produisît la rage, et la rage seule. Ces deux difficultés furent vaincues simultanément grâce à la découverte suivante : si l'on fait l'autopsie d'un animal mort de la rage, et qu'une petite partie du cerveau ou de la

moelle épinière, ou, mieux encore, de la partie de la moelle qui
relie celle-ci au cerveau, partie nommée moelle allongée ou
bulbe, soit détachée et écrasée dans un liquide stérilisé avec
toutes les précautions antiseptiques nécessaires, et qu'un peu
de ce liquide soit introduit à la surface du cerveau d'un animal
chloroformé (chien, lapin ou cobaye), au moyen d'une aiguille
hypodermique, après trépanation l'animal ainsi inoculé devien-
dra dans tous les cas enragé, et dans un laps de temps relativement court, c'est-à-dire au bout d'un temps qui dépasse rare-
ment quinze jours ou trois semaines.

Voulez-vous mettre à l'épreuve un remède qui a la réputation
d'empêcher la rage ? Prenez deux chiens et inoculez l'un et l'autre avec le virus de la manière qui vient d'être décrite. Puis
donnez le remède à l'un des deux chiens, avant ou après l'opération, autant de fois qu'il vous plaira, et abandonnez l'autre
chien à son sort. Vous verrez alors que la rage fait son apparition aussi bien chez le premier que chez le second animal.

Naturellement, nous n'avons point mis à l'épreuve de cette
manière tous les nombreux remèdes proposés, mais nous avons
essayé quelques-uns de ceux que l'on dit les plus efficaces, sans
le moindre succès. On obtient des résultats très différents, si
l'on emploie la méthode que j'ai exposée à l'Académie des
Sciences, le 26 octobre 1885. Cette méthode de vaccination ressemble par beaucoup de ses traits généraux aux méthodes de
prophylaxie contre les maladies contagieuses qui sont fondées
sur l'inoculation des virus atténués. L'injection de ces virus
atténués vaccine les animaux et les rend capables de résister
aux atteintes du virus fort. Tout virus, ou plutôt tout microbe
virulent et infectieux, peut être atténué par des moyens naturels ou artificiels. Le virus de la petite vérole, chez l'homme,
est représenté à l'état atténué par le virus du *cowpox* de la
vache. Ce dernier a été produit — je suis du moins disposé à le
croire — par le passage fortuit et successif sur le pis de la

vache du virus varioleux humain, où il a fini par être fixé à son état de virulence actuelle, tout comme on voit le virus rabique se modifier profondément par des passages sur le lapin et sur le singe. Il en est de même du virus mortel du charbon, qui est modifié par l'action de l'air et de la chaleur jusqu'à ce qu'il finisse par devenir inoffensif. Il passe par des phases intermé-

Lapin enragé en observation.

diaires, toutefois, où il peut encore être fatal pour des animaux de petite taille; mais où il est inoffensif pour les animaux domestiques, bien qu'il les vaccine contre les atteintes du virus fatal primitif. De même le virus rabique s'atténue à tous les degrés par l'air et une chaleur modérée, et peut préserver ensuite des atteintes du virus rabique mortel. En d'autres termes, il peut déterminer chez le chien un état complètement réfractaire à la rage.

Prenez douze chiens, vaccinez-les de la manière que je viens de mentionner, et ensuite inoculez, à la surface du cerveau, du

virus rabique pur. Refaites la même opération ensuite sur douze
autres chiens non préservés.

» Pas un des douze premiers ne prendra la maladie ; mais les
autres animaux mourront de la rage, après en avoir présenté les
différents symptômes typiques, symptômes ressemblant en tous
points à ceux qui sont déterminés par la morsure d'un animal
enragé qui erre à travers les rues. L'expérience dont je parle,
propre à donner au chien l'immunité contre la rage, peut se faire
avec non moins de succès sur des chiens préalablement mordus
par un chien enragé, si on a soin de ne pas attendre trop
longtemps après la morsure pour appliquer la méthode préventive. Le succès, sans nul doute, doit être attribué à la
longue durée habituelle de l'incubation de la rage après morsure. L'impunité due à la vaccination a le temps de se produire
chez l'animal vacciné avant que les symptômes aigus de la rage
n'apparaissent. On en a la preuve par le fait que si la période
d'incubation chez le chien est fortement diminuée, notre méthode peut demeurer impuissante et ne point le vacciner. Si
par exemple le virus est inoculé à la surface du cerveau, la maladie survient parfois dès le quinzième jour après l'inoculation.
Il faut alors, pour réussir dans l'opération de la vaccination,
hâter celle-ci le plus possible afin que l'immunité devance l'apparition des symptômes mortels de la rage. Il est nécessaire de
démontrer expérimentalement qu'un animal peut acquérir l'immunité contre la rage s'il est soumis au traitement prophylactique dont nous venons de parler. Naturellement, toutes les
expériences qui établissent ce fait doivent être entreprises sur
les animaux seulement, toute épreuve sur l'homme devant être
non seulement défendue, mais considérée encore comme crimi-
nelle. Toutefois nous avons de bonnes raisons de croire que les
résultats obtenus sur l'animal peuvent, du moins pour une
grande partie, être obtenus sur l'homme également. Or, il est
facile de prouver qu'un chien préalablement vacciné et rendu,

par là, refractaire à la rage, peut supporter l'inoculation sous la peau de quantités, pour ainsi dire quelconques, de virus rabique le plus pur et le plus actif. A diverses reprises, on a inoculé sous la peau, à des chiens vaccinés, de pleines seringues de virus rabique frais, préparé avec la moelle allongée de chiens morts de la rage, et ces inoculations ont été pratiquées, non pas seulement une fois, mais tous les jours, pendant des mois entiers, sans que l'animal en éprouvât le moindre effet apparent. Les chiens vaccinés résistent également, dans les années qui suivent leur vaccination, aux morsures des chiens enragés. Il y a quelques années, j'ai réuni à Villeneuve-l'Étang, dans un grand chenil servant de succursale à nos laboratoires de Paris, beaucoup de chiens vaccinés en 1885. Après avoir constaté, en 1886 et en 1887, que le plus grand nombre, mais non la totalité — onze sur quatorze en 1886 et quatre sur six en 1887 — avaient résisté aux inoculations du virus rabique de chiens des rues faites à la surface du cerveau, et réfléchissant qu'il suffisait après tout de savoir si l'état réfractaire résistait aux morsures rabiques, j'ai substitué, en 1888 et en 1889, à l'inoculation intracranienne, l'inoculation par morsures de chiens enragés. Au mois de juillet 1888, cinq chiens vaccinés en 1885 furent mordus en même temps que cinq chiens non vaccinés. Les cinq animaux vaccinés sont maintenant encore en parfaite santé, tandis que, des cinq autres, trois sont morts de la rage, et deux sont encore vivants. En ce moment encore, une expérience similaire est en cours d'exécution sur un autre groupe d'animaux vaccinés en 1885. Si ces animaux résistent, et si les animaux non vaccinés meurent, tous ou quelques-uns, de la rage, nous aurons la preuve positive que l'immunité artificielle à l'égard de morsures récentes d'animaux rabiques peut atteindre une durée de plus de cinq ans. »

Dans la même communication, Pasteur insistait surtout sur les questions d'intervalle.

« Je n'ai pas besoin, disait-il, de faire remarquer en terminant que la plus sérieuse des questions à résoudre en ce moment
est peut-être celle de l'intervalle à observer entre l'instant des
morsures et celui où commence le traitement. Cet intervalle,
pour Joseph Meister, a été de deux jours et demi. Mais il faut
s'attendre à ce qu'il soit souvent beaucoup plus long.

» Mardi dernier, 20 novembre, avec l'assistance obligeante de
MM. Vulpian et Grancher, j'ai dû commencer à traiter un
jeune homme de quinze ans, mordu, depuis six jours pleins, à
chacune des deux mains, dans des conditions exceptionnellement graves.

» L'Académie n'entendra peut-être pas sans émotion le récit
de l'acte de courage et de présence d'esprit de l'enfant dont j'ai
entrepris le traitement mardi dernier. C'est un berger, âgé de
quinze ans, du nom de Jean-Baptiste Jupille, de Villers Farlay
(Jura), qui, voyant un chien à allures suspectes, de forte taille,
se précipiter sur un groupe de six de ses camarades, tous plus
jeunes que lui, s'est élancé, armé de son fouet, au-devant de
l'animal. Le chien saisit Jupille à la main gauche ; Jupille alors
terrasse le chien, le maintient sous lui, lui ouvre la gueule
avec sa main droite pour dégager sa main gauche, non sans recevoir plusieurs morsures nouvelles, puis, avec la lanière de
son fouet, il lui lie le museau, et, saisissant l'un de ses sabots,
il l'assomme. Je m'empresserai de faire connaître à l'Académie
ce qui adviendra de cette nouvelle tentative. »

*
* *

C'est à M. Pasteur lui-même que nous allons demander des
renseignements sur le traitement simple et ses *premiers résultats*; nous les trouvons dans la note qu'il a communiquée à
l'Académie des Sciences, à la séance du 1er mars 1886, *séance*

dans laquelle fut décidée la création d'un établissement vaccinal contre la rage.

« Je voudrais, dit-il, donner une idée assez exacte de la physionomie du traitement et de la nature des morsures, en citant dans leur ordre chronologique une série de personnes soumises au traitement... Comme il serait fastidieux d'énumérer les détails relatifs à trois cent cinquante personnes, je choisirai plus particulièrement parmi les cent premières mordues et traitées. Celles-ci occupent l'intervalle de temps écoulé du 1er novembre au 15 décembre.

» Leur intérêt est très particulier; elles se trouvent dès à présent en dehors de la période vraiment dangereuse.

» Si j'ouvre mon registre au chapitre de cette première centaine, je trouve dans un intervalle de dix jours la variété des cas suivants. Ils donneront à l'Académie l'idée d'un des défilés quotidiens qui se présentent au laboratoire chaque matin.

» *Étienne Roumier*, 48 ans, de la commune d'Ourouëre, (Nièvre), mordu aux deux mains, le 4 novembre 1885, par un chien reconnu enragé par M. Moreau, vétérinaire. Aucune cautérisation ni pansement quelconque pendant vingt-quatre heures.

» *Chapot*, âgé de 43 ans, et sa fille, âgée de 14 ans, habitant Lyon, tous deux mordus à la main gauche, le 6 novembre 1885, la jeune fille bien plus gravement que son père. Les blessures ont été lavées à l'alcali volatil par un pharmacien. Chien reconnu rabique par l'École vétérinaire de Lyon.

» *François Saint-Martin*, âgé de 10 ans, de Tarbes, mordu au pouce droit, le vendredi 7 novembre, lavé à l'ammoniaque par un pharmacien. Chien reconnu enragé par M. Dupont, chef du service sanitaire des épizooties.

» *Marguerite Luzier*, âgée de 13 ans, de Fongrave (Haute-Garonne), mordue à la jambe par un chat enragé, le 11 novembre 1885. Cautérisation à l'acide phénique. L'étendue des morsures oblige de placer cette enfant à l'hôpital des enfants, à cause des soins chirurgicaux que réclame son état.

» *Corbillon*, âgé de 27 ans, habitant la Neuville, près Clermont (Oise), mordu le 12 novembre 1885. Chien reconnu enragé par M. Chantareau, vétérinaire à Clermont. Cautérisé au fer rouge huit heures après l'accident.

» *Bouchet*, âgé de 5 ans et demi, habitant à la septième écluse du canal de Saint-Denis, mordu le 12 novembre à la main gauche et, à la cuisse gauche. Vêtement de la cuisse déchiré. Chien reconnu enragé par M. Coret, vétérinaire à Aubervilliers. Cautérisé au fer rouge trois quarts d'heure après l'accident, par le Dr Dumontel.

» *Madame Delcroix*, de Lille (Nord), mordue le 6 novembre au pied droit, cautérisée au fer rouge neuf heures après l'accident. Chien reconnu enragé par M. Frélier, vétérinaire à Lille.

» *Plantin*, habitant Etrung (Nord), mordu au commencement de novembre 1885, à la main droite ; cautérisé quarante-huit heures après l'accident. Chien reconnu enragé par M. Éloire, vétérinaire à La Capelle (Aisne).

» *Jeanne Pazat*, âgée de 7 ans, de Mareuil (Dordogne), mordue le 12 novembre par un chien reconnu enragé par le Dr de Pindray. Ne s'est présentée que quarante-huit heures après l'accident au Dr Pindray, qui a jugé, avec raison, qu'il n'y avait pas à pratiquer la cautérisation.

» *Madame Achard*, de Saint-Étienne, mordue le 9 novembre au pied droit, et le 12 novembre, par le même chien, à la main droite. Chien reconnu enragé par M. Charloy, vétérinaire à Saint-Étienne. Pas de cautérisation.

» *Madame Alphonsine Legrand*, de la commune de Baune, dans le département de l'Aisne. Mordue au menton le 6 novembre 1885. Chien reconnu enragé par M. Décarme, vétérinaire à Château-Thierry. Pas de cautérisation.

» *Antoine Cattier*, âgé de 43 ans, habitant 12, rue des Hospitalières-Saint-Gervais, à Paris, mordu à la main le 16 novembre. Cautérisé au fer rouge, seulement vingt heures après l'accident. Chien reconnu enragé par son maître ; voix rabique caractéristique ; refusant toute nourriture, mordillant et avalant du bois et autres objets.

» A Saint-Ouen, près Paris, sont mordus le 15 novembre 1885 : *Ternat, sa femme, madame Delzors* et *madame Dalibard*, tous quatre par un chien reconnu enragé de son vivant et après sa mort par le vétérinaire Sanfourche, de Saint-Ouen. Cautérisations insignifiantes ou tardives.

» Dr *John Hughes*, d'Oswestry (Angleterre), mordu le 13 novembre 1885. Deux blessures fortes à la lèvre inférieure. Aucune cautérisation. Chien reconnu enragé par le docteur lui-même.

» *Veuve Faure*, du village de l'Alma, en Algérie, mordue à la jambe le 1er septembre 1885 : vêtements déchirés par le même chien qui a mordu les quatre enfants dits d'*Algérie*, dont un est mort à l'hôpital de Mustapha, à Alger, deux mois après sa morsure. Description très soignée des symptômes rabiques chez cet enfant, par le Dr Moreau, d'Alger. Le traitement préventif a été appliqué aux trois autres au milieu de novembre.

» *Madame Gréteau*, de Bordeaux, mordue le 14 novembre à l'annulaire droit, par deux morsures : l'une dans la pulpe de l'extrémité, l'autre dans l'ongle, qui fut coupé vers son milieu. Chien reconnu enragé par le D^e Douandt. Lavage des plaies à l'ammoniaque et cautérisation légère.

» *Voisenet (Noël)*, de Semur (Côte-d'Or), 50 ans, mordu le 16 novembre aux deux jambes par une chienne reconnue enragée par M. Colas, vétérinaire. Cautérisation au fer rouge quatre heures seulement après l'accident.

» *Guichon*, de Bordeaux, 67 ans, mordu le 15 novembre à la

main gauche par le chien qui a mordu madame Gréteau, dont il est parlé ci-dessus.

» *Halfacre (Walter)*, de Londres, 28 ans; mordu à la main le 15 novembre, envoyé par le Dr Sir James Paget. Pas de cautérisation sérieuse. Le frère d'Halfacre mourut de la rage, il y a cinq ans, à la suite d'une morsure à laquelle on n'avait donné aucune attention, tant elle avait paru insignifiante.

» *Calmeau*, de Vassy-lez-Avallon, mordu, dans la nuit du 15 au 16 novembre, au ventre, à la cuisse, au genou; vêtements et chemise en lambeaux. Pas de cautérisation quelconque. Chienne reconnue enragée par le vétérinaire de Semur, M. Colas. C'est la même chienne qui a mordu Voisenet (Noël) dont il est question ci-dessus.

» *Lorda* (Jean), âgé de 36 ans, demeurant à Lasse (Basses-Pyrénées). L'observation de ce sujet est des plus intéressantes. Mordu le 25 octobre 1885, Lorda n'est arrivé à mon laboratoire que le 21 novembre, le vingt-septième jour après sa morsure. Le jour où il fut mordu, sept porcs et deux vaches le furent également et par le même chien. Or les neuf animaux sont morts de la rage, les porcs après une courte durée d'incubation de quinze jours à trois semaines. C'est après la mort par rage de ces porcs que Lorda, effrayé, partit pour Paris. La première vache mourut trente-quatre jours après sa morsure; la seconde, cinquante-deux jours après. Je dois le détail de ces faits si curieux à M. Inda, vétérinaire habile de Saint-Palais. Une observation de son rapport ne doit pas être omise : c'est qu'aussitôt après leurs morsures, les vaches avaient été cautérisées profondément au fer rouge. Ce détail est souligné par M. Inda. J'ai eu des preuves assez nombreuses de l'inefficacité des cautérisations, dans certains cas, de celles même faites au fer rouge et sans retard. La santé de Lorda est toujours parfaite. Son traitement a été terminé le 28 novembre dernier.

» Telle est l'énumération, dans l'ordre chronologique de leur

Le berger Jupille terrassant un chien enragé (Page 92.)

(Sculpture de M. Fossé à l'Institut Pasteur.)

arrivée à mon laboratoire, de vingt-cinq personnes mordues, comprises dans une période de dix jours. Toutes les autres périodes de dix jours offrent une énumération dont le récit n'apprendrait rien de plus que celle-ci, quoique, dans chacune d'elles, on puisse rencontrer un ou plusieurs cas de morsure non moins intéressants que celui de Lorda. Afin d'abréger, je ne citerai qu'un seul de ces cas, et je le choisis de préférence à d'autres parce qu'il m'a causé de vives craintes. Il est relatif à un jeune garçon de huit ans, nommé Jullion, habitant Charonne, rue de Vignolles, n° 6, mordu le 30 novembre. Cet enfant, voyant le chien venir à lui, se mit à crier. A ce moment la mâchoire inférieure du chien entre dans la bouche ouverte de l'enfant. Un croc coupe la lèvre supérieure et pénètre profondément au fond du palais, tandis qu'un des crocs de la mâchoire supérieure, restée hors de la bouche de l'enfant, pénétrait entre l'œil droit et le nez. Aucune cautérisation possible. Le chien qui a mordu Jullion a été reconnu enragé par M. Guillemard, vétérinaire, rue de Cîteaux, 37, à Paris.

» Je pourrais extraire de la série des personnes traitées beaucoup d'autres cas de morsures au visage et à la tête sans cautérisation quelconque.

» Pour une seule personne, le traitement a été inefficace ; elle a succombé à la rage, après avoir subi ce traitement. C'est la jeune Louise Pelletier. Cette enfant, âgée de dix ans, mordue le 3 octobre 1885 à la Varenne-Saint-Hilaire, par un gros chien de montagne, m'a été amenée le 9 novembre suivant, le trente-septième jour après ses blessures, blessures profondes au creux de l'aisselle et à la tête. La morsure à la tête avait été si grave et d'une si grande étendue, que, malgré des soins médicaux continus, elle était très purulente et sanguinolente, le 9 novembre. Elle avait une étendue de $0^m,12$ à $0^m,15$ et le cuir chevelu se soulevait encore en un endroit. Cette plaie m'inspira de cruelles inquiétudes. Je priai le Dr Vulpian de venir en

constater l'état. J'aurais dû, dans l'intérêt scientifique de la
méthode, refuser de soigner cette enfant arrivée si tard, dans
des conditions exceptionnellement graves ; mais, par un sentiment d'humanité et en face des angoisses des parents, je me
serais reproché de ne pas tout tenter.

» Des symptômes avant-coureurs de l'hydrophobie se mani-
festèrent le 27 novembre, onze jours seulement après la fin du
traitement. Ils devinrent plus manifestes le 1ᵉʳ décembre au
matin. La mort survint, avec les symptômes rabiques les plus
accusés, dans la soirée du 3 décembre.

» Une grave question se présentait. Quel virus avait amené
la mort? Celui de la morsure du chien ou celui des inoculations
préventives? Il me fut possible de le déterminer. Vingt-quatre
heures après la mort de Louise Pelletier, avec l'autorisation de
ses parents et du préfet de police, le crâne fut trépané dans la
région de la blessure, et une petite quantité de la matière céré-
brale fut aspirée, puis inoculée par la méthode de la trépanation
à deux lapins. Ces deux lapins furent pris de rage paralytique
dix-huit jours après, et tous les deux au même moment. Après
la mort de ces lapins, leur moelle allongée fut inoculée à de nouveaux lapins qui prirent la rage après une durée d'incubation
de quinze jours. Ces résultats expérimentaux suffisent pour
démontrer que le virus qui a fait mourir la jeune Pelletier
était le virus du chien par lequel elle avait été mordue. Si la
mort avait été due aux effets du virus des inoculations préventives, la durée de l'incubation de la rage, à la suite de cette
seconde inoculation à des lapins, aurait été de sept jours, au
plus. Cela résulte des explications de ma précédente note à
l'Académie.

» Si le traitement préventif n'a jamais amené de résultats
fâcheux (dans 350 cas, pas un phlegmon, pas un abcès, un peu
de rougeur œdémateuse seulement à la suite des dernières inoculations), peut-on dire qu'il a été réellement efficace pour pré-

venir la rage après morsure? Pour le très grand nombre de
personnes déjà traitées, l'une depuis huit mois (Joseph Meister),
la seconde depuis plus de quatre mois (Jean-Baptiste Jupille),
et pour la plupart des 350 autres, on peut affirmer que la nouvelle méthode a fait ses preuves. »

*
* *

Le 12 avril suivant, M. Pasteur fit à l'Académie des Sciences
une nouvelle communication. A cette époque le nombre total
des personnes traitées ou en traitement se montait à 726.

Savoir : 688 après morsures de chiens enragés, et 38 après
morsures de loups enragés.

Il est essentiel, a-t-il dit, d'envisager séparément ces deux
listes.

« Si cette distinction n'était pas faite, on s'exposerait à porter
sur la méthode de prophylaxie de la rage un jugement
erroné.

» Des 688 personnes traitées après morsures de chiens, toutes
se portent bien (exception toujours faite du cas de la petite
Pelletier). Cependant, plus de la moitié a déjà dépassé la période dangereuse.

» Des 38 Russes traités ou en traitement après morsures de
loups enragés, 3 sont morts rabiques; les autres vont bien,
quant à présent; mais il est impossible de prévoir ce qui
arrivera ultérieurement. Il existe, en effet, de profondes diffé-
rences entre les suites des morsures par les chiens ou par les
loups.

» Plusieurs personnes ont eu l'obligeance de me faire connaître
des récits très authentiques de l'effet des morsures de loups enragés, et je crois utile de publier les conclusions de leurs
rapports :

« *Premier document*. — Le 27 février 1706, 8 habitants de
» la commune de Saint-Julien-de-Civry (Bourgogne) furent
» mordus par un loup enragé.

» Un succomba le même jour à ses blessures; les 7 autres
» moururent tous de la rage, après une incubation qui varia de
» 17 à 68 jours (17, 26, 28, 42, 44, 60, 68). (Extrait des registres
» mortuaires de la commune, par M. Sandre, instituteur, extrait
» certifié par le maire de la commune.)

» *Deuxième document*. — Le 26 décembre 1796, 9 personnes
» furent mordues aux environs de Bourg par un loup enragé;
» 8 sont mortes de la rage. (La *Revue scientifique*, qui rapporte
» ce fait, emprunté à une Communication du Dr Trimécourt, de
» la Société de Médecine de Lyon, ne dit rien des dates d'in-
» cubation.)

» *Troisième document*. — Le 16 octobre 1812, 19 personnes
» ont été mordues dans la ville de Bar-sur-Ornain par un loup
» enragé. Toutes furent traitées par les docteurs Champion et
» Moreau, qui lavèrent leurs plaies et les cautérisèrent avec du
» muriate d'antimoine liquide.

» Onze sont mortes de la rage, après une incubation qui a
» varié de 7, 13, 15 jours à 60, 69 et 79 jours. (Communiqué à
» l'Institut de France, le 6 septembre 1813, par le Dr Champion.)

» *Quatrième document*. — Le 23 février 1849, un berger de
» Darbois, le sieur Dumont, âgé de 64 ans, a été mordu par un
» loup enragé. Il est mort rabique après une incubation de
» 32 jours. (Communication de MM. Cailletet et Mariotti.)

» *Cinquième document*. — Le 7 janvier 1866, trois per-
» sonnes habitant trois communes voisines, Nant, Alques et
» Saint-Jean-du-Bruel, dans l'Aveyron, furent mordues par
» une louve enragée.

» Les trois ont pris la rage après 22, 23 et 28 jours d'incu-
» bation et sont mortes. (Communication du Dr Bompaire, à
» Millau, Aveyron.)

» *Sixième document*. — Le 5 octobre 1874, dans la commune
» de Rochette, canton de la Rochefoucauld (Charente), deux
» hommes furent mordus par un loup enragé qui venait de ter-
» rasser et de déchirer une petite fille.

» Après 25 et 30 jours d'incubation, ces deux hommes ont
» pris la rage et ont succombé. L'enfant est morte le jour même
» où elle a été assaillie. (Extrait du journal *le Charentais*, oc-
» tobre et novembre 1874.)

» *Septième document*. — Par lettre en date du 26 mars
» dernier, M. le Dr Niepce, médecin des Eaux d'Allevard,
» signale à M. Vulpian quatre cas de morsures par loup
» enragé, en 1822. Les quatre personnes moururent de la rage,
» après des durées d'incubation de 9, de 13, de 15 et de
» 19 jours.

» *Huitième document*. — Les 11 et 12 mai 1811, un loup
» enragé mordit, dans les environs d'Avallon, diverses per-
» sonnes et beaucoup de bestiaux.

» Toutes les personnes mordues succombèrent à la rage.

» Les dates des divers décès, relevées sur les registres de
» l'hospice, sont les suivantes :

» 24, 27, 28, 30 (deux morts) et 31 mai 1811, par conséquent
» 13, 16, 17, 19 et 20 jours après les morsures. (Extrait des re-
» gistres de l'hospice de la ville d'Avallon (Yonne). »

« En réunissant les documents qui précèdent, on arrive à la
proportion de 82 morts pour 100 mordus par loups enragés, et
dans 6 des cas sur 8 il y a eu autant de morts que de mordus.
Si l'on appliquait cette proportion, dans la mortalité, aux
19 Russes de Smolensk dont le traitement est terminé et dont
16 reprennent aujourd'hui le chemin de la Russie, ce n'est
pas 3 morts par rage dont on aurait à déplorer la perte, mais
15 ou 16. On ne saurait douter que le traitement a dû être
efficace pour la plupart d'entre eux.

» Il y a plus : en Russie on s'accorde généralement à dire

que toute personne mordue par un loup enragé est vouée à la mort par rage.

» Les faits precédents nous démontrent :

» 1° Que la durée d'incubation de la rage humaine par morsures de loups enragés est souvent très courte, beaucoup plus courte que la rage par morsures de chiens;

» 2° Que la mortalité à la suite des morsures par loup enragé est considérable si on la compare aux effets des morsures du chien.

» Ces deux propositions trouvent une explication suffisante dans le nombre, la profondeur et le siège des morsures faites par le loup qui s'acharne sur sa victime, l'attaque souvent à la tête et au visage. Les autopsies des trois Russes qui ont succombé à l'Hôtel-Dieu, et l'inoculation de la moelle allongée du premier de ces Russes à des chiens, des lapins et des cobayes, prouvent que le virus du loup et celui du chien ont sensiblement la même violence, et que la différence entre la rage du loup et la rage du chien tient surtout au nombre et à la nature des morsures.

» Ces faits m'ont conduit à chercher si, dans le cas de morsures par loups enragés, la méthode ne pourrait pas être utilement modifiée par des inoculations en plus grande quantité et dans un temps plus court. Je ferai part ultérieurement des résultats à l'Académie.

» Dans tous les cas, pour le loup en particulier, il est bon de se soumettre le plus tôt possible au traitement préventif. Les Russes de Smolensk ont employé six jours pour le voyage et ne sont arrivés au laboratoire que quatorze et quinze jours après les accidents. On aurait donc pu à la rigueur commencer leur traitement huit jours plus tôt, et l'on ne saurait dire quelle aurait été l'influence de cette modification pour les trois qui ont succombé. »

1 à 4 : le pope Wassili Eschoff et les paysans russes attaqués par les loups.
5 : chambre des malades à l'Institut Pasteur, rue d'Ulm.
6 : le cabinet de Pasteur, rue d'Ulm. (Page 109.)

Le 27 décembre 1880, l'Académie des Sciences décernait à Pasteur le prix Jean Reynaud. Le rapport lu par M. Bertrand disait : « Ce prix est décerné à M. Pasteur *pour les immenses services qu'il a rendus à l'humanité et pour sa découverte du traitement préventif de la rage après morsure, qui augmente encore les droits de M. Pasteur à la reconnaissance publique.* La Commission déclare que son travail est non seulement le plus remarquable qui se soit produit dans l'ordre scientifique pendant la période de 1881-1886, mais encore qu'il est *un des plus beaux travaux que la science ait jamais enregistrés.*

*
* *

En 1887, la défiance était presque générale chez les médecins. Heureusement les vrais savants soutenaient l'apôtre. Encore quelques années et ces clameurs ne seraient plus que l'écho de ridicules qu'on voudrait oublier.

Le médecin anglais Lister a fait allusion, dans l'un de ses discours, à ces méfiances haineuses.

« L'originalité de vos travaux sur la rage, dit-il, était si frappante, aussi bien dans la pathologie que dans la thérapeutique, que ni beaucoup de médecins, ni de biologistes, puissent nous instruire d'une telle façon sur une maladie sur laquelle se sont exercées en vain les plus belles intelligences de la médecine? Pour moi, je connaissais trop bien la clarté de votre génie, le soin scrupuleux de vos inductions et de votre honnêteté absolue, pour que j'aie pu partager pour un moment de tels sentiments. Ma confiance a été justifiée par l'événement, et à l'exception insignifiante de quelques ignorants, tout le monde reconnaît maintenant la grandeur de ce que vous avez achevé contre cette maladie terrible. Vous avez fourni un diagnostic qui dissipe à coup sûr les angoisses d'incertitudes qui hantaient autrefois celui qui avait été mordu

par un chien sain soupçonné de la rage. Rien que cela aurait
suffi pour vous assurer la gratitude éternelle de l'humanité.
Mais par votre système merveilleux d'inoculations antirabiques, vous avez su poursuivre le poison après son entrée dans
le système et l'y vaincre. »

Cage à chiens.

On sait qu'une violente discussion eut lieu à l'Académie de
Médecine, au sujet du traitement de Pasteur, entre M. Peter
d'une part et d'autre part MM. Brouardel, Dujardin-Beaumetz,
Grancher et Vulpian. Cette discussion passionnée eut l'issue
qu'on devait prévoir. Les assertions téméraires que M. Peter,
avec une violence peu académique, avait apportées à la tribune,

furent complètement réfutées. Des statistiques démonstratives ont été données, qui établissent bien quel grand service M. Pasteur a rendu à la science et à l'humanité.

Toutes les fois qu'une nouvelle méthode est proposée, elle est tout aussitôt en butte à de violentes attaques; mais la vérité ne tarde pas à faire son chemin. On a contesté la vaccine. On a contesté la fonction du foie. Harvey, l'un des maîtres de la physiologie, a eu à défendre contre de ridicules attaques ce qui nous paraît si simple, si évident aujourd'hui, c'est-à-dire la circulation du sang. M. Pasteur lui-même a dû réfuter pendant longtemps toutes les objections qu'on avait adressées à ses admirables découvertes relatives à la génération spontanée. Quoi d'étonnant à ce que ses travaux sur la rage soulèvent d'ardentes polémiques. Il ne faut pas le regretter d'ailleurs, car la science vit de disputes et rien n'est plus dangereux que l'indifférence. Dès à présent la méthode a fait ses preuves et la mémoire de Pasteur peut attendre en toute confiance le jugement de la postérité.

C'est ici le moment de reproduire ces souvenirs de M. Léo Claretie, ancien élève de l'École normale, souvenirs intéressants se rapportant au séjour de Pasteur à l'École normale lors de sa découverte du virus rabique.

« Entre les grandes figures qui prêtent à l'école leur éclat, dit-il, une surtout l'illumine, pour ainsi dire, d'un rayonnement qui porte sur le monde entier. Jusqu'à ces dernières années, M. Pasteur habitait au-dessus de M. Perrot, dans l'aile principale de l'école. On le voyait descendre le matin de bonne heure, coiffé d'une toque, et il traversait, absorbé par ses méditations scientifiques, le petit parc planté d'arbres qu'une grille sépare de la rue d'Ulm. Au fond s'élèvent les bâtiments où étaient installés ses laboratoires d'expériences. Avant la fondation de son Institut, c'est là que vinrent les premiers « enragés » pour se faire inoculer le virus bienfaisant. C'est en 1885 qu'il put faire aboutir ses études sur le virus rabique. Nous, les Normaliens d'alors, nous lui fîmes un triomphe. J'ai là encore un sonnet qui accompagnait les fleurs :

> O Maître, toi vers qui monte l'apothéose
> Comme l'éclair vainqueur illumine la nuit,
> Nom révéré sur qui l'univers ému pose
> L'impérissable fleur qui germe et qui reluit.
>
> Dont la gloire toujours naissante et fraîche éclose
> Met de jeunes clartés sur l'œuvre de granit,
> Dont le regard parmi les deuils n'est pas morose,
> Dont la bonté parmi les souffrances sourit.
>
> Bien d'autres, illustrant de loin ta grande Ecole,
> Auront laissé tomber sur elle en auréole
> Quelques rayons épars de leur éternité.
>
> Mais toi, que le respect des peuples accompagne,
> Comme un lion demeure au sein de sa montagne,
> Immobile géant, toi, tu nous es resté.

» Ce fut alors, pour nous qui habitions l'Ecole, le spectacle le plus édifiant. Chaque jour, à dix heures, une file de voitures stationnait à la porte, et nous prenions plaisir à considérer le défilé bigarré et divers des malades. Toutes les classes de la société, tous les peuples d'Europe y avaient leurs représentants : la rage est une terrible niveleuse. Les autres maladies laissent encore place aux inégalités sociales. La même pneumonie couche celui-ci sur un lit d'hôpital, ou celle-là sur la couche moelleuse de ses luxueux appartements. Le petit laboratoire de la rue d'Ulm attirait indistinctement pauvres et riches. Il y avait des loqueteux mordus près du ruisseau où ils disputaient à un dogue un os mal rongé, des femmes élégantes aux cheveux couleur de henné que leur carlin avait égratignées, de vieilles

portières à lunettes dont le griffon s'était battu dans la rue
avec un molosse suspect ; des paysans, des employés, des bourgeois ; cortège lugubrement comique dans son implacable variété et qui faisait songer à la danse d'Holbein. Dans le quartier et aux environs des gens à pied, la main entortillée, vous
arrêtaient sur le trottoir, et vous demandaient : « La maison de
M. Pasteur? » comme en province on demande où habite le
notaire.

Au nombre des premiers clients étaient cinq moujiks que des
loups avaient lacérés. Tout le long de la rue Gay-Lussac, on
les voyait le matin gagner le laboratoire en bonnet de fourrure,
en veste rouge serrée par une ceinture, en large culotte de
velours noir entrant dans de grosses bottes. Ils avaient la tête
et les mains entourées de compresses. Du fond de la petite
Russie, ils étaient accourus vers le sauveur, pareils aux bergers de Bethléem. Rien n'était touchant comme cet exode in-
extremis.

» Les premiers jours, ce fut dans le quartier un vif émoi, où il
entrait à la fois de la curiosité et de l'appréhension. Les enragés comme les pestiférés font le vide autour d'eux. Peu à peu
on s'habitua. Les boutiquiers ne se mirent plus sur leur porte
pour les regarder passer, les étudiants russes les arrêtèrent, les
interrogèrent : ils devinrent des amis. Dans ces rues paisibles,
où ils avaient fait sensation, on finit par les connaître et les
saluer. On fut tout étonné quand ils ne passèrent plus, et après
leur départ il manqua une distraction aux matinées sur ce versant de la montagne Sainte-Geneviève.

» Ce laboratoire de la rue d'Ulm aura vu de bien grandes
choses et de bien étonnantes. Si jamais l'école se déplace, il
faudra conserver ce petit coin, le préserver comme on faisait
dans l'antiquité pour les lieux sacrés. C'est là, derrière ces
vitrages, dans ces petites salles, où miroitent les fioles, les
tubes, les cornues, au milieu des cages à cobayes, c'est sous ce

toit modeste qu'a germé la théorie des bacilles qui devait boule-
verser la science et émouvoir le monde ; c'est dans les caves de
l'école que se fit la savante culture des ferments, d'où devait
sortir le remède de tant de maux incurables ; là s'est révélé un
secret de la mystérieuse nature, comme si une parcelle de la
divinité avait touché ce point infime du globe. »

Singe atteint de la rage paralytique.

CHAPITRE VI

IL est de tradition, depuis la création de l'Académie française, que la science y soit représentée par quelques-unes de ses illustrations ; au dix-huitième siècle, c'était à d'Alembert, Fontenelle, Buffon, La Condamine, qu'était échu cet honneur ; de nos jours, cette glorieuse tradition s'est continuée heureusement, et dans cette élite des lettrés toujours recherchée, quoique quelquefois décriée, la science a été représentée par Cuvier, Claude-Bernard, Littré, Dumas, Flourens, qui n'y ont certes pas fait mauvaise figure. Aussi l'opinion publique a-t-elle toujours ratifié ces choix.

Pasteur a eu aussi cette bonne fortune, et lorsqu'il s'est agi de remplacer Littré, la voix publique le désignait pour cette succession qu'aucune concurrence sérieuse n'osait lui disputer, et c'est à la presque unanimité que l'Académie française la lui a donnée.

****

Ce fut une belle séance de l'Académie que celle de la réception de Pasteur, le 27 avril 1882. Les noms de Littré et de

Renan d'un côté, et le nom de Pasteur de l'autre, avaient attiré, à la fois, les adversaires et les partisans de la religion.

Nombreux étaient les assistants de marque. Il y avait aussi dans la salle un certain nombre de prêtres. Parmi ces derniers, il en était deux qui méritaient une mention particulière, car c'étaient eux qui avaient catéchisé et baptisé Littré avant sa mort : l'abbé Huvelin et l'abbé Cognat.

L'abbé Huvelin, ancien élève de l'École normale, était très lié avec Littré ; l'abbé Cognat était l'ami intime de Renan à Saint-Sulpice, et l'Académie a plusieurs fois couronné ses travaux.

*
* *

Pasteur débuta par un petit compliment très bien pensé et très bien dit, compliment qui avait en outre le précieux avantage de se terminer par une *répudiation formelle de la doctrine matérialiste.*

« Messieurs,

» Au moment où je me présente devant cette illustre assemblée, je sens renaître l'émotion qui s'est emparée de moi le jour où j'ai sollicité vos suffrages. Le sentiment de ce qui me manque me saisit de nouveau, et je serais confus de me trouver à cette place si je n'avais le devoir de reporter à la science elle-même l'honneur, pour ainsi dire impersonnel, dont vous m'avez comblé.

» La science enfante chaque jour des prodiges. Vous avez voulu témoigner une fois de plus de l'impression profonde que le monde, les habitudes de la vie, les lettres à leur tour reçoivent de tant de découvertes accumulées. Si vous avez daigné jeter les yeux sur moi, la nature de mes travaux a sans doute parlé en ma faveur. Par quelques points, ils intéressent les manifestations de la vie.

» *En prouvant que, jusqu'à ce jour, la vie ne s'est jamais montrée à l'homme comme un produit des forces qui régissent la matière, j'ai pu servir la doctrine spiritualiste,* fort délaissée ailleurs, mais assurée du moins de trouver dans vos rangs un glorieux refuge. »

⁂

Pasteur fait ensuite l'examen de la vie de son illustre prédécesseur Littré et raconte les commencements difficiles de sa vie ; puis fait allusion à l'austérité de cette vie, à la simplicité de ses goûts. Plus loin, l'examen des œuvres et des doctrines de Littré fournit à Pasteur l'occasion de faire une *profession de foi nettement spiritualiste,* en même temps qu'elle est une sorte d'atténuation aux conséquences que les disciples de l'École positiviste prétendent tirer de l'enseignement de Littré.

Et plus loin encore, rappelant cette définition de Littré : « Je nomme *positivisme* tout ce qui se fait dans la société, pour l'organiser suivant la conception positive, c'est-à-dire scientifique du monde ». Et Pasteur renouvela alors sa déclaration spiritualiste.

« On s'est pourtant trompé, dit-il, sur cette quiétude, et l'on s'est payé de fausses apparences en prétendant faire de Littré un athée résolu et tranquille. Les croyances religieuses des autres ne lui étaient pas indifférentes. Je me suis trop rendu compte, dit-il, des souffrances et des difficultés de la vie humaine pour vouloir ôter à qui que ce soit des convictions qui le soutiennent dans les diverses épreuves. Il ne nie pas plus l'existence de Dieu que celle de l'immortalité de l'âme ; il écarte *à priori* jusqu'à la pensée, parce qu'il proclame l'impossibilité d'en constater scientifiquement l'existence.

» Quant à moi, qui juge que les mots progrès et invention sont synonymes, je me demande au nom de quelle découverte nouvelle, philosophique ou scientifique on peut arracher de l'âme humaine ces hautes préoccupations. Elles me paraissent d'essence éternelle, parce que le mystère qui enveloppe l'univers et dont elles sont une émanation est lui-même éternel de sa nature.

» On raconte que l'illustre physicien anglais Faraday, dans les leçons qu'il faisait à l'Institution royale de Londres, ne prononçait jamais le nom de Dieu, quoiqu'il fût profondément religieux. Un jour, par exception, ce nom lui échappa et tout à coup se manifesta un mouvement d'approbation sympathique. Faraday s'en apercevant interrompit sa leçon par ces paroles : « Je viens de vous surprendre en prononçant le nom de Dieu. Si cela ne m'est pas encore arrivé, c'est que je suis, dans ces leçons, un représentant de la science expérimentale. Mais *la notion et le respect de Dieu* arrivent à mon esprit par des voies aussi sûres que celles qui vous conduisent à des vérités de l'ordre physique. »

*
* *

Dans son discours, en réponse à Pasteur, Renan commença par parler du *génie* du maître.

« Monsieur,

» Nous sommes bien incompétents pour louer ce qui fait votre gloire véritable, ces admirables expériences par lesquelles vous atteignez jusqu'aux confins de la vie, cette ingénieuse façon d'interroger la nature qui tant de fois vous a valu de sa part les plus claires réponses, ces précieuses découvertes qui se transforment chaque jour en conquêtes de premier ordre pour l'humanité. Vous répudierez nos éloges, habitué que vous êtes à n'estimer que les jugement de vos pairs, et, dans les débats scientifiques que soulèvent tant d'idées neuves, vous ne voudriez pas voir des appréciations littéraires venir se mêler au suffrage des savants que rapproche de vous la confraternité de la gloire et du travail. Entre vous et vos savants émules, nous n'avons point à intervenir. Mais, en dehors du fond de la doctrine, qui n'est point de notre ressort, il est une maîtrise, où notre pratique de l'esprit humain nous donne le droit d'émettre un avis. Il y a quelque chose que nous savons reconnaître dans les applications les plus diverses ; quelque chose qui appartint au même degré à Galilée, à Pascal, à Michel-Ange, à Molière ; quelque chose qui fait la sublimité du poète, la profondeur du philosophe, la fascination de l'orateur, la divination du savant. Cette base commune de toutes les œuvres belles et vraies, cette flamme divine, ce souffle indéfinissable qui inspire la science, la littérature de l'art, nous l'avons trouvé en vous, c'est le génie. Nul n'a parcouru d'une marche aussi sûre les cercles de la nature élémentaire ; votre vie scientifique est comme une traînée lumineuse dans la grande nuit de l'infiniment petit, dans ces derniers abîmes de l'être où naît la vie.

. . . .

. . . .

Plus loin Renan s'attache à montrer le côté austère et laborieux de Pasteur !

« Que vous êtes heureux de toucher ainsi, par votre art, aux sources mêmes de la vie ! Admirables sciences que les vôtres ! Rien ne s'y perd. Vous aurez inséré une pierre de prix dans les assises de l'édifice éternel de la vérité. Parmi ceux qui s'adonnent aux autres parties du travail de l'esprit, qui peut avoir la même assurance ? M. de Maistre peint quelque part la science moderne « sous l'habit étriqué..., les bras chargés de livres et d'instruments, pâle de veilles et de travaux, se traînant souillée d'encre et toute pantelante sur la route de la vérité, baissant toujours vers la terre son front sillonné d'algèbre. » Comme

vous avez bien fait de ne pas vous arrêter à ce souci de gentil-
homme ! La nature est roturière ; elle aime qu'on travaille ; elle
aime les mains calleuses et ne se révèle qu'aux fronts soucieux.

» Votre vie austère, toute consacrée à la recherche désintéressée, est la meilleure réponse à ceux qui regardent notre siècle
comme déshérité des grands dons de l'âme. Votre laborieuse
assiduité n'a voulu connaître ni distractions ni repos. Recevez-
en la récompense dans le respect qui vous entoure, dans cette
sympathie dont les marques se produisent aujourd'hui si nombreuses autour de vous, et surtout dans la joie d'avoir bien
accompli votre tâche, d'avoir pris place au premier rang dans
la compagnie d'élite qui s'assure contre le néant par un moyen
bien simple, en faisant des œuvres qui restent. »

. . . .

C'est ici le moment de rappeler que les affirmations religieuses de Pasteur reçurent de vigoureux applaudissements,
tandis que celles de Renan ne furent accueillies que par un
froid glacial.

Renan avait d'ailleurs compris par ces applaudissements que
la majorité de son auditoire était loin d'être matérialiste ;
aussi avait-il débité rapidement tous les passages de son discours un peu trop entachés d'incrédulité (1).

Le fond du discours de Pasteur était évidemment l'affirma-
tion de croyances anti-matérialistes, tandis qu'il faut reconnaître que la réponse de Renan était conçue dans un esprit
absolument contraire : c'était une profession de foi de scepticisme.

(1) Voir notre livre : *Ernest Renan, sa vie et son œuvre.* — Tolra, éditeur.

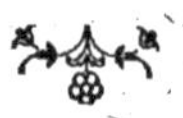

CHAPITRE VII

CE n'est pas dans sa vie publique qu'il faut prendre Pasteur : celle-là est connue, admirée et bénie ; mais dans sa vie privée, qui fit si belle sa vie publique.

En famille, il faisait de sa femme et de ses enfants ses collaborateurs, les associant à ses travaux, à ses peines, à ses joies, à ses attentes anxieuses, à ses découvertes éblouissantes.

M. Blanchon a laissé ainsi un portrait de Pasteur dans ces dernières années :

« On sait que Pasteur est petit, a-t-il dit ; que, depuis la guerre, sa jambe et son bras gauches, frappés par une apoplexie, sont un peu raides, et qu'il traîne le pied, ainsi qu'un vétéran blessé. L'âge, la maladie, le lourd travail de tant d'années, l'amertume des luttes, la violence de sa passion pour son œuvre, et cet accablement, enfin, que donne le triomphe, ont fait de ce visage une chose superbe. Fatigué, labouré de rides profondes, la peau grise, la barbe grise, les cheveux bruns encore, presque toujours coiffés d'un toquet noir, le large front plissé, tout couturé des cicatrices du génie, la bouche un peu tirée par la paralysie, mais toute pleine de bonté, d'autant plus pitoyable aux souffrances des autres, qu'elle semble montrer de douleurs personnelles; avec cela, sous l'ombre des sourcils, la survivance de l'idée dans le flamboiement des deux yeux, voilà comme il m'est apparu ce conquérant qui sera légendaire, *dont la gloire est incalculable, comme le bien qu'il a fait.*

» Près de lui, un petit enfant qu'on inoculait cria. M. Pasteur alla vers lui, caressa doucement les cheveux bouclés du gamin, et ses yeux s'emplirent de larmes...

» Je retrouve d'ailleurs cette sensibilité intense, presque maladive, au commencement de sa vie.

» Il fut un enfant triste, volontiers solitaire ; il chérissait les siens d'une telle affection, que, quand il vint à Paris pour la première fois, on dut le ramener au bout de quelques jours à Arbois, son pays natal ; et ce n'est que l'année suivante qu'il put s'acclimater à l'École normale. »

Cette vie austère et désintéressée, vouée aux recherches lentes du laboratoire et donnée jusqu'au bout à la science, est une réponse à ceux qui regardent notre temps et notre pays comme déshérités des dons de l'âme. Cette laborieuse assiduité, fidèlement donnée à un unique idéal, a eu sa récompense éclatante ; l'obscur laboratoire, où peinait le tenace ouvrier, fut soudain illuminé de gloire. Et, par-delà nos frontières, à l'heure où l'on nous considérait comme une nation agonisante, le nom de Pasteur était de ceux dont la vertu nous faisait respecter encore.

En général, le grand inventeur, le grand créateur, sont méconnus de leurs contemporains, abreuvés d'insultes ou de railleries. D'ordinaire, le savant illustre n'est pas populaire. Ainsi

Aussitôt M. Pasteur prend, à son tour, une pièce de cinq francs et la donne
au cocher. (Page 128.)

Claude Bernard, qui a laissé des pages d'une hauteur où Pasteur n'a jamais monté? Claude Bernard n'a pas connu la popularité. Pasteur a rempli, comme Victor Hugo, comme Lesseps naguère, une sorte de fonction nationale de la gloire. C'est que Pasteur avait fait une trouvaille dont le résultat s'adressait directement à un sentiment universel, à l'épouvante.

On aurait pu ignorer ses travaux; on aurait pu ignorer que ses théories microbiennes avaient bouleversé la médecine, que sa méthode antiseptique avait permis à la chirurgie un élan imprévu; on ne pouvait ignorer qu'il guérissait la rage, une maladie qu'on jugeait aussi incurable que terrible, si terrible qu'un temps fut où l'on étouffait entre deux matelas, par pitié, l'homme enragé qui se démenait pour mourir. De cette découverte, qui marqua la date de sa popularité, Pasteur parlait avec simplicité, comme de toutes choses. En 1888, le docteur russe Gramaleïa, son disciple, annonçait qu'il avait obtenu à Odessa douze cents guérisons de la rage.

Quelqu'un lui dit alors, au sortir de l'Académie des Sciences :

— C'est un nouveau triomphe pour vous.

Et Pasteur répondit :

— Non, ce n'est pas un triomphe pour moi, mais pour ma méthode. Dans des questions comme celle-là, l'homme disparaît, le résultat scientifique reste.

Jamais cerveau ne fut, en même temps, plus patient et plus passionné; ce sont bien là les caractéristiques de son génie.

Pendant quinze ans, à l'École normale, raconte Maurice de Fleury, on le vit chaque soir, après son dîner, arpenter un long corridor où personne n'osait venir troubler sa rêverie. Paralysé depuis 1870, — l'apoplexie a par deux fois visité ce cerveau, — de sa main raidie il prenait et faisait sauter dans sa poche le trousseau de ses clefs pour bercer sa pensée d'un rythme ; et il marchait tirant un peu le pied, tandis qu'il mûrissait l'idée récente ou préparait l'expérience du lendemain. Par moments la rêverie prenait une intensité d'extase; dans ce cerveau d'homme de génie, des lueurs éclairaient le but, lui faisaient deviner tout ce qui sortirait de lui.

— Que c'est beau !... Que c'est beau !... murmurait-il à demi-voix.

Puis repartant d'un pas ferme :

— Il faut travailler, disait-il...

C'était ainsi jusqu'à onze heures.

Mais, quand il s'endormait, sa pensée par vitesse acquise continuait de vivre et il rêvait tout haut, criant les mots de sa science, possédé par son idée fixe. Ses colères sont légendaires, quand un adversaire doutait de la véracité de sa doctrine ou du fini de ses expériences. On l'accuse d'avoir eu la dent dure dans ses querelles épiques avec Pouchet, avec Peter : colères sans méchanceté, fureur d'un cerveau bouillonnant : son cœur fut le plus tendre et le plus dévoué du monde.

On peut bien dire que rien ne le passionna, hors sa mission de savant. Quand ses amis et ses élèves discutaient avec lui de microbes ou de toxines, aux petites soirées intimes de la rue Dutot, nul ne l'égalait en éloquence juvénile et en lucidité d'esprit; mais si l'on causait d'autres choses, son génie ne le tenait plus, et doucement, dans son fauteuil, M. Pasteur fermait les yeux.

***

Nous trouvons dans un récit de M. Alfred Mézières, de l'Académie Française, sur son collègue Pasteur, un trait charmant qui caractérise bien la grandeur d'âme du célèbre savant :

« Monsieur Pasteur a eu toutes les vertus, a-t-il dit. Le devoir, tout le devoir, est la règle constante de cette vie si bien remplie.

» Seulement les devoirs se contrarient quelquefois. Il y a des moments où l'on éprouve un grand embarras à les concilier. Un jour j'ai été témoin, chez notre illustre ami, d'un conflit de scrupules qui lui fait le plus grand honneur. M. Pasteur, un certain nombre de savants et moi, nous étions délégués, en 1889, pour représenter l'Université de France et nos académies respectives au troisième centenaire de l'Université d'Edimbourg. Des réceptions triomphales nous attendaient. En mémoire des services que M. Pasteur avait rendus aux fabricants de bière, un grand brasseur écossais avait commandé pour nous un train spécial de Londres à Edimbourg.

» Au moment où nous allions partir on apprit la mort du grand chimiste J.-B. Dumas. Les funérailles devaient se faire le jour même de notre départ. J.-B. Dumas, qui aimait et protégeait très généreusement tous les jeunes gens, dans lesquels il devinait de futurs savants, avait beaucoup aidé M. Pasteur à ses débuts. M. Pasteur avait pour lui autant de reconnaissance que d'affection. J'allai chez lui pour régler les derniers détails d'un voyage qui ne pouvait être différé. Nous étions attendus à Edimbourg à jour fixe. Je le trouvai tout en larmes ; il m'annonça avec une profonde émotion qu'il renonçait à partir, qu'il ne pouvait accepter l'idée de ne pas suivre le char funèbre de son cher et vénéré maître.

» Cette résolution me consterna. Je sentais que si M. Pasteur nous abandonnait, l'effet de notre voyage était manqué.

» En face des plus illustres savants allemands de Virchow et de Helnedelz, il allait représenter la gloire de la science française. Lui de moins nous étions découronnés.

» Heureusement, je savais ce qu'aurait pensé et dit en pareil cas J.-B. Dumas, si attentif aux intérêts de la science française, à tout ce qui pouvait en augmenter le renom dans le monde. J'invoquai, contre l'émotion de M. Pasteur, les sentiments bien connus de son maître. Je lui dis que la meilleure manière d'honorer cette grande mémoire était de s'inspirer de sa pensée, ce qu'il aurait souhaité qu'on fît. Si la présence à Paris était un devoir pieux, la présence à Edimbourg était aussi un devoir d'un ordre plus élevé et plus général.

» Beaucoup d'autres pouvaient remplir le second avec l'autorité, avec l'éclat nécessaire.

» Ce n'était pas en France, c'était en Ecosse qu'il fallait représenter les traditions léguées par toute la vie de J.-B. Dumas.

» M. Pasteur se rendit à cette évocation; c'est au nom de J.-B. Dumas que j'obtins qu'il renonçât à assister aux funérailles de J.-B. Dumas. La science française y trouva son compte.

» Le voyage de M. Pasteur ne fut qu'une longue ovation; toutes les gloires étrangères pâlirent devant la sienne. Grâce à cette victoire remportée sur ses sentiments intimes, au sacrifice qu'il voulut bien faire d'un devoir qu'il considérait comme sacré, nous gardâmes le rang qui nous appartenait dans le monde scientifique — le premier. »

⁂

Malgré sa grande bonté, Pasteur fut un militant, un combatif pour ainsi dire. Et c'est précisément là une des causes pour lesquelles il ne demeure pas un savant obscur, un de ces chimériques rêveurs, ennuyeux souvent, dont la postérité ne découvre la valeur que trop tard.

Indépendamment de ses dons de savant, Pasteur eut de grandes facultés d'organisateur et fut remuant, militant.

Il ne fut pas l'inventeur chimérique absorbé par ses rêves, qui n'ose pas ou ne veut point agir sur ses contemporains.

Joseph de Maistre nous a montré quelque part le savant « sous l'habit étriqué du nord, les bras chargés de livres et d'instruments, pâle de veilles et de travaux, se traînant souillé d'encre et tout pantelant sur la route de la vérité, baissant toujours vers la terre son front sillonné d'algèbre. » Pasteur, s'il fut tel dans le laboratoire, ne le fut certes pas dans la vie.

Au contraire, il fut ardent et passionné. On sait que ses travaux ne furent pas admis sans lutte. Il les soutint avec une vigueur acharnée. Il eut des adversaires redoutables et tenaces comme Pouchet père, Péter, Guérin. Il ne se gêna pas pour leur tenir tête avec une vraie furia française.

Un jour, à l'Académie des Sciences, on vit ce curieux spectacle de Pasteur, combattu violemment par Guérin sur le terrain scientifique, provoquer son adversaire, et les deux savants, tous deux très âgés, être prêts à tirer l'épée. On eut beaucoup de peine à calmer la belliqueuse ardeur de Pasteur.

On se rappelle l'anecdote, d'authenticité contestable, qui mettait en présence, chez un photographe, Victor Hugo et... Ferdinand de Lesseps. « Les deux grands hommes du siècle », dit le photographe. Eux, aussitôt, de se reconnaître, bien qu'ils ne se fussent jamais vus.

En la circonstance, si M. de Lesseps fut juste en proclamant la gloire du grand poète, celui-ci fut quelque peu courtisan en saluant la renommée du perceur d'isthmes.

Pasteur fut l'objet d'un hommage plus digne de lui, et sut le retourner à son auteur avec la fine bonhomie qui était la marque de son esprit. L'anecdote est jolie :

M. Pasteur et M. Duruy étaient presque voisins, puisque l'un demeurait rue d'Ulm, et l'autre rue de Médicis.

Certain jeudi, les deux académiciens se trouvèrent à une même station de fiacres pour se rendre à l'Institut. Ils firent route ensemble.

Arrivé à destination, M. Duruy tend une pièce de cinq francs au cocher.

— Pas de monnaie, lui dit celui-ci.

— Alors, gardez ma pièce entière en souvenir de cette course; — vous avez conduit le premier savant du siècle...

Aussitôt M. Pasteur prend, à son tour, une pièce de cinq francs et la donne au cocher.

— Gardez aussi celle-là, puisque vous avez conduit le plus grand ministre du Second Empire...

Le cocher ne se le fit pas dire deux fois, et les deux académiciens pénétrèrent en riant dans la vieille cour du palais Mazarin.

Rien de ce qui touche les grands hommes ne nous est indifférent. C'est ainsi qu'à propos de Pasteur, il nous semble curieux de rappeler qu'il n'avait pas de tendresse pour les animaux, qu'il abhorrait les chiens, mais qu'en revanche, il se montrait plein de sollicitude à l'égard des enfants qui venaient se faire soigner à l'Institut. On a été jusqu'à rapporter que pour les apprivoiser il leur donnait des sous neufs que, toutes les semaines, il allait chercher à la Monnaie.

De très avisés journalistes, qui sous la mystérieuse raison sociale : « Les deux Aveugles » avaient entrepris une fort intéressante et originale série de portraits dits documentés, examinèrent l'écriture et les lignes de la main de Pasteur. Empruntons-leur, *in extenso*, les observations qu'ils en purent tirer :

Graphologie.

Ecriture sincère, franchise pouvant aller jusqu'à la naïveté. Tempérament méticuleux et précis, avec des envolées d'imagination et d'enthousiasme perpétuellement combattues par une volonté pratique et raisonnée, volonté ardente, énergie concentrée. Sensibilité naturelle, presque totalement anéantie par une lutte de tous les instants. Ambition idéale jamais satisfaite, extérieur de modestie et de simplicité que les hommages intimident, mais séduisent quand même. Esprit éminemment déductif. Sans méfiance.

Lignes de la main.

Main de volonté et de travail acharné. Confiance en lui seulement ; ne compte jamais sur le hasard (ligne de tête et vitale). Eloquence pratique, amour de la science, aptitudes inventives, perspicacité et finesse du côté matériel (Mercure). Départ favorable vers vingt ans, marche ascendante vers une haute destinée. Fortune glorieuse.

(Saturne et Jupiter.) Chance arrêtée par une maladie grave. (Saturne.) Richesse et honneurs. Amour cérébral, peu de sensualité (mentale). La vie se dédouble à la fin ; longévité, mort soudaine.

Ces renseignements furent donnés à la date du 23 février 1892.

* *

« Il était excellent, nous disait un de ses élèves, et si doux ! Excepté dans le travail. Alors il était tout de volonté et de commandement. C'était le chef, en un mot. Tous ces jeunes hommes qui le suivent, unis par le même dévouement et la même admiration, uniformisés par une même coupe de barbe en pointe et qui se partagent les champs à défricher, les sillons nouveaux à creuser, — les Duclaux, les Chamberland, les Metchnikof, les Roux, les Calmette, les Chantemesse, tous ces chasseurs de bacilles, ces moines de la bactériologie, ces chevaliers du microscope qui détruiront le choléra quelque jour, comme ils ont dompté la diphtérie ou la rage, ces pastoriens suivaient anxieusement du regard le maître lorsqu'il examinait leurs travaux, les fiches où ils inscrivaient leurs observations. Tel Napoléon devant son état-major. Un froncement de sourcils devenait un jugement. Et encore une fois, nul être humain ne fut meilleur. Il suffisait de le voir passer pour le deviner. Ceux

qui, les jours de séances académiques, apercevaient M. Pasteur
appuyé sur le bras de son gendre, marchant lentement, tra-
versant la cour de l'Institut, ne pouvaient, même en ne le con-
naissant pas, s'empêcher de dire : « Ce passant est quelqu'un. »
Il y avait un rayonnement jusque dans sa simplicité. Et quand
on entendait tout bas : « C'est M. Pasteur! » les fronts se dé-
couvraient. On saluait ce groupe vénérable et touchant : le
grand homme qui combattait la mort, l'homme jeune qui, vivant à l'ombre de cette gloire, apportait au vieillard un cœur
de fils. »

⁂

Et cette solidarité humaine autour de laquelle les socialistes
mènent tant de bruit, comme il la pratiquait! Chacune de ses
œuvres porte l'empreinte de son amour de l'humanité. Ce qui le
frappait, dans les pièces d'or tombant par milliers dans la caisse
ouverte par le *Figaro* pour l'établissement du docteur Roux,
ce n'était pas là générosité des donateurs, c'était leur qualité :
tous parents en deuil, tous enfants! « Non-seulement, écrivait-il
au rédacteur en chef, votre appel a été entendu, mais par une
idée touchante, ce sont surtout les enfants qui ont été mis en
tête des souscripteurs. Ils entrent dans la vie en faisant le bien.
Des parents en deuil ont invoqué le souvenir d'enfants qu'ils ont
perdus, pour sauver d'autres existences. De toutes parts on s'est
associé aux sentiments de solidarité... »

La solidarité, n'est-ce pas Dieu qui l'enseigne? Toute solidarité en dehors de lui porte à ses flancs la brèche de
l'égoïsme.

⁂

Pasteur, mêlé à la vie de son temps, aux tristesses et aux joies

de son pays, fut aussi un vrai ami de la jeunesse. Une telle
existence, je le répète, doit être donnée en exemple.

Et quelle excellente pensée si, dans chacune de nos écoles,
en mémoire de l'illustre défunt, on recueillait les belles
harangues qu'au cours de sa vie, toutes les fois qu'il lui fut
donné de le faire, il avait adressées à la jeunesse ! Car il aimait
la jeunesse, il avait confiance en elle. Un jour, présidant une
cérémonie de distribution de prix, il donnait des conseils aux
enfants qui l'écoutaient et rien n'était plus paternel. « Servez
l'humanité ! » était la grande parole de cet homme qui, armé de
la science, fit reculer la mort devant lui. « Mais, ajoutait-il,
n'oubliez pas le coin de terre plus intime qui est la patrie ;
soyez des hommes, mais soyez des Français ; plus que jamais la
France a besoin d'être étroitement aimée et résolument servie. »
Et il engageait les générations nouvelles aux résolutions vi-
riles. « Dans une société démocratique, disait-il encore, le travail est un devoir ; l'homme est né pour agir, mais ce n'est pas
seulement comme un devoir qu'il faut envisager le travail, il
est la raison d'être de la vie humaine, et, en même temps qu'il
accroît la richesse sociale, il augmente l'énergie de notre
âme. »

En 1885, M. Pasteur s'élève à la grande éloquence par la sincérité d'accent dont son discours est tout empreint. Il loue ces
étudiants devenus des maîtres et semant à pleines mains les
idées de devoir sur le terrain social. « J'ai suivi, s'écrie-t-il,
avec l'émotion d'un homme que les problèmes de l'instruction
nationale ont passionné, j'ai suivi de bulletin en bulletin,
d'étape en étape, votre marche en avant...

» C'était parfois à côté d'un bal de barrière ou d'un comptoir
de marchand de vin que vous allumiez bravement vos lanternes.
Peu à peu elles ont brillé sur tous les points de Paris. Aujour-
d'hui, ce sont comme des phares qui déjà éclairent et guident
les foules... A mon âge, on se retourne souvent pour regarder

les générations qui nous suivent et pour compter les renforts
d'espérances qu'elles peuvent apporter à l'honneur et à la fortune du pays. Vous donnez un beau spectacle, le spectacle de la
jeunesse du cœur consacré à une grande œuvre nationale. »

*
* *

Et la cruelle politique, celle qui tue l'âme des savants dont
elle s'accapare, il faut voir avec quelle ardeur Pasteur s'en prenait à elle.

Ecoutez ce qu'il disait contre elle, dans son discours de réception de Joseph Bertrand, auquel il répondait comme directeur
de l'Académie française :

« Ah ! pourquoi la *politique éloigne-t-elle de la science?* s'é-
criait-il. Pourquoi faut-il que cette accapareuse prenne trop souvent les meilleurs, les plus forts d'entre vous ?

. . . .

On ne peut pas faire autrement, lorsque le pays vous appelle
à son secours dans un jour de désastre. Mais que de sauveurs
en disponibilité passent leur temps à offrir leurs secours que
personne ne réclame! La vraie conduite de la vie consiste à discerner dans quelle mesure on contribuera le mieux à la fortune
publique. Ne peut-on pas servir utilement et glorieusement son
pays sans prétendre à la solution des problèmes qui ne ressemblent pas à ceux que nous aimions? Dans les problèmes politiques la preuve est si difficile à donner! Ce que la politique a
coûté aux lettres, la littérature le calcule souvent avec effroi.
Mais la science elle-même peut faire le triste dénombrement de
ses pertes. De part et d'autre, combien de forces déviées de
leur cours vont s'abîmer inutilement dans des questions trop
souvent aussi mouvantes et aussi stériles qu'un monceau de
sable !

» En plus d'une circonstance, M. Dumas a laissé percer le sentiment de tristesse que lui causait ce long détournement de sa vie : « Le vrai bonheur, disait-il, il y a peu d'années, dans une sorte d'examen rétrospectif de sa propre carrière, le vrai bonheur m'apparaît sous la forme du savant consacrant ses jours et ses veilles à pénétrer les secrets de la nature et à découvrir des vérités nouvelles. Laplace, Cuvier, Candolle, Brongniart ont connu la vie heureuse. Animés de l'amour de la vérité, indifférents aux jouissances de la fortune, ils ont trouvé leur récompense dans l'estime publique. »

*
* *

Notre confrère Gaston Lacaze, qui avait été mordu par un chien, nous a ainsi raconté le souvenir d'une entrevue avec Pasteur :

« Le moment, dit-il, est opportun pour évoquer, au sujet de l'illustre savant, un souvenir personnel. Ce que j'ai à raconter est sans doute peu de chose, mais aura l'avantage de faire ressortir quelques-unes des qualités privées de Pasteur : sa bonté, sa simplicité et la bonhomie de son accueil. Tant de demi-savants, et même de quarts de savants, affectent une morgue et une hauteur inexplicables vis-à-vis du commun des mortels, qu'il n'est pas inutile de leur opposer ici la complaisance et l'affabilité d'un homme de génie.

» Il y a quelques années, au cours d'une promenade à la campagne en bicyclette, je fus mordu par un chien, un affreux molosse qui bondit sur moi dans un étroit sentier et m'enfonça ses crocs dans la jambe gauche avant que je pusse me défendre. C'était un énorme dogue, hérissé, hideux, aux yeux injectés de sang et à la gueule ruisselante de bave. Son coup fait, il disparut dans une haie. Un paysan rencontré plus loin me dit que cet animal appartenait à un fermier, qu'il nomma, et dès le lendemain commença une bizarre comédie. Je fus voir le fermier qui avait caché la bête et refusa de la montrer. En vain, je le priai de laisser visiter le molosse. Refus formel. — « Mais, demandai-je, où est-il? est-il malade? » — « Ça se peut qu'il soit malade, me répondit-il, et ça se peut qu'il ne le soit pas. C'est mon affaire et non pas la vôtre. »

» Comme je pensais que c'était mon affaire aussi, d'autant plus qu'en ce moment le pays était infesté de chiens enragés, et comme l'attitude du fermier me paraissait louche, je partis pour Paris et je me rendis à l'Institut Pasteur.

» On peut être courageux et désirer ne pas mourir enragé. Alphonse Karr a écrit ces lignes : « Si vous êtes attaqué par » un chien enragé, la force, le courage, l'adresse, le sang-froid, » rien ne peut vous sauver. Vous êtes vainqueur, vous avez tué » l'animal, mais il vous a de ses dents effleuré l'épiderme. Eh » bien ! vous êtes perdu et vous mourez dans d'affreuses con- » vulsions, répandant par la bouche une écume contagieuse, » objet d'horreur, d'épouvante et de dégoût pour votre femme, » pour vos enfants, pour vos amis ; un délire de bête féroce » s'empare de vous, vous mordez, vous devenez presque un » chien enragé vous-même.

» C'est la mort la plus désespérée, la plus horrible de toutes » les morts. » — (Les *Guêpes*, septembre 1842.)

» C'est bien là ce qui fait de Pasteur, inventeur du vaccin de la rage, un des bienfaiteurs de notre pauvre humanité.

» A l'Institut Pasteur, je trouvai une grande salle pleine de monde. Il y avait là une foule de personnages attendant leur tour de vaccination. Cette foule était composée surtout de campagnards, et tous les types y étaient représentés, depuis celui du montagnard pyrénéen jusqu'à celui du paysan russe. Sans m'arrêter à étudier les visages et les costumes, je traversai ce vestibule et pénétrai dans un appartement plus petit où les inoculations avaient lieu. Derrière une table où se trouvaient de petits flacons, deux messieurs vêtus de noir étaient debout. Ils présentaient tantôt l'un et tantôt l'autre de ces flacons à un jeune docteur qui plongeait doucement une seringue Pravaz dans le liquide et opérait les clients qui se succédaient, venant de la grande salle. L'opération ne devait guère être douce pour les patients, car ils faisaient une grimace significative lorsque le médecin, saisissant leur chair mise à nu à la hauteur du flanc, la comprimait en bourrelet et y introduisait profondément l'extrémité aiguë de sa seringue. Je vis défiler devant l'opérateur les paysans russes. Ils avaient été attaqués et mordus par des loups enragés. Puis vint le tour d'une mère bretonne tenant un enfant de six mois sur les bras. Héroïquement, elle présenta son fils au docteur, avec un visage énergique et résolu sur lequel roulaient de grosses larmes. Cependant l'opérateur m'avait aperçu. — « Vous désirez parler à M. Pasteur? me dit-il. — Et comme j'achevais de répondre : oui, une porte latérale s'ouvrit et Pasteur parut.

» Je vis, autant qu'il m'en souvienne, un vieillard vert encore, de taille plutôt petite, à la tête droite, à l'œil vif, d'apparence nerveuse, et sous les airs de brusquerie duquel on devinait une grande bonté. Je saluai, j'expliquai mon cas, et Pasteur me dit avec un bon sourire : — « Combien y a-t-il de jours que vous » avez été mordu? » — « Huit jours. » — « Le chien est-il mort » depuis? » — « Je n'en sais rien, son propriétaire l'a caché et » ne veut pas le laisser voir. » — « C'est que, voyez-vous, me dit » Pasteur, c'est une chose très importante. Si le chien est mort, » je vous soignerai. S'il est vivant, et même malade, ce n'est pas » la peine. *Un chien enragé ne vit pas huit jours, du moins* » *dans la période où il peut communiquer son virus.* Ah! la » rage tue vite, monsieur. C'est une terrible maladie. » — « Monsieur, dis-je, je n'ai aucun moyen de savoir la vérité » J'ai écrit au parquet, mais je n'ai pas eu de réponse. »

» Pasteur réfléchit deux secondes, puis, me touchant le bras :

« Venez », me dit-il, et il me fit traverser à droite un corridor
et m'introduisit dans une chambre où nous nous trouvâmes
seuls. Une table était là, munie de ce qu'il faut pour écrire.

» Pasteur s'assit devant la table, trempa sa plume dans l'en-
crier, et, d'une grosse et vigoureuse écriture, il écrivit :

« Procureur à X...

» Prière dire si chien de Z..., qui a mordu M. Lacaze, est
» encore vivant.

» PASTEUR.

« Réponse payée urgente. »

— « Je vais expédier cette dépêche, me dit-il, et nous sau-
» rons à quoi nous en tenir. »

» J'aurais pu m'incliner et prendre congé, mais j'avais mon
idée : je voulais conserver cet autographe. Aussi tendis-je la
main : — « Si vous voulez bien, monsieur, je ferai porter ce té-
» légramme. » — « Je vous remercie, dit Pasteur en se levant
» et en me reconduisant jusqu'au corridor, ce sera comme vous
» voudrez. Comprenez-moi bien, dit-il en s'arrêtant, je ne
» demande pas mieux que de vous soigner si vous en avez
» besoin. Mais si le chien vit encore, à quoi bon vous faire
» revenir pendant de longs jours pour vous inoculer ? Ce n'est
» pas si agréable que cela ! Vous avez vu, n'est-ce pas ? » —
» Oui, j'ai vu. » — Eh bien, mieux vaut s'abstenir quand on
» n'est pas forcé. Ce n'est pas un traitement qu'on puisse faire
» pour son plaisir. »

» Et sur ces mots, Pasteur me fit un salut amical, et, me
laissant, entra dans la salle des inoculations.

» Le lendemain je retournai à l'Institut Pasteur. On m'y
apprit qu'une réponse était arrivée et que le chien, visité *manu
militari*, n'était pas mort. Dès lors, je n'avais plus qu'à me
retirer et à aller prendre un vermouth sur les boulevards, tandis que se bouclaient mes malles.

Pasteur dans son cabinet de travail.

» Aujourd'hui que Pasteur est mort, je me souviens de cette entrevue avec plaisir et je suis heureux de dire que dans le grand savant que la France pleure, j'ai trouvé un homme simple, complaisant et bon. Bien entendu, j'ai conservé son autographe, ayant, dans ce but, recopié la dépêche de Pasteur dans le bureau du télégraphe. Cela me donne le plaisir de voir mon nom tracé par la plume d'un grand homme.

» A ceux qui trouvent cet éloge de Pasteur un peu mince, je dirai que les qualités du cœur valent celles de l'esprit. Et puis on donne ce qu'on a. Quand les plus riches amis d'un mort ont déposé sur sa tombe de somptueuses couronnes, il n'est pas défendu à l'humble passant de cueillir une simple pâquerette dans l'herbe, et de la jeter, en murmurant une prière, sur le corps de celui qui n'est plus.

» Or, c'est ce que je viens de faire. »

*
* *

Racontons encore une anecdote amusante sur le maître !

Pasteur se trouvait en Bourgogne dans la famille de son gendre.

On était à table et le repas touchait à sa fin.

Sans rien dire, le savant mangeait des cerises, mais non sans les avoir préalablement lavées une à une dans un verre d'eau avec un soin tellement méticuleux que les siens ne purent s'empêcher de rire. Pasteur s'en aperçut et dit :

« — Vous riez, mes enfants, mais vous ne savez donc pas ce qu'il y a d'impuretés sur chacune de ces cerises. Et là-dessus il se mit, tout en continuant à nettoyer les fruits, à faire un véritable cours à ceux qui l'entouraient, insistant particulièrement sur le nombre effroyable de microbes attachés à chacune des cerises. Quand il eut fini il conclut :

» — Vous voyez qu'on ne saurait prendre trop de précautions. Faites donc comme moi et lavez vos fruits. »

Et ce disant, l'illustre savant, retombant dans ses méditations, saisit le verre dans lequel il avait si soigneusement noyé
tous les microbes et... l'avala d'un trait.

Terminons par un mot de Pasteur — un calembour, ne vous
déplaise ?...

Un calembour de Pasteur mérite bien d'être conservé, n'est-
il pas vrai ?

Donc lorsqu'il tomba malade l'autre année, et qu'il cessa tout
à coup de fréquenter son grand laboratoire officiel, un de ses
confrères en académie étant venu le voir lui dit en souriant :

« Alors, c'est fini, il y a un armistice. Vous ne faites plus la
guerre aux vibrions ni microbes ?

» Mais si, mon ami, répondit Pasteur ; seulement chez moi
au coin de mon feu... C'est là maintenant que j'approfondis la
théorie des at *Home* ? »

CHAPITRE VIII

PASTEUR PATRIOTE

ORSQUE éclata la guerre franco-prussienne de 1870, Pasteur était en Autriche. Il revint en France et ressentit une poignante douleur de nos désastres. Les bulletins de victoires qu'il attendait se changèrent en bulletins de défaites et, désespéré, découragé, il n'avait même plus la force de travailler et vivait en vaincu dans sa petite maison d'Arbois.

Pasteur fut donc aussi un grand patriote. Il se montra même combatif dans la manifestation de ses sentiments patriotiques. Il ne pardonna pas à l'Allemagne ce qu'il avait vu en 1870. Deux faits vont nous en fournir la preuve (1).

Pasteur crut devoir renvoyer à l'université de Bonn le diplôme de docteur qu'elle lui avait décerné quelques années auparavant. Il adressa au docteur Naumann la lettre suivante :

____

(1) Il ne pardonna pas non plus à l'Allemagne d'avoir d'abord été nié par Koch. Il se montra toujours préoccupé de lutter avec ses savants.

A Monsieur le doyen de la Faculté de médecine de Bonn
(Prusse Rhénane).

« Arbois (Jura) le 18 janvier 1871.

» Monsieur le doyen,

» En 1863, la Faculté de médecine de l'Université de Bonn m'a fait l'honneur de me décerner d'office le titre de docteur en médecine, en récompense de mes travaux sur les fermentations et le rôle des organisations microscopiques. De toutes les distinctions qui m'ont valu les découvertes qu'il m'a été donné d'accomplir depuis mon entrée dans la carrière des sciences, il y a vingt-deux ans, il n'en est pas, je l'avoue, qui m'ait procuré plus de satisfaction. C'était à mes yeux la légitimation d'une pensée intime dont je sentais la vérité s'affermir de plus en plus, que mes recherches ont ouvert aux études médicales des horizons nouveaux.

» Je m'empressai même de mettre sous verre le diplôme d'honneur qui consacrait la décision de votre Faculté et j'en ornai mon cabinet de travail. Aujourd'hui, la vue de ce parchemin m'est odieuse, et je me sens offensé de voir mon nom, avec qualification de *Virum clarissimum* dont vous le décorez, se trouver placé sous les auspices d'un nom voué désormais à l'exécration de ma patrie, celui de *rex Guilelmus*.

» Tout en protestant hautement de mon profond respect envers vous et envers tous les professeurs célèbres qui ont apposé leur signature au bas de la décision des membres de votre ordre, j'obéis à un cri de ma conscience en venant vous prier de rayer mon nom des archives de votre Faculté et de reprendre ce diplôme en signe de l'indignation qu'inspirent à un savant français la barbarie et l'hypocrisie de celui qui, pour satisfaire un orgueil criminel, s'obstine dans le massacre de deux grands peuples.

» Depuis l'entrevue de Ferrières, la France combat pour le respect de la dignité humaine et la Prusse pour le triomphe du plus abominable des mensonges, savoir que la paix future de l'Allemagne est au prix du démembrement de la France, tandis que pour tout homme sensé la conquête de l'Alsace et de la Lorraine est l'enjeu d'une guerre sans limite. Malheur ou pitié aux peuples de l'Allemagne, si, plus voisins que nous du servage féodal, ils ne comprennent pas que la France, propriétaire des terres d'Alsace et de Lorraine, n'est pas maîtresse des consciences de leurs habitants. La Savoie serait encore piémontaise si, par un vote libre, ses habitants n'avaient consenti à devenir Français. Tel est le droit moderne des nations civilisées que votre roi foule aux pieds et pour la défense duquel la France est debout. Aussi, à aucune époque de son histoire peut-être, elle n'a mieux mérité d'être appelée la grande nation, l'initiatrice du progrès, la lumière des peuples. Voilà le peuple qui se lève devant vous, prêt à pousser jusqu'au bout du monde et à tout oser parce qu'il a conscience de la justice et de la sainteté de sa cause.

» Veuillez agréer, monsieur le doyen, et faire agréer à vos savants collègues, l'hommage de mes sentiments de haute considération.

» LOUIS PASTEUR,

» *Membre de l'Institut.* »

La réponse ne se fit pas attendre (1).

---

(1) De cette épître que madame Pasteur conserve pieusement comme un titre de gloire, à côté de la grande croix de la Légion d'honneur de son mari, l'illustre chimiste ne parla jamais; il raconta cependant cet incident douloureux de sa vie à notre excellent confrère Gaston Calmette, qui ne l'a révélé qu'hier, le silence ne lui étant plus imposé.

« Bonn, ce 1ᵉʳ mars 1871.

» Monsieur,

» Le soussigné, doyen actuel de la Faculté de Médecine de l'Université de Bonn, est chargé de répondre à l'insulte que vous avez osé faire à la nation allemande dans la personne sacrée de son auguste Empereur, le roi Guillaume de Prusse, en vous envoyant l'expression de tout son mépris.

» Dʳ MAURICE NAUMANN.

» P. S. — Voulant garantir ses actes contre la souillure, la Faculté vous envoie ci-joint votre libelle (1). »

A son tour, M. Pasteur répondit au Dʳ Naumann :

« Monsieur le doyen,

» En relisant votre lettre et la mienne, je me sens le cœur navré de penser que des hommes qui, comme vous et moi, ont consacré leur vie à la recherche de la vérité et aux progrès de l'esprit humain, se tiennent mutuellement un pareil langage motivé de ma part sur de tels actes. Voilà pourtant un des résultats du caractère imprimé à cette guerre par votre empereur.

» Vous me parlez de souillure, monsieur le doyen. Elle est, soyez-en sûr, et elle sera, jusque dans les temps les plus reculés, pour la mémoire de ceux qui ont commencé le bombardement de Paris, alors que la capitulation par la famine était inévitable, et qui ont continué cet acte sauvage, quand il fut devenu évident pour tous qu'il n'avancerait pas d'une heure la reddition de l'héroïque cité (2).

» LOUIS PASTEUR. »

(1) On peut dire que, ce jour-là, la science allemande s'abaissa aux yeux de l'Europe de toute la grandeur du génie de Pasteur.

(2) Rappelons ici un autre fait analogue :

L'abbé de Capdenac avait reçu l'Aigle de Prusse pour avoir, pendant la

En mars 1871, M. Pasteur était à Lyon d'où il adressa au docteur Naumann, doyen de l'Université de Bonn, cette admirable lettre dans laquelle il stigmatisait d'une marque d'ineffable flétrissure la cruauté, la barbarie et l'insolence du vainqueur. Un jour, il vint trouver M. Max Grassis, alors directeur du *Salut Public*, et eut avec lui un long entretien ; peu après (numéro du 20 mars) paraissait, sous la signature de L. Pasteur, membre de l'Institut, un long et bel article.

Lorsqu'il fut écrit, il était d'une douloureuse actualité. Aujourd'hui, après vingt-cinq ans, la question est toujours pendante et n'a rien perdu de son intérêt. Ce sont de fortes pages qui méritent d'être relues ; en un style simple, M. Pasteur y développe des considérations de l'ordre le plus élevé qui lui furent dictées par ce patriotisme ardent et éclairé dont, durant sa noble vie, il donna tant de belles preuves. Les extraits qu'on en va lire achèveront de faire connaître l'honnête homme et le grand savant que fut L. Pasteur, combien vraiment la patrie doit de reconnaissance à cette intelligence géniale dont la Science pleure aujourd'hui la perte.

L'article, qui ne mesure pas moins de quatre colonnes, porte

guerre de 1870-71, soigné sur les champs de bataille des soldats allemands. L'abbé n'avait fait qu'œuvre humanitaire ; il n'avait vu devant lui que des hommes souffrants. Afin de ne pas créer d'embarras au gouvernement français, dans un moment où l'horizon politique était plein de sombres menaces, il avait feint d'accepter.

Au moment de mourir, obéissant ainsi à la place des siens aux prescriptions de l'usage allemand, il fit retour au roi de Prusse de l'insigne qu'il avait reçu de lui. Mais quand Guillaume reçut l'insigne retourné, il constata, non sans une vive irritation sans doute, que le noble abbé n'avait même pas ouvert la boîte qui le contenait. Les cachets impériaux étaient encore intacts !

ce titre : *Quelques réflexions sur la science en France. — Pourquoi la France n'a pas trouvé d'hommes supérieurs au moment du péril.*

Après quelques observations préliminaires sur la nécessité pour une nation où l'unité politique et administrative est sévèrement établie, que toutes les forces vitales du pays soient en parfaite harmonie, M. Pasteur passe rapidement en revue les causes de nos malheurs.

* *

« Au premier rang, dit-il, il faut placer l'existence tolérée d'une nation altière, ambitieuse et fourbe, qui, depuis deux siècles, se développe, *per fas et ne fas*, à l'égard de tous ses voisins sous une forme qu'on pourrait nommer pathologique, envahissante comme une tumeur malsaine, et qu'un publiciste allemand a flétrie de cette qualification : le chancre prussien.

» Comme le bandit des grands chemins, elle s'est armée dans l'ombre, et, après avoir attiré dans un guet-apens sa douce et confiante rivale qui ne lui avait rendu que de bons offices, elle s'est ruée sur elle à l'improviste pour l'égorger. Celle-ci, dans un suprême effort, eût pu sortir victorieuse de l'étreinte. Elle l'a tenté et ce sera la sauvegarde de son honneur aux yeux de la postérité ; mais elle devait succomber, parce que le poids de ses imprévoyances et de ses fautes est venu s'ajouter aux coups de son cruel adversaire. Je serais impuissant à rechercher la nature et le nombre de ces fautes ; mais il en est une qui m'a toujours obsédé, si j'ose ainsi parler, que je touche du doigt à chaque instant et à laquelle je rapporte la plus large influence dans nos désastres.

*
* *

» Cette faute, qui n'a pas permis à la France de trouver des
hommes supérieurs pour mettre en œuvre ses ressources et le
courage de ses enfants, c'est celle qu'elle a commise en se dé-
sintéressant, depuis un demi-siècle avant l'année terrible, des
grands travaux de la pensée, particulièrement dans les sciences
exactes. Ceci dit, M. Pasteur entre dans le vif de son sujet,
non sans faire cette remarque que les réflexions qu'il va présenter ont dominé sa vie depuis vingt ans.

*
* *

» J'en pourrais citer de nombreuses preuves ; une seule suf-
fira. Dans une lettre écrite à l'impératrice Eugénie, au mois
de novembre 1868, pour la remercier d'un de ces actes de
bonté ingénieuse dont sa vie était remplie, on trouverait ces
paroles : « La plus grande œuvre à accomplir en ce moment est
d'assurer la supériorité scientifique de la France. »

*
* *

L'auteur montre que notre siècle se distingue de tous ceux
qui l'ont précédé par un prodigieux développement scientifique
et industriel ; qu'à aucune autre époque on ne vit dans une période aussi courte une telle accumulation de découvertes, tant
d'applications nouvelles aux arts, aux industries, au bien-être
matériel des sociétés, et que la France a pris à ce mouvement
une part immense. Il montre que les découvertes modernes se
rattachent par les liens les plus étroits à la grande poussée intellectuelle du dix-huitième siècle, et il ajoute :

*
* *

« L'effroyable bouleversement politique et social qui termina les dernières années du dix-huitième siècle aurait pu retarder pour longtemps la culture des sciences dans notre pays. Non seulement il n'en fut rien, mais on les vit même briller bientôt d'un nouveau lustre, grâce à la création de deux établissements qui furent longtemps sans rivaux en Europe : le Muséum d'histoire naturelle et l'École polytechnique.

*
* *

» C'est en effet au Muséum et à l'École polytechnique, ou à l'ombre de ces grands établissements, de ces institutions nationales, comme on a pu les nommer sans exagération, qu'on vit se concentrer presque tous les efforts de la science française et *la gloire si pure* dont elle a brillé pendant le premier quart de ce siècle. Au Muséum, Geoffroy Saint-Hilaire, Cuvier, Haüy, Brongniart, renouvelèrent la face des sciences naturelles.

» L'École polytechnique était à peine sortie des langes de sa création qu'elle put être proclamée, dans l'Europe savante, le premier des établissements d'instruction. A la voix de ses fondateurs, les Lagrange, les Laplace, les Monge, les Berthollet, les Legendre, l'élite de ses élèves, devenus les émules de leurs maîtres, accomplirent dans les sciences mathématiques et physiques une renaissance qui ne le cédait point à celle que le Muséum inaugurait dans les sciences naturelles. Qu'il me suffise de rappeler les noms célèbres de Prony, Malus, Biot, Fourier, Gay-Lussac, Arago, Poisson, Dulong, Fresnel. Toutes les nations étrangères acceptaient notre supériorité, quoique toutes pussent citer avec orgueil de grandes illustrations : la Suède, Berzélius ; l'Angleterre, Davy ; l'Italie, Volta; l'Allemagne et la Suisse, des naturalistes éminents, de profonds géomètres ; mais nulle part ailleurs qu'en France ils ne furent aussi nombreux, ces hommes supérieurs dont la postérité garde le souvenir. Grâce au Muséum et à l'École polytechnique, héritiers pour les sciences exactes du mouvement d'idées qui, dans l'ordre politique, aboutit à la Révolution de 1789, la seule ville de Paris comptait plus d'inventeurs qu'aucune partie du monde. »

*
* *

M. Pasteur démontre ensuite l'impropriété de cette expression devenue usuelle : les « sciences appliquées ». « Il y a, dit-il, la science et les applications de la science liées entre elles comme le fruit à l'arbre qui les a portés ». Et il ajoute que les découvertes et les inventions ne sont point le fait d'un pur hasard et qu'elles ne peuvent éclore que dans le cerveau d'hommes préparés par de patientes études et de persévérants efforts.

*
* *

Les grandes innovations pratiques, les grands perfectionnements de l'industrie et des arts, le changement, même, dans les rapports des États, sont tous sortis des méditations profondes de mathématiciens illustres, des laboratoires de savants physiciens et chimistes consommés, des méditations de naturalistes de génie.

*
* *

« Or, les pouvoirs publics, en France, ont méconnu depuis longtemps cette loi de corrélation entre la science théorique et la vie des nations ; ils n'ont rien fait pour entretenir, propager, développer le progrès des sciences dans notre pays, qui a vécu sur son passé.

*
* *

» Tandis que l'Allemagne multipliait ses Universités, qu'elle établissait entre elles la plus salutaire émulation, qu'elle entourait ses maîtres et ses docteurs d'honneurs et d'émulation, qu'elle créait de vastes laboratoires dotés des meilleurs instruments de travail, la France, énervée par les révolutions, toujours occupée de la recherche stérile de la meilleure forme de gouvernement, ne donnait qu'une attention distraite à ses établissements d'instruction supérieure.

» Au point où nous sommes arrivés de ce qu'on appelle la civilisation moderne, la culture des sciences dans leur expression la plus élevée est peut-être plus nécessaire encore à l'état moral d'une nation qu'à sa prospérité matérielle. »

* * *

L'illustre savant développe cette idée, puis il expose la situation de la France, au point de vue scientifique, avant la guerre.

* *

« J'ai dit que le Muséum et l'École polytechnique étaient, pour la partie théorique des sciences, les deux seuls foyers de lumière de la France.

» Notre organisation, en effet, n'en a pas comporté d'autre jusqu'à présent. L'École normale supérieure a été trop exclusivement littéraire pour que son influence dans le passé pût être comptée. Naguère encore l'habile physicien, M. Pouillet, en était le premier et le seul représentant à l'Académie des Sciences, tandis que les philosophes, les historiens, les littérateurs qu'elle a formés sont en grand nombre dans les autres classes de l'Institut. La médecine étant malheureusement bien plus un art qu'une science, l'action des Facultés qui en dispensent les connaissances n'a pu être sensible.

Le Conservatoire des Arts et Métiers n'a servi que les progrès de l'industrie. Quant à nos Facultés, la vie leur a toujours fait défaut, pour bien des motifs, mais principalement en ce qui regarde celle des sciences, par l'insuffisance des moyens matériels. »

Il résulte avec évidence de cette situation, estime M. Pasteur, que sous peine de déchéance scientifique, « l'Etat eût dû employer tous les moyens de faire surgir incessamment du Muséum, de l'Ecole polytechnique et de ses annexes, et de tous nos autres établissements d'instruction, une pépinière de savants et d'inventeurs ».

*
* *

« A ce prix seulement, continue-t-il, la France pourrait rester à la hauteur de sa mission et conserver la prééminence qu'elle s'était si justement acquise et qu'aucune nation ne lui contestait, il y a cinquante ou soixante ans. Malheureusement, rien de pareil n'a eu lieu. La triste vérité est que le Muséum et l'Ecole polytechnique ne forment plus de savants. Ces deux établissements n'ont pas cessé d'avoir pour maîtres des professeurs illustres. Quoi qu'on fasse, un pays comme la France produira toujours de grandes individualités scientifiques, mais de ces établissements ne sortent plus, comme autrefois, des hommes voués aux libres efforts de la pensée et à l'étude désintéressée de la nature. Jadis, la plupart des premiers sujets de l'Ecole polytechnique suivaient la carrière des sciences mathématiques et physiques et du haut enseignement. Aujourd'hui, ce fait n'est plus qu'une rare exception. Ce n'est pas que les élèves de cette grande Ecole soient moins nombreux qu'autrefois, ou moins capables que leurs aînés, les Malus, les Poisson, les Frenel, d'illustrer leur pays par de fréquentes découvertes; mais le cours des choses les invite à porter le fruit de leurs veilles dans les opérations de l'industrie, telles que l'exploitation des mines, la construction des chemins de fer...

» Des circonstances d'une autre nature, mais qui se rattachent aux mêmes erreurs, ont affaibli le Muséum et compromis la fécondité de son enseignement et de ses travaux. Pénurie des ressources matérielles, amoindrissement des situations, suppression des chaires, galeries et laboratoires délabrés, sont autant de causes qui ont éloigné des sciences naturelles les aptitudes les plus décidées.

» On n'a pas compris que ce déplacement, légitime d'ailleurs, de l'énergie de l'Ecole polytechnique créait dans la nation, au préjudice de la science, une immense lacune pouvant avoir les conséquences les plus funestes.

» Si vous doutez de la vérité de ce que j'avance, demandez aux hommes compétents quel est le nombre des naturalistes que le Muséum a formés depuis trente ans, par exemple, et quels sont, pour le même intervalle, les mathématiciens, les astronomes, les physiciens, les chimistes sortis de l'Ecole polytechnique. On ose à peine songer à l'état d'abaissement où serait tombée, de nos jours, la science française, si des hommes privilégiés, formés seuls et sans maîtres officiels, tels que Claude Bernard, Foucault, Laurent et Gérhardt, Fizeau, Deville, Wurtz, Berthelot, n'avaient surgi du sein de la nation, comme autrefois les Chevreul, les Dumas, les Boussingault et les Balard. »

*
* *

Chemin faisant, M. Pasteur émet ensuite un jugement historique qu'il convient de signaler.

« Des esprits superficiels, ou qu'abuse la passion politique, font hommage à l'idée républicaine de toutes les grandes choses accomplies par la Convention ou le Comité de Salut public.

Inauguration de l'Institut Pasteur en présence de M. Carnot,
Président de la République française.

» L'histoire condamne absolument cette opinion. Le salut de
la France a été la conséquence exclusive de sa supériorité
scientifique. »

.·.

Aussi, le savant ne fait-il qu'avec douleur la comparaison des
services que la science a rendus à la patrie pendant la Révolution et pendant la guerre de 1870, et il en tire cette triste
conclusion que la prééminence, due à la science, s'était dé-
placée :

.·.

« Sans rien sacrifier du développement de son agriculture et
de son industrie, tout en donnant aux applications des sciences
le soin qu'elles réclament, cette nation rivale avait su porter la
meilleure part de sa considération et de ses sacrifices sur les
travaux de l'esprit dans ce qu'ils ont de plus désintéressé, à ce
point que le nom de l'Allemagne est lié en quelque sorte, par
une association d'idées naturelles, à celui d'universités...

» Elle a compris, cette nation, qu'il n'existe pas de sciences
appliquées, mais seulement des applications de la science, et
que ces dernières ne valent que par les découvertes qui les
alimentent, tandis que la préoccupation constante de nos
hommes d'Etat, depuis cinquante ans, touchant l'instruction
publique, a eu principalement pour objet les enseignements
primaire et secondaire. Ils ont abandonné les hautes études, les
sciences en particulier, et l'instruction supérieure à la seule
impulsion qu'elles avaient reçue du mouvement de rénovation
des sciences au dix-huitième siècle...

» L'enseignement élémentaire ne peut porter d'heureux fruits
que s'il est animé du souffle d'un grand enseignement national. »

* *

M. Pasteur constate que, en 1870, les hommes supérieurs ont manqué, « pour mettre en œuvre les immenses ressources de la nation » et il montre, par une citation d'Arago, comment, grâce au progrès des sciences dans les cinquante années qui précédèrent la Révolution, la France de 1892 multiplia, au contraire, ses forces par le génie de l'invention et vit surgir à point·nommé, pour sa défense, des hommes dont on a.pu dire qu'ils surent organiser la victoire.

Et l'illustre savant termine par cette apostrophe, empreinte d'un patriotisme si ardent, si sincère et si pur :

« O ma patrie! Toi qui as tenu pendant si longtemps le sceptre de la pensée, pourquoi t'être désintéressée de ses plus nobles créations? Elles sont le flambeau qui illumine le monde, la source vive de tous les grands sentiments, le contre-poids à l'entraînement vers les jouissances matérielles.

» La barbarie native et le farouche orgueil de tes ennemis en ont fait un instrument de haine, de dévastation, de carnage. Entre tes mains elles eussent été la lumière de l'humanité, et, au moment du péril suprême, tu aurais vu apparaître, sous leur inspiration, des organisateurs comme Carnot, et des capitaines plus habiles encore que les lieutenants de Bonaparte. »

* *

Il n'oublia point l'Alsace-Lorraine et, tout récemment, au mois de juin dernier, lors des fêtes de Kiel, il refusa la décoration du Mérite de Prusse, que Guillaume II lui faisait offrir par l'Académie de Berlin.

Il répondit qu'il remerciait l'Académie des Sciences de Berlin, mais que, s'il se trouvait honoré comme savant, *il ne pou-*

*vait, comme Français, oublier la guerre de 1870 et que jamais
il ne saurait accepter une décoration allemande.*

On remarquera d'ailleurs que l'empereur d'Allemagne, qui
a envoyé des télégrammes fameux pour la mort de Meissonier
et pour celle de Carnot, n'a, jusqu'ici du moins, rien écrit à
propos de la disparition du grand savant.

A l'occasion du refus de l'ordre du Mérite de Prusse,
M. Féry d'Esclands avait voulu organiser une manifestation à
l'Institut de la rue Dutot.

Pasteur refusa par la lettre suivante, où se retrouve toute sa
modestie :

« Cher monsieur Féry d'Esclands,

» Je suis extrêmement touché des sentiments que vous avez
exprimés.

» Mais laissez, je vous prie, à ce que j'ai fait en toute simplicité, un caractère très simple.

» Je ne veux ni manifestation, ni souscription.

» Veuillez agréer, monsieur le comte, les assurances de mes
sentiments les plus distingués.

                                        » L. PASTEUR. »

Cette lettre si digne est la dernière qu'ait écrite le grand
savant.

*
* *

Le noble esprit qui vient de s'éteindre n'hésitait pas à se
faire le conseiller de la jeunesse. Devant elle, en un bel élan
d'enthousiasme, il affirmait, paisible et radieux, « les peuples
unis non pour détruire, mais pour édifier ». Et toujours, même
au milieu de ses plus ardentes préoccupations de savant, il
revenait à l'idée de la patrie.

« Vous appartenez, mes chers amis, écrivait-il à un groupe d'étudiants, vous appartenez à un noble pays qui, depuis près de deux mille ans, n'a pas cessé de tenir dans le monde une place éminente. A travers ce long déroulement de siècles, il a traversé bien des périodes d'épreuves ; mais son énergique vitalité en est toujours sortie triomphante, avec un patrimoine toujours accru de gloire et de civilisation.

» A vous de continuer l'œuvre de vos devanciers ! Vous devez vous armer de bonne heure et vous exercer en vue de la mêlée ardente qui vous attend. Préparez-vous-y courageusement, mais ne vous effrayez pas trop ! Et gardez l'enthousiasme pour les choses grandes et belles, ayez les saines et nobles aspirations, et permettez-moi d'espérer que la génération qui grandit se montrera toujours davantage bonne, compatissante, presque tendre à l'égard des faibles, des souffrants et des malheureux. »

Il n'y a rien à ajouter à cette suprême exhortation qu'adressait l'illustre vieillard, déjà près du tombeau, à la jeunesse française.

Laboratoire des élèves à l'Institut Pasteur.

CHAPITRE IX

L'INSTITUT PASTEUR

VANT d'être installé rue Dutot, l'Institut Pasteur n'en existait pas moins, car il a été fondé de fait le jour où les malades arrivèrent se faire soigner au laboratoire de Pasteur.

Il a donc été d'abord rue d'Ulm, dans une dépendance de l'École normale, et ensuite, non loin de là, rue Vauquelin, 14.

Un des reporters du *Figaro*, M. Chincholle, qui l'a visité dans ce dernier local, le lendemain du jour où l'on y amena douze Alsaciens mordus par le même chien, nous en a ainsi donné la physionomie :

« En l'absence de l'inventeur du virus rabique, dit-il, l'établissement est dirigé par un de ses élèves, le docteur Roux, qui, deux fois par jour, applique le traitement.

» Quand j'arrive, la cour est pleine de monde. Il y a là une soixantaine de personnes qui attendent. Quelques hommes, beaucoup de femmes, un grand nombre d'enfants. Tout cela grouille, cause, rit. Loin des groupes, pourtant, se tiennent isolément trois hommes et une femme, qui ont les traits contractés, le regard horizontal, le teint presque bleu.

» Il faut traverser ce monde pour entrer dans l'Institut dont la porte est ouverte. Je demande à un appariteur :

» — Est-ce que tous ces gens-là sont enragés ?

» — Tous mordus, oui. Mais enragés, non. Aucun d'eux ne le sera peut-être. Étant menacés, ils viennent se faire traiter. Pendant les cinq premiers jours, on leur donne deux inoculations : la première, le matin, à onze heures ; la seconde, le soir, à neuf heures. A partir du sixième jour, on ne leur en donne plus qu'une le matin.

» Mais voici le docteur Roux, un jeune homme de trente ans environ, qui a la voix rude d'un capitaine de vaisseau. On voit qu'il est habitué à faire manœuvrer deux fois par jour tout un bataillon de mordus. Il a l'air de n'être inquiet de rien. Il parle de ces douze malheureux Alsaciens, menacés de la rage, comme s'il avait à soigner de petites indispositions ordinaires. Les huit enfants ont été mordus à la tête. L'un d'eux est dans un état déplorable.

» Je demande à les voir. Il me fait entrer dans la salle où tous vont défiler. Au milieu de cette pièce est réservé, entre trois grillages, un petit emplacement où se tiennent le docteur et son appariteur. Par le côté ouvert, viendront les gens à soigner.

» L'appariteur a devant lui six coquetiers dans lesquels sont des vaccins de différentes forces et un petit fourneau sur lequel bout de l'huile.

» On commence à donner aux blessés le vaccin le plus ancien.

» Le docteur Roux tient à la main un petit carré de papier qui porte, sur six colonnes, les cinquante-huit noms des personnes à soigner.

» Chaque colonne correspond à un vaccin.

» Il dit à son appariteur : « Vingt-cinq janvier. » Celui-ci

Salle d'attente des malades à l'Institut Pasteur.

prend une petite seringue à injections sous-cutanées. Il trempe l'aiguille dans l'huile bouillante et fera de même après chaque injection. Il m'explique que, si les blessés avaient une maladie contagieuse, l'huile bouillante servirait à laver l'aiguille et à la rendre inoffensive.

» Le docteur Roux appelle les noms qui se trouvent dans la première colonne. Le défilé va commencer.

» Un blessé s'approche. C'est un Portugais qui a été mordu à la main. Il enlève son paletot et met ses reins à nu.

» — Vous savez, dit le docteur, que je ne pique jamais du même côté. Où vous ai-je piqué ce matin ?

» — A droite.

» — Donnez-moi le côté gauche.

» Le blessé lui obéit. M. Roux prend entre deux doigts un peu de chair dans la région de la rate. L'appariteur tend sa seringue, qu'il vient de tremper dans le coquetier désigné par la date. Le docteur pique. Le blessé, qui a vingt-cinq ans à peu près, ne bronche pas, se rhabille et s'éloigne.

» — A un autre.

» Cela va très vite. Cette piqûre doit enfiévrer un peu le côté, car il est certains mordus qui ont sur la chair une grande place toute rouge.

» La plupart de ces gens ont des noms étrangers. Ils sont Portugais, Russes, Polonais; quelques-uns sont venus d'Amérique. Mais ce sont principalement les figures qui m'intéressent. En vérité, presque toutes sont plus que réjouies. Seuls les quatre blessés, que j'ai déjà remarqués en entrant, ont sur le masque une profonde tristesse. Ceux-ci n'ont pas la foi. Ils ont peur.

» Après l'injection, un petit garçon dit : « Merci, monsieur le docteur. »

» Mais les enfants au-dessous de cinq ans ne sont pas contents. La piqûre les fait pleurer. Ceux qui ont déjà été piqués le matin hurlent d'avance.

» Le docteur appelle les Alsaciens.

» Trois d'entre les huit enfants ont la face affreusement mutilée. Vient le petit garçon de douze ans qui est si abîmé. Tout le côté gauche de sa figure n'est qu'une plaie, naturellement cachée par de petites bandes.

» La mère, assez vieille, mordue également, mais s'oubliant elle-même, dit en montrant le petit :

» — Ça ne sera pas grave, docteur?

» — Mais non.

» Et le défilé continue. A côté de moi est un savant étranger qui suit les expériences.

» Aussitôt après l'inoculation, les blessés regagnent la cour, où ils s'attendent l'un l'autre pour sortir. Presque tous habitent ensemble, dans les hôtels voisins. Les douze Alsaciens sont rue des Fossés-Saint-Jacques, à l'hôtel d'Alger.

» Je m'étonne de les voir ainsi partir librement et se répandre dans les rues. L'un d'eux ne pourrait-il subitement devenir enragé?

» Il n'en serait pas plus dangereux, me dit-on. Les animaux seuls mordent. Les hommes se contentent de mourir.

» Et comme je me retire, je me croise avec un Anglais. Lui aussi a été mordu et soigné. Il a traversé, sain et sauf, une période dangereuse qui, on le sait, diffère avec l'âge. Il vient remercier le docteur. Qu'il ait été ou non réellement menacé, il va chanter dans son pays la gloire de Pasteur. »

*
* *

C'est en novembre 1888 qu'a été inauguré l'Institut Pasteur, élevé au moyen d'une souscription publique. Cette *inauguration* fut l'occasion d'une fête solennelle, mais touchante plus encore que solennelle. La création de cette magnifique institution honore la France, qui en a pris l'initiative.

Au milieu des luttes violentes de la politique, des discussions passionnées ou injurieuses, des haines aveugles, quoi de plus réconfortant que cet hommage unanime rendu à la science, hommage qui est en même temps un acte grandiose de noble charité !

L'Institut Pasteur est situé à Vaugirard, au numéro 25 de la rue Dutot, où il occupe un espace de 11,000 mètres environ. Il se compose de deux grands corps de bâtiment parallèles réunis par un troisième, perpendiculaire aux deux premiers et qui en occupe l'axe. Des bâtiments annexes sont construits dans le jardin et dans les cours.

C'est à droite, dans le bâtiment en façade sur la rue Dutot, que se trouvait le logement de M. Pasteur. Son laboratoire était à gauche, au rez-de-chaussée. Là aussi se trouve tout ce qui concerne le service de préparation et d'expédition des vaccins charbonneux et autres ; au premier, se trouve une belle salle carrée, dont le plafond, à caissons, est soutenu par des colonnes cannelées, et qui sert de bibliothèque.

La lumière y arrive par neuf grandes fenêtres ; le centre est occupé par une table couverte de journaux scientifiques ; autour de la salle, il y a des vitrines contenant les ouvrages et les collections.

Le logement des préparateurs se trouve placé au-dessus de la bibliothèque.

Ce corps de bâtiment a tous ses étages en communication avec ceux du second corps de batiment par de grandes galeries larges de 4 mètres 50, fort bien éclairées.

Le second corps de logis est entièrement occupé par les laboratoires et divisé en deux ailes.

C'est dans l'aile droite que se trouve, au rez-de-chaussée, le service de la rage.

* *

Les malades entrent d'abord dans une salle d'attente entourée de bancs, chauffée et bien éclairée. Ils passent, de là dans la pièce qui sert à l'enregistrement et à la vérification des présences : puis de celle-ci dans la salle où on les inocule. Ceux d'entre eux qui éprouveraient un malaise passager trouveront à côté, dans une petite salle spéciale, un lit de repos et des

soins. Les autres iront, sans mélange possible avec ceux qui
arrivent par le couloir central, en s'arrêtant, si cela est nécessaire, dans une salle affectée au pansement des plaies amenées
par la morsure. Une salle d'archives, une salle d'opérations, un
lavabo et des cabinets spéciaux complètent le service. Tout à
côté se trouve la salle de préparation des moelles. Des étagères
fixées au mur permettent d'exposer les flacons contenant les
moelles à l'action d'une température de 23°, maintenue constante
par un poêle à gaz muni d'un régulateur. Un tambour intérieur réduit les rentrées d'air extérieur quand on ouvre la porte.
Disons tout de suite, pour terminer ce qui est relatif à ce service,
que les lapins trépanés et en incubation de la rage occupent,
dans le jardin, un local spécial, chauffé aussi à température
constante de façon à uniformiser autant que possible les périodes d'incubation et à amener leur mort à quelques heures près
au bout du temps voulu. Une disposition spéciale des cages
dans lesquelles restent renfermés ces animaux permet de
changer leurs litières et de les maintenir propres pendant toute
leur période de survie, spécialement dans les derniers jours,
au moment où ils deviennent paralytiques, et cela sans qu'il soit
nécessaire d'ouvrir la cage. Une gouttière à parois de verre,
placée au-dessous des cages et parcourue par un courant d'eau,
sert à enlever les urines et toutes le immondices qui passent au
travers du sol troué des cages.

Aile de gauche. — Nous trouvons dans cette aile des
services très distincts. Citons d'abord une salle de cours
pouvant renfermer en tout une cinquantaine d'auditeurs, et
séparée du laboratoire attenant par une grande baie qui,
ouverte, permet de voir de la salle de cours ce qu'on fait
dans le laboratoire, mais qui peut être fermée, soit par un
grand tableau noir, soit par une glace dépolie pour les projec-
tions lumineuses. Cette salle de cours sera normalement celle
du cours de chimie biologique de la Sorbonne, que l'adminis-

tration a désiré voir transporter à l'institut Pasteur et qui y entre en effet avec son personnel, son matériel et ses crédits. M. Duclaux, qui est en ce moment le titulaire de cette chaire, ouvrira donc en février dans cette salle un cours de même nature que celui qu'il a fait jusqu'ici à la Sorbonne; mais ce cours ne sera pas le seul professé à l'Institut Pasteur. En dehors du cours de microbie pratique professé par M. Roux, on demandera de temps en temps, soit aux travailleurs de l'institut, soit à des personnes étrangères, des exposés de leurs travaux et de leurs plus récentes découvertes. A cette habitude qui existe déjà dans plusieurs laboratoires de France et de l'étranger, professeurs et auditeurs trouvent également leur compte. A côté de la salle de cours se trouve un laboratoire photographique destiné surtout à la reproduction des objets microscopiques. Dans la salle voisine de l'amphithéâtre, est disposé l'appareil photographique de M. Roux. Les deux pièces contiguës serviront de salle de manipulation et de chambre noire.

A l'extrémité du pavillon, à droite et à gauche du couloir central, on trouve deux pièces carrelées destinées aux recherches sur les animaux aquatiques. Elles forment une partie du domaine de M. Metchnikoff qui y a installé divers aquariums. Les deux pièces marquées sur le plan, opérations et dissection, serviront surtout aux expériences sur les grands animaux qu'une porte, à plain-pied du sol, permet d'y introduire le pavé bétonné en pente vers un égouttoir; permet de les nettoyer du sang et des immondices auxquels donne toujours lieu toute opération ou toute dissection. Enfin le restant de cet étage est occupé par un magasin et un laboratoire affectés aux services généraux. C'est là que sera faite la préparation en grand des bouillons, de la verrerie flambée, de l'eau distillée, de l'alcool absolu. Là se trouvera aussi le souffleur de verre, chargé de fournir aux travailleurs les plus simples des objets en verre soufflé, dont ils pourraient avoir besoin pour leurs études.

Un large escalier, placé au fond de la galerie centrale, met les laboratoires du rez-de-chaussée en communication facile avec ceux des étages supérieurs dont nous allons parler.

Premier étage. — Le premier étage se compose de deux parties symétriques, à droite et à gauche de la galerie. Celle de gauche est consacrée à la microbie générale ; celle de droite à la microbie pratique, à laquelle préside M. Roux ; dans les deux un couloir central conduit à une vaste salle de travail carrée, ayant à peu près 12 mètres de côté et éclairée par neuf grandes fenêtres ; sept tables de travail occupent le pourtour de la salle. Elles sont couvertes d'une plaque épaisse de lave de Volvic, émaillée à la surface et ayant l'aspect d'une immense plaque de porcelaine. Elles sont à deux places. Chaque travailleur aura devant lui dans la direction de la fenêtre son microscope et ses instruments de travail, à côté, à sa droite ou à sa gauche du gaz qu'il pourra conduire où il voudra, et de l'eau qu'une cuvette également en lave émaillée laissera écouler dans un caniveau qui fait le tour du laboratoire ; une planchette à tiroir, placée de l'autre côté de l'avancement central qui porte la cuvette, permet au travailleur de se faire un petit réduit où il est entouré de tout ce qu'il lui faut. Mais la consigne générale est qu'à la fin de la journée tout ce qui est sur les tables, sauf le microscope, soit enfermé dans les deux petites armoires fixées à la muraille et mises à la disposition du travailleur. Cela est absolument nécessaire pour le nettoyage journalier de la salle et des tables. Il en sera de même pour les deux tables placées parallèlement l'une à l'autre, au centre de la salle et sur lesquelles se feront toutes les grosses opérations de chimie : évaporations, distillations, calcinations etc., qui seraient impossibles sur les tables d'élèves ; de même encore pour les paillasses placées sous les hottes. Sous ces hottes, les travailleurs trouvent les fours à flamber et les autoclaves nécessaires.

En outre des étuves d'Arsonval, laissées dans le laboratoire commun, les élèves auront à leur disposition une étuve commune qui se compose en réalité de trois pièces : une pièce d'entrée à température un peu variable contenant l'appareil de chauffage et destinée surtout à servir de matelas d'air ; une seconde pièce ayant à peu près deux mètres sur deux mètres cinquante et deux mètres de hauteur, est chauffée par circulation d'eau chaude et sera l'étuve véritable ; au-dessus d'elle et chauffée par son voisinage se trouve une autre pièce à température intermédiaire entre celles des deux précédentes. Cet ensemble d'étuves n'a que des surfaces de refroidissement très faibles ; il est limité partout par des toisons intérieures. Il est séparé du mur des pavillons par une pièce qui sert de laverie et où va se réunir toute la verrerie salie dans le laboratoire. Le laboratoire du préparateur, contigu avec ce laboratoire commun et communiquant directement avec lui, permet un contact continu et une surveillance constante : c'est seulement par ce laboratoire qu'on peut pénétrer dans la salle des collections dont le préparateur reste responsable. Un lavabo-vestiaire et un laboratoire destiné surtout aux grosses opérations de chimie biologique complètent ce qui est nécessaire au service.

Le laboratoire et le cabinet du chef de service sont placés symétriquement dans les deux ailes de l'entrée du couloir qui conduit au laboratoire commun.

Second étage. — Le second étage ne contient plus de laboratoire d'enseignement. Il est formé d'une série de pièces desservies par un couloir et destinées à devenir des laboratoires de recherche aménagés au gré des savants qui les occuperont. Ces savants y auront toute liberté pour leurs travaux et pourront au besoin réclamer les conseils et la direction de l'un quelconque des chefs de service de l'Institut. Néanmoins, tout ce qui concerne le matériel et le fonctionnement de leurs laboratoires restera placé sous la conduite et la responsabilité du chef du service installé dans l'aile où ils seront reçus. Dans l'aile gauche est le service de la microbie appliquée à l'hygiène, sous la direction de M. Chamberland ; dans l'aile droite, le service de la microbie comparée sous la direction de M. Cama-leïa.

Dans chacun de ces services il y a, en dehors des étuves par-

La lapinière à l'Institut Pasteur

ticulières dont les travailleurs pourraient avoir besoin, une étuve générale, construite sur le modèle de celle du premier étage, mais plus vaste, et en outre un laboratoire commun pour toutes les opérations (flambage, préparation) des gélatines ou des bouillons, etc., qui exigent un outillage spécial et d'usage intermittent.

Annexes. — Dans le jardin qui entoure le bâtiment principal se trouvent disséminées d'autres constructious moins importantes, formant les annexes nécessaires au fonctionnement régulier. C'est d'abord un bâtiment parallèle au grand pavillon des laboratoires et contenant une écurie pour les animaux en expérience. Ces animaux sont contenus dans des cages à claire-voie supportées par des traverses de fer au-dessus d'un sol bitumé avec une pente pour le lavage à grande eau. Aux deux extrémités de l'écurie ont été réservées trois petites salles pour les opérations des petits animaux qu'on viendra traiter, peser ou étudier sur place sans avoir besoin de les transporter pour cela dans les laboratoires. Au-dessus se trouvent des logements, et un campanile élégant contient une horloge. Vient ensuite un chenil très bien aménagé pour les chiens en expérience. Chacun a sa cage spéciale où il peut être tenu propre, surveillé, nourri, sans que celui qui s'en occupe entre en contact avec lui. Sur la même figure, au second plan, on voit les portes d'entrée d'une série d'écuries à sol bitumé, destinées à contenir les animaux en réserve, ou éventuellement les animaux en expérience qui exigeraient un isolement spécial. C'est dans une de ces pièces que se trouve l'écurie des lapins enragés dont nous avons parlé plus haut.

Ajoutons enfin, pour terminer, un poulailler, une volière et des écuries pour les grands animaux, tout cela construit de façon à pouvoir être non seulement tenu dans un état de propreté parfaite, mais de façon à pouvoir supporter un flambage ou au moins un lavage à l'eau bouillante et ne présentant nulle part de surface et de cloisons poreuses dans lesquelles les germes pénètrent et deviennent inaccessibles à tous les moyens de destruction. D'une manière générale, du reste, on s'est préoccupé dans tous les services d'arriver à une propreté absolue et d'assurer l'innocuité parfaite, non seulement pour les travailleurs, mais encore pour le voisinage de toutes les opérations, quelles qu'elles soient, qu'on fait dans ces laboratoires. A cet égard, le passé répond de l'avenir. Voilà douze ans qu'on fait tant au laboratoire de M. Pasteur, situé dans les jardins et au contact de l'Ecole normale que dans la rue Vauquelin, pour ainsi dire sous les fenêtres des hôtels en bordure sur la rue, les manipulations sur les maladies les plus dangereuses, sans qu'ait été soulevé le moindre incident.

*
* *

Il faut dire que ce n'est pas seulement en France que l'œuvre de Pasteur est utilisée. C'est dans le monde entier. Sur le modèle de l'Institut Pasteur de Paris, on a élevé des établissements aux quatre coins du globe.

On en compte 7 en Russie, 1 à Tiflis, 4 en Italie, 4 aux Etats-Unis.

Il y en a aussi à la Havane, à Buenos-Ayres, à Constantinople, dans les Indes anglaises et même en Australie.

D'anciens élèves ou des préparateurs de Pasteur sont allés au loin porter la parole du maître :

A Sydney le docteur Adrien Loir ; à Siam, le docteur Yersin ; à Saïgon, le docteur Calmettes et bien d'autres encore (1).

(1) Ce foyer de lumière grandit tous les jours, et le maître vénéré a vécu assez longtemps pour avoir vu germer les semences fécondes qu'il avait répandues autour de lui.   (Docteur G. DAREMBERT.)

CHAPITRE X

Après avoir parlé de Pasteur, de ses admirables travaux, il est de toute justice de donner quelques notes sur ses collaborateurs, qui l'ont aidé dans ses recherches et qui continuent si dignement son œuvre pour le bien de tous et la gloire de la France.

* *

M. Duclaux, le fondateur des *Annales de l'Institut Pasteur*, est membre de l'Académie des Sciences et professeur de chimie biologique à la Sorbonne. C'est en 1862, au sortir de l'École normale, que M. Duclaux devint le préparateur et l'ami de Pasteur, avec lequel il n'a cessé de collaborer. Un détail raconté par M. Blanchon, dans le *Figaro*, nous montrera ce que vaut cet homme d'honneur.

« Sur les 4,000 francs qui constituent son traitement, dit-il, cet homme, qui n'est pas riche et qui habite un appartement de chartreux, alors qu'il eût pu faire fortune avec les industries qu'il a rendues prospères, abandonne chaque année plus d'un millier de francs à l'institut Pasteur. Une partie de cette somme est destinée à améliorer le menu des repas que prennent, au légendaire restaurant du *Microbe d'Or*, les jeunes gens attachés aux laboratoires (1). »

On ne saurait trop prodiguer à M. Roux, l'illustre élève de Pasteur, des témoignages de reconnaissance pour ses merveilleux travaux (2).

C'est en 1879 que le Dr Roux est devenu le collaborateur de Pasteur. On sait qu'à cette époque l'Institut n'existait pas encore. C'est dans le laboratoire de l'École normale, dont l'État lui avait laissé la libre disposition, que Pasteur poursuivait ses recherches. Il voulait aborder l'étude des infiniment petits dans les organes vivants, mais étant uniquement chimiste, il n'avait pour préparateurs que des chimistes. Il lui fallait un médecin : il demanda donc au doyen de la Faculté de médecine, le Dr Vulpian, de lui désigner un jeune médecin ayant le goût et l'amour de la science pure pour l'attacher à son laboratoire. Ce fut le Dr Roux que choisit M. Vulpian.

(1) Rappelons que c'est dans la maison et le laboratoire de M. Duclaux que Pasteur trouva asile pendant le siège de Paris.

M. Duclaux avait commencé par être professeur de chimie au lycée de Tours, puis à la Faculté de médecine de Clermont-Ferrand.

(2) Rappelons à ce sujet, que le 10 novembre 1893, une délégation des Sauveteurs de la Seine était venue à l'Institut Pasteur, remettre à M. Roux un grand diplôme d'honneur que la société des Sauveteurs avait décidé, à l'unanimité, de lui décerner. M. Gomot, sénateur, lui ayant remis ce diplôme avec les félicitations les plus éloquentes et les plus justifiées, M. Roux lui répliqua en souriant :

— Mais je ne suis pas sauveteur de la Seine.

A quoi, M. Gomot lui répondit :

— Sauveteur ? Vous êtes, au contraire, le plus grand et le plus illustre de tous ! Vous êtes le grand sauveteur, celui que bénissent toutes les mères ; et quant aux amis, aux membres de notre société, ils se connaissent en actes de courage et de dévouement et ils vous acclament...

C'est avec bonheur que Pasteur, souffrant, avait accueilli ce témoignage rendu à son élève.

Le choix ne pouvait être plus heureux. Très travailleur, le D' Roux était aussi très perspicace. En peu de temps, il se mit vite au courant des nouvelles méthodes et se signala bientôt par l'originalité de ses vues, et fut, dès lors, associé à toutes les découvertes de Pasteur : vaccin du charbon et des autres maladies des animaux domestiques, vaccin de la rage, etc.

Il n'a guère dépassé la quarantaine, et déjà ses œuvres suffiraient à remplir une vie de sexagénaire ; il est vrai qu'il travaille sans désemparer douze ou treize heures par jour. Il est d'une race vigoureuse de travailleurs de l'Auvergne. Il est long, maigre et blond avec une toute petite tête où brillent deux yeux très vifs, un regard perçant, deux yeux chercheurs d'homme qui veut tout connaître. Il a l'air d'un ascète. Sa mise, qui tient de celle du quaker ou du ministre anglican, est d'une austérité imprévue. Sa boutonnière est ornée de la rosette d'officier de la Légion d'honneur depuis le 27 décembre 1892, jour de l'inoubliable jubilé de M. Pasteur à la Sorbonne.

« Au surplus, si vous voulez le voir, allez-vous-en rue Dutot, dans les solitudes lointaines de Vaugirard, où est installé *l'Institut Pasteur, car c'est là seulement que vous aurez chance* de le rencontrer.

» Ce savant est un homme très généreux, infiniment bon. Comme il n'est pas marié, il vit avec sa sœur, veuve d'un professeur du lycée du Puy, et il s'occupe de ses enfants avec une extrême sollicitude. Mais sa bonté s'étend bien au delà de ses proches. On a raconté ces jours-ci avec quel dévouement il avait prodigué ses soins à l'hôpital des Enfants ; mais ce qu'on aurait pu ajouter, c'est que souvent, cet hiver, depuis qu'il tenait le remède du croup, il est allé s'atteler au chevet des petits malades qu'on lui signalait dans les quartiers les plus éloignés de Paris et qu'il passait là des nuits entières sans demander autre chose, au lendemain matin, qu'une parole de remerciement ou de reconnaissance.

» Son désintéressement est extraordinaire. On n'est pas bien sûr qu'il touche en entier son faible traitement de chef de service à l'Institut Pasteur. Ceux qui le connaissent disent qu'il est d'un autre âge, tant il fait fi de l'argent, tant il dédaigne les jouissances ordinaires. Il apporte dans son ardeur à servir la science et l'humanité une véritable foi d'apôtre, et c'est pour tant de mérites qu'il a conquis l'inaltérable affection de son illustre maître.

» La renommée vient malgré lui le chercher, lui qui jamais n'avait songé à elle. Elle ne changera rien à ses habitudes laborieuses, elle ne fera que l'exciter davantage à agrandir le cycle des conquêtes de la médecine et à accroître les bienfaits de l'art de guérir. Encore une fois, c'est un homme d'un autre âge (1) ! »

Notre confrère, M. Adolphe Brisson, qui faisait, en 1894, une visite à l'Institut Pasteur, a tracé ce charmant portrait du Dr Roux :

« Le visage est long et maigre, dit-il, presque ascétique ; les vêtements d'une simplicité, d'une austérité luthérienne, jaquette noire, gilet montant jusqu'au col. N'était la rosette qui brille à la boutonnière, on croirait avoir affaire à un quaker d'outre-Manche. M. Roux a la parole remarquablement agile, mais non point fleurie ; il s'exprime clairement, il ne cherche pas à faire de l'esprit avec ses microbes, ainsi que certains médecins que je connais et qui se jouent élégamment parmi les choléras et les fièvres typhoïdes, et improvisent de belles phrases sur les misères de l'humanité. On sent que cet homme est né pour l'étude. Médiocrement payé (c'est tout au plus s'il touche un traitement de chef de bureau), il demeure, de l'aube au crépuscule, courbé sur sa tâche. *Et c'est un usage, dans cette noble maison de l'Institut Pasteur, de travailler pour la gloire et non pour*

(1) Marc Landry.

Le Docteur Roux dans son laboratoire.

l'argent. Les préparateurs de M. Roux, MM. Martin et Chaillon, internes des hôpitaux, deux jeunes savants qui collaborent à ses travaux sur la diphtérie, et qui s'y passionnent, s'accommodent d'émoluments que mépriserait un simple ouvrier. Ah ! s'ils voulaient tirer parti commercialement de leurs découvertes, ils auraient bientôt gagné des millions. Je sais des financiers qui seraient tout prêts à constituer des sociétés pour l'exploitation de leurs brevets. Les savants d'Allemagne et d'Amérique ne connaissent pas ces scrupules. Le Dr Koch vend fort cher les produits de son laboratoire dont il a fait une usine. Et l'illustre Édison, grâce au téléphone et au phonographe, est en train de devenir aussi riche que Jay Gould. Peut-être ont-ils raison de se montrer bons commerçants. Peut-être le désintéressement de M. Pasteur et de ses disciples est-il excessif et chevaleresque... Il honore en tout cas notre pays... Nous quittons M. Roux au seuil de son cabinet, et le Dr Martin nous fait les honneurs de l'Institut...

— Avez-vous, en ce moment, beaucoup de malades pour la rage ?

— Trente à quarante par jour, répondit le docteur Martin. Il nous en vient de tous les pays, et principalement d'Angleterre, où les ligues contre la vivisection sont nombreuses et puissantes, et où l'on n'ose fonder un établissement semblable à notre Institut...

» ... Nous traversons de longs et larges couloirs, des laboratoires nus et bien éclairés. On nous montre, dans une armoire, une collection de petits tubes à demi remplis de substances liquides ou gélatineuses.

— Voici, nous dit M. Martin, la collection des plus terribles maladies de l'humanité. Tous les microbes sont là, conservés et collectionnés, depuis le microbe de la peste jusqu'au microbe du tétanos.

... Voyez-vous ces microbes lâchés par le monde ! Quel cataclysme! Et, tandis que le docteur Martin manie en souriant ces petits tubes, je crois lire un chapitre du *Diable boiteux*.

» La notion du réel s'efface, le franc visage de notre guide nous semble prendre une expression fantastique.

» ... Au moment de prendre congé, je demande à parcourir les pavillons où sont enfermés les animaux. Triste spectacle pour une âme sensible! Ils sont là, languissants, l'œil vitreux et morne, enfermés dans des cages de fer : petits cochons d'Inde, lapins de toutes tailles, souris grises. Je remarque, en passant, un amour de lapin blanc auquel la rage a été inoculée...

Un tremblement convulsif agite ses pattes, ses flancs halètent; *il se tord sur les feuilles de chou qui lui servent de litière.* Mais ce sont surtout les chiens qui font mal à voir. On me désigne un pauvre toutou qui sert aux expériences et qui est enfermé depuis huit ans. Huit ans de captivité!

» Louis XI ne fut pas plus cruel envers La Ballue. Et La Ballue avait conspiré contre l'Etat.

» Je ne conseille pas aux membres de la Société protectrice des animaux d'aller rendre visite à M. Pasteur! »

On sait que le Dr Roux est béni de toutes les mères, qu'il a découvert le vaccin du croup, ce fléau terrible qui tuait tant de bébés (1).

Qui n'a entendu parler de cette terrible affection?

C'est sournoisement que survient le croup ; pendant quelques jours, l'enfant souffre de la gorge, a de l'abattement, un peu de

---

(1) Depuis bien des années, M. Roux fait, à l'Institut Pasteur, un cours si recherché, qu'il faut s'inscrire dix-huit mois à l'avance pour y trouver place; on y vient de tous les pays; on peut dire qu'il a initié à la technique tous les savants français — et ils sont légion — qui s'occupent actuellement de microbes et de toxines.

Je ne crois pas qu'il soit possible de travailler plus que ne fait cet homme à l'air débile et souffreteux. Il ne connaît point le repos, et jamais rien n'a prévalu contre cette idée qui le mène : faire des bons travaux scientifiques et des découvertes utiles — non pour sa propre renommée, — mais pour la gloire de l'Institut Pasteur, de cette chère maison. — Blanchon.

fièvre ; on aperçoit sur le palais, les amygdales des fausses man-
branes blanchâtres ; puis, se révèle une toux rauque aux quintes
très courtes. La dyspnée arrive ; au moindre effort, survient un
accès de suffocation dont le tableau est poignant. L'angoisse la
plus vive est peinte sur le visage congestionné du petit malade ;
il se dresse sur son séant, la face tantôt violacée, tantôt toute
pâle, portant la main à son cou pour arracher l'obstacle qui
l'étouffe ; hagard, il vous regarde suppliant, les yeux saillants
hors de l'orbite, tendant vers sa mère ses petits bras comme
pour appeler à son aide ; puis, épuisé, il retombe sur ses oreillers
sans *force, vaincu, terrassé.*

Le traitement du Dr Roux repose sur l'application d'une
découverte du Dr Behning, médecin allemand, qui s'appuyait
lui-même sur les travaux déjà exécutés au laboratoire de l'Institut Pasteur par M. Roux lui-même.

C'est donc une œuvre toute française, exclusivement française,
dont tout l'honneur revient au Dr Roux, et, par suite, à son
maître, Pasteur.

Le traitement consiste à injecter, sous la peau des pauvres
petits atteints de la diphtérie, une certaine quantité de « sérum »,
autrement dit de sang, d'un animal que l'on a préalablement
vacciné contre le croup.

Cette méthode si *simple,* qui permet de traiter les maladies infectieuses au moyen du sang des animaux vaccinés, prend ainsi
chaque jour une plus grande importance. Les disciples de Pasteur ont baptisé d'un mot nouveau qui résume très simplement
ces cas de guérison par le sérum, la « *Sérumthérapie* (1). »

Le Dr Roux a choisi le cheval de préférence à tout autre
animal pour fournir le sérum sauveur, parce que le cheval est
précisément l'animal qui est le plus facile à inoculer, et parce
qu'il supporte le plus vaillamment cette longue opération.

____

(1) Le *sérum* est la partie liquide du sang.

On choisit les chevaux parmi les plus sains, aux muscles souples, au poil brillant. Ils ont uniformément au cou une petite lésion qu'on voit à peine : c'est l'endroit où l'on prend le sang nécessaire aux bébés qu'il faut guérir, sang duquel se sépare bientôt le sérum.

Il faut voir à l'Institut Pasteur ces chevaux confortablement installés dans des box (au fond du jardin), admirablement soignés, pansés et nourris.

Le mode d'opération est très simple : A tous les enfants atteints de diphtérie, le Dr Roux donne 20 centimètres cubes de sérum en une seule piqûre sous la peau du flanc. Dès lors, la température s'abaisse, les fausses membranes qui étouffent le pauvre enfant cessent d'augmenter dans les deux heures, elles se désagrègent et se détachent après trente-six heures, et le microbe diphtérique a disparu de la gorge.

Ce fut le 1er février 1894 que le Dr Roux commença à soigner les enfants atteints du croup. Il avait une large provision de sérum, et chaque jour, en faisant sa visite au pavillon de l'hôpital, il a traité *tous* les enfants qu'il y trouvait, quel que fût leur état. Il n'a donc fait aucun choix et ce détail est important : en outre, il n'a modifié en rien les soins donnés aux malades; le traitement local est resté le même, il a conservé par conséquent ce que prescrivaient avant lui les médecins, c'est-à-dire la glycérine, l'acide salicylique, les lavages à l'eau boriquée, etc.; le sérum étant donc le *seul* élément nouveau qu'il ait introduit, c'est au sérum *seul* qu'il faut attribuer les changements survenus. Or, ces changements sont suffisamment convaincants.

Pendant les années 1890, 1891, 1892 et 1893, avant les essais, trois mille neuf cent soixante et onze enfants atteints du croup sont entrés dans le pavillon de l'hôpital des enfants malades, et deux mille vingt-neuf décès se sont produits, ce qui porte la moyenne des morts à 52 0/0.

Au contraire, depuis le 1er février de cette année, jusqu'au

24 juillet, date où s'arrête la statistique soumise au Congrès, le sérum est appliqué à tous les malades et, sur 448 enfants, il n'y a plus que 109 morts, ce qui établit, pour les décès, une moyenne de 24 0/0.

Toutes les conditions étant, nous l'avons dit, restées les mêmes, la différence entre 52 0/0 et 24 0/0 indique le bénéfice absolu, incontestable, procuré par le traitement.

Pendant cette même période, on recevait dans un autre hôpital de Paris, à l'hôpital Trousseau, 520 enfants atteints de croup, et il en mourait 316, soit 60 0/0.

Le Dr Roux abaisse donc la mortalité de 60 0/0 à 24 0/0.

Et ce n'est pas tout : s'il n'y a qu'une angine chez l'enfant, le sérum fait disparaître l'angine et rend l'enfant rebelle à la contagion du croup; enfin, les accidents consécutifs à la diphtérie, c'est-à-dire la rougeole, la scarlatine, qui sont souvent si graves, sont infiniment plus rares chez les enfants traités par le sérum.

Tels sont les splendides et féconds résultats obtenus par M. Roux, qui associe généreusement à sa découverte deux internes de son laboratoire, MM. Martin et Chaillou, avec tous ceux qui ont secondé ses recherches ou facilité ses expériences : MM. les docteurs Jules Simon, Descroizilles, Grancher, Marsan, dont les noms sont si connus dans le monde savant.

Le 4 octobre 1894, Pasteur adressait à M. Magnard, rédacteur en chef du *Figaro*, cette belle lettre :

« Arbois, le 4 octobre 1894.

» Monsieur le rédacteur en chef,

» Vous avez proclamé l'immense service rendu par *mon cher collaborateur M. Roux*, vous avez demandé aux mères de contribuer à la diffusion d'une méthode qui arrachera à la mort des milliers d'enfants. Non seulement votre appel a été entendu, mais, par une pensée infiniment touchante, ce sont surtout les enfants qui ont été mis en tête des souscriptions. Ils entrent dans la vie en faisant le bien. Des parents en deuil ont invoqué le souvenir d'enfants qu'ils ont perdus, pour sauver d'autres existences. De toutes parts, on s'est associé aux sentiments pleins de solidarité et, pour tout dire d'un mot, de bonté, que vous avez provoqués dans la presse et le public.

» *Je vous remercie, plus que je ne saurais dire, au nom de mes collaborateurs, qui travaillent en même temps pour la science, la patrie et l'humanité.*

» Veuillez agréer, monsieur, le rédacteur en chef, les assurances de ma haute considération (1).

» L. Pasteur. »

*
* *

M. Grancher, professeur à la Faculté où il enseigne les maladies de l'enfance, a un service de clinique qui passe pour un modèle.

Entré au laboratoire de la rue d'Ulm pour y compléter son éducation scientifique, il devint le véritable opérateur de Pasteur pour la rage. Il a contribué grandement, pour sa part, à perfectionner la méthode de la vaccination de la rage et à proportionner l'intensité du vaccin et l'importance de la dose à la gravité du cas et au degré de résistance individuelle.

M. Chamberland est sorti de l'École normale en 1877, comme

(1) Au reçu de cette lettre, le *Figaro* disait :

« Si le *Figaro* avait besoin d'une récompense pour la bonne action à laquelle il avait été si heureux de s'associer, il trouverait cette récompense, au-delà de toute espérance, et si flatteuse de l'homme qui peut le mieux parler, en effet, « au nom de la science, de la patrie et de l'humanité », étant donnés les services que cet homme sublime a rendus au monde entier par les découvertes infinies qui naîtront chaque jour de ses découvertes.

» Gaston Calmettes. »

La vaccination du croup à l'hôpital Trousseau.
(Tableau de Brouillet.)

Le Dr Roux.

agrégé préparateur. Il entra directement au laboratoire de Pasteur qu'il aida dans ses recherches du vaccin du rouget et de la maladie charbonneuse.

On lui est redevable de deux découvertes pratiques de premier ordre : le fameux *filtre Chamberland* (1) dont on a tant parlé, et l'*autoclave* ou étuve à stériliser.

A l'Institut Pasteur, M. Chamberland s'occupe de la fabrication des vaccins par le charbon et le rouget (2).

**

Le docteur Chantemesse est professeur agrégé à la Faculté de médecine, médecin des Hôpitaux, membre du Comité consultatif d'hygiène de France.

Il a étudié chez Koch et chez Pasteur, et on lui doit la fondation de la Faculté du premier laboratoire français d'enseignement de la Bactériologie où, durant quatre années, il fit un cours relatif à la science des microbes.

C'est lui qui, en collaboration avec M. Widal, a montré la présence du bacille typhique dans l'eau potable. C'est grâce au docteur Chantemesse que l'on doit, à ce sujet, l'adduction de nouvelles eaux de Seine à Paris.

(1) La partie essentielle du filtre imaginé par M. Chamberland est une bougie de terre poreuse, creuse dans toute la partie qu'occuperait la mèche dans une bougie ordinaire, mais fermée à la base.

Employée sans pression, la bougie est immergée dans le liquide à filtrer et sa bouche est mise en communication avec un aspirateur. Il existe, dans le commerce, de petits aspirateurs en verre très simples qui font de cet appareil un ustensile de ménage assez pratique, à défaut du dispositif un peu plus compliqué, plus coûteux, mais meilleur qui utilise les pressions à laquelle l'eau se trouve dans les conduites.

(2) En France, on inocule tous les ans au moins 500,000 bœufs et 900,000 moutons.

**

M. Nocard, professeur à l'École d'Alfort, membre de l'Académie de médecine, élève du grand Bouley, a fait de nombreuses découvertes, telles que celles du « farcin du bœuf », du bacille de la « Mammite contagieuse des bêtes à cornes. »

Il a fait de très importantes communications au congrès de Budapest sur la « Maléine et la Tuberculine », étudiées au point de vue du diagnostic de la morve et de la tuberculose.

Ces travaux le classent au rang des Pastoriens les plus savants.

C'est lui qui a été chargé du choix, de l'achat et de l'immunisation des premiers chevaux pour le sérum anti-diphtérique.

*
**

Un autre collaborateur de Pasteur, M. Elie Metchnikoff, est Russe. Il fit ses premières études en Allemagne, chez Vischow. Très instruit, il a été professeur et chercheur un peu partout, à Odessa, en Italie, à Madère.

D'Odessa il écrivit un jour à M. Pasteur, qui déjà l'avait en grande estime, pour lui demander une toute petite place à l'Institut, où il poursuivit sans trêve de curieuses recherches sur les microbes. Il a découvert et décrit dans ses plus petits détails le *Phagocyte*, gardien contre le microbe, globule blanc de notre sang, grosse cellule qui lutte contre les microbes envahisseurs.

*
**

Il nous faut encore citer les noms de MM. Loir, Marchoux, Pineau, Borrel, qui continuait à l'Institut leurs travaux sur la rage et ses dérivés ; M. Yersin, qui s'occupe à découvrir le microbe de la peste de Hong-Kong ; M. Calmettes, qui étudie les venins. Hélas, dans cette brillante pléiade, il y en a déjà qui manquent à l'appel : MM. Chabry et Wasserquy, qui sont morts victimes de leurs études sur la phtisie (1).

*
* *

Grâce à ces savants, à leurs labeurs incessants, nous verrons bientôt luire le jour où se réalisera cette pensée de Pasteur qui résume toutes les aspirations de sa vie de travail et d'abnégation en faveur de la science : « Je crois invinciblement que la science et la paix triompheront de l'ignorance et de la guerre ; que les peuples s'entendront, non pour détruire, mais pour édifier, et que l'avenir appartiendra à ceux qui auront le plus fait pour l'humanité souffrante. »

(1) Saluons en passant la mémoire d'un jeune héros que cette science toue nouvelle, de l'étude des microbes, a déjà frappé de mort glorieuse.

Le jeune Louis Thuillier, à peine sorti de l'École normale supérieure de la rue d'Ulm, mourut en Égypte du choléra qu'il était allé bravement étudier au point où il sévissait le plus.

M. Perdrix, du bureau des vaccinations.

CHAPITRE XI

LE JUBILÉ DE PASTEUR

Au mois de mai 1892, il se forma dans le Danemark un comité qui annonça l'intention d'offrir un hommage à M. Pasteur, le 27 décembre suivant, pour fêter son soixante-dixième anniversaire. Le comité, composé de savants et de disciples qui, dans leurs travaux ou leur industrie, s'étaient inspirés des doctrines pastoriennes, décida d'ouvrir une souscription nationale dont les fonds serviraient à frapper une grande médaille commémorative. Un artiste célèbre, M. Sinding, fut chargé de représenter la Science inscrivant sur le roc les principales découvertes de M. Pasteur. Du Danemark, le mouvement d'enthousiasme s'étendit en Norvège. Constituée également en comité, la société médicale de Christiania ouvrit une souscription publique ayant pour objet de fonder un prix appelé prix Pasteur, et de créer une bourse qui permît à un jeune savant de compléter ses études dans une école scientifique étrangère, notamment en France. A Stockholm, enfin, un troisième comité résolut à son tour de frapper une médaille et de fonder aussi un prix qui porterait le nom du savant Français.

Le roi de Suède s'inscrivit en tête des premiers souscripteurs.
De ces pays du Nord, par un enthousiasme réfléchi, venait et
grandissait la pensée d'une manifestation reconnaissante pour
celui dont les travaux ont répandu des bienfaits dans le monde
entier.

En France, la presse enregistrait patriotiquement ces bruits
de gloire. Dès le retour des vacances, le 7 novembre, la section de médecine et de chirurgie de l'Académie des Sciences
adressait au président de l'Académie la lettre suivante :

« Monsieur le président,

» M. Pasteur aura soixante-dix ans le 27 décembre prochain.

» La section de médecine et de chirurgie a pensé qu'elle
devait prendre l'initiative de célébrer ce glorieux anniversaire.

» Si la médecine et la chirurgie doivent à M. Pasteur une
admiration et une reconnaissance sans bornᵉ, nous savons que
l'Institut tout entier est uni dans le même sentiment.

» Nous venons donc provoquer parmi nos confrères de l'Institut et parmi ceux qui, dans le domaine de la recherche scientifique ou de la pratique de leur art, ont bénéficié des travaux
et des découvertes de M. Pasteur, une souscription pour offrir
à notre illustre compatriote, à l'occasion de ce jubilé, un souvenir et un hommage. La section de médecine et de chirurgie se
constitue, à cet effet, en comité de souscription. M. Duclaux a
bien voulu s'adjoindre à nous, et M. le professeur Grancher
accepte les fonctions de secrétaire du comité.

» Nous venons prier nos confrères d'adresser leur obole aux
bureaux du secrétariat de l'Institut. Veuilez, monsieur le président, agréer nos sentiments de haute considération.

» *Le secrétaire*, GRANCHER.

» *Les Membres du Comité :* MAREY, CHARCOT, BROWN-
SÉQUARD, BOUCHARD, VERNEUIL, GUYON, DUCLAUX. »

Le lundi suivant M. Pasteur prit la parole :

« Je n'assistais pas, dit-il, au début de la dernière séance lorsque M. le président a donné lecture de la lettre de la section de médecine et chirurgie. Une personne obligeante m'avait retenu hors de la salle. Elle a bien fait. J'aurais été trop ému pour remercier, comme il convenait, mes confrères de l'honneur excessif qu'ils me réservent. Aujourd'hui encore, je ne puis exprimer tout ce que je ressens d'émotion et de reconnaissance. »

Un membre de l'Institut, M. Roty, se chargea d'exécuter la médaille qui serait offerte à M. Pasteur le 27 décembre. De toutes les sociétés savantes de l'Europe arriva bientôt l'expression de vœux qui devaient se traduire par la remise d'adresses. M. le professeur Bouchard et M. le professeur Guyon, qui avaient concentré entre leurs mains tous les services d'organisation, se voyaient avec joie entraînés par cet enthousiasme débordant. M. le recteur de l'Académie de Paris mit à la disposition du comité le grand amphithéâtre de la nouvelle Sorbonne. M. le Président de la République promit d'assister à cette fête, qui s'appela le jubilé de M. Pasteur. Tous les Ministres devaient être présents. La salle, qui peut contenir 2,500 personnes, menaça d'être trop petite ; plus de 4,000 invitations avaient été demandées. Les étudiants, que l'on trouve partout où sont célébrées la Science et la Patrie, les deux mots inscrits sur leur chapeau, voulurent que les commissaires de cette fête fussent pris dans leurs rangs.

Le 27 décembre, dès neuf heures du matin, ils étaient à leur poste volontaire. Avec une bonne grâce infinie, ils réglaient l'entrée de cette foule d'élite, si l'on peut ainsi dire, et marquaient à chacun sa place.

La travée d'honneur de l'hémicycle était réservée aux

membre de l'Institut. A droite et à gauche, les professeurs des Facultés, les nombreux délégués des Académies et de sociétés savantes de l'étranger, les délégués nationaux.

Derrière leurs maîtres s'étaient rangées, dans l'amphithéâtre des députations de l'École normale supérieure, de l'École polytechnique, des Écoles vétérinaires, des Écoles d'agriculture, de l'École de pharmacie, de l'École centrale ; puis, des centaines d'étudiants. Çà et là se trouvaient aussi dans la salle les disciples de Pasteur, dont plusieurs sont devenus aujourd'hui des maîtres.

Madame Carnot prenait place dans la tribune d'honneur, ayant à ses côtés madame Bouchard et madame Guyon. C'est à madame Pasteur, aux membres de sa famille, ainsi qu'à madame Verneuil et à madame Charcot qu'avait été réservée la tribune la plus voisine de l'estrade.

Enfin, en haut, dans les secondes tribunes, se trouvaient la jeunesse des écoles, les élèves des lycées et des écoles de la ville de Paris.

A dix heures et demie, pendant que la musique de la Garde républicaine faisait entendre une marche triomphale, le Président de la République, M. Carnot, entra par la porte de droite qui s'ouvre sur la grande estrade. M. Carnot donnait le bras à Pasteur. L'un et l'autre portaient le grand cordon de la Légion d'honneur. La salle entière se leva. D'immenses acclamations saluèrent dans un double hommage le chef de l'État et le grand savant qui, par ses beaux travaux, ses longs efforts, avait augmenté le magnifique patrimoine de la gloire française.

Le président de la République conduisit Pasteur devant une petite table, à l'extrémité de l'estrade. C'est sur cette table que devaient être remises les adresses dont étaient porteurs les délégués étrangers et les délégués nationaux.

Les présidents du Sénat, de la Chambre des Députés, les ministres, les ambassadeurs, prirent place sur l'estrade.

Derrière le fauteuil de M. Carnot se trouvaient les délégations officielles des cinq classes de l'Institut de France, en
costume

L'Académie de Médecine et les grandes sociétés savantes
étaient représentées par leurs présidents et leurs secrétaires
perpétuels. « La séance est ouverte », dit le président de l'Académie des Sciences en donnant la parole à M. Dupuy, ministre
de l'instruction publique.

*
* *

Dans ce discours de M. Charles Dupuy, qui avait pris la
parole au nom du gouvernement, l'œuvre de Pasteur fut remarquablement résumée. Il est intéressant d'en reproduire les
principaux passages :

« Lorsqu'on embrasse votre œuvre dans son ensemble, disait
M. Charles Dupuy, on est tout d'abord frappé des qualités de
travail, de patience, de ténacité qu'elle atteste. Cette faculté
fut la vôtre, de pouvoir concentrer votre pensée sur un sujet et
de l'y tenir obstinément fixée pendant des journées, des mois,
des années, faculté souveraine que votre visage reflète, puissance créatrice dont la postérité lira l'expression sur cette
médaille où l'artiste a fixé, avec vos traits, quelque chose de
votre âme. Nous y lisons avec la même clarté cette foi profonde en la science, cette foi d'apôtre qui vous a soutenu au
cours de votre carrière contre les angoisses du doute et les
défaillances du découragement ; il faut le dire très haut en ce
jour: si vous êtes armé du sens critique indispensable à un
savant, vous n'avez rien d'un sceptique. Vous eûtes toujours la
conviction, je dis plus, la foi, mère des hautes pensées et des
œuvres immortelles.

» Vos études à peine terminées, vous vous révélez comme

un inventeur; vos travaux sur la dosimétrie moléculaire, entrepris sous l'influence d'une idée directrice ingénieuse et profonde, sont marqués d'une empreinte si originale que presque personne n'a osé s'attaquer depuis à cette délicate question. La science pure vous promettait les plus beaux succès; mais heureusement pour vous, heureusement pour l'humanité, les circonstances vous ont engagé dans une voie où toute découverte théorique devait aboutir à une satisfaction de nos besoins, à un soulagement de nos misères. On a peine aujourd'hui à se représenter vos efforts et vos luttes perdus dans le rayonnement de la victoire finale, on peut difficilement se figurer la vivacité de ces batailles à la suite desquelles, vaincue par la force de l'évidence, accablée sous le poids de la preuve expérimentale, l'antique hypothèse, la chimérique illusion de la génération spontanée a battu en retraite devant la triomphante doctrine des germes, qui a renouvelé la science et qui est entrée en possession incontestée de l'avenir. Vous avez pénétré jusque dans les mystérieuses profondeurs de la nature élémentaire, vous en avez rapporté ces « preuves sans réplique » dont vous parliez dans votre discours de réception à l'Académie française. Renan, qui vous répondait, pouvait vous dire dans une formule que je m'approprie : « Votre vie scientifique est comme une traînée lumineuse dans la grande nuit de l'infiniment petit, dans ces derniers abîmes de l'être où naît la vie. C'est vers 1860 que vous abordez cette étude des infiniment petits pour en faire désormais l'unique objet de vos recherches, et comme votre domaine personnel. Vous fondez cette doctrine féconde dont vous devinez dès le premier jour la portée et dont les chimistes, les biologistes et les médecins développeront dans la suite des âges l'inépuisable donnée, en se demandant si elle est le fruit des veilles d'un seul homme ou du labeur accumulé de plusieurs générations.

. . . .

» Désormais la formule est pleine et définitive; vos disciples » la donnent en deux mots: « Ferments et virus sont des » êtres vivants, le vaccin est un virus atténué, la médecine a » pour base l'atténuation artificielle des virus... » Ainsi, faisant sortir le remède du mal lui-même, la médecine microbienne est fondée !

» Merveille de la science, miracle du génie, soyez glorifiés au nom de la patrie et de l'humanité. Vous avez justifié les audacieuses espérances que la religion du progrès avait mises aux cœurs de nos pères. Vous avez traduit, en réalités incontestables, les imaginations de Descartes et les rêves de Condorcet ; qui pourrait dire à cette heure ce que la vie humaine vous doit, ce qu'elle vous devra dans la suite des temps? Un jour viendra où quelque nouveau Lucrèce chantera dans un nouveau poème de la nature le maître immortel dont le génie a enfanté de pareils bienfaits, et il ne le peindra pas solitaire et insensible comme le poète latin a fait son héros; il le montrera mêlé à la vie de son temps, aux tristesses et aux joies de son pays, partageant son existence entre les sévères jouissances de la recherche scientifique et les douces effusions de la famille, passant de son laboratoire à son foyer, trouvant auprès d'êtres affectionnés, auprès d'une compagne qui a su le comprendre et d'autant plus l'aimer, cet encouragement de toutes les heures, réconfort de tous les instants sans lesquels tant de batailles eussent peut-être lassé son ardeur, entamé sa persévérance et énervé son génie.

» Ce qui caractérise avant tout cette cérémonie, ce qui donne à votre jubilé sa marque propre, c'est que nos hommages vont moins au passé qu'à l'avenir. La science dont tout l'univers vous est redevable, a reçu de vous sa méthode sûre et son principe certain; mais, vous l'avez dit vous-même, « l'ère des applica- » tions ne fait que commencer ». L'institut Pasteur, bâti et doté par la reconnaissance et l'admiration des peuples et des gouvernements, pour être à la fois un foyer de haute culture scientifi-que et une source d'adoucissement aux maux de la famille humaine, réalisera vos espérances. »

.
* *

M. Bergeron, secrétaire perpétuel de l'Académie de Médecine, prononce ensuite le discours suivant :

« Cher et illustre maître,

» J'avais l'honneur de présider l'Académie de Médecine lorsque, dans la séance du 27 octobre 1885, vous lui avez fait connaître, sous ce titre modeste de « Méthode pour prévenir la rage après morsure, » les merveilleuses conceptions auxquelles vous avait conduit votre génie, et, lorsque eurent cessé les applaudissements prolongés qu'avait provoqués cette lecture, je me fis à coup sûr le fidèle interprète des sentiments unanimes de vos collègues, permettez-moi de le rappeler ici, en disant : « La communication que nous venons d'entendre permet au monde savant, et je puis dire à l'humanité tout entière, de concevoir de nouvelles et incomparables espérances. » Aussi cette date du 27 octobre 1885 restera-t-elle l'une des plus mémorables dans l'histoire des conquêtes de la science, et l'une des plus glorieuses dans les annales de l'Académie.

» Ces espérances, maître, vous les avez toutes réalisées, car des milliers de faits sont venus confirmer la justesse de vos conceptions ; de sorte qu'après avoir ouvert à notre science médicale, par la découverte des microbes et de leur rôle dans la genèse des maladies, des voies où elle vous a résolument suivi, où, grâce à vous, la chirurgie a trouvé le moyen d'être impunément audacieuse jusqu'à la témérité, et l'hygiène des motifs d'espoirs sans limites, vous avez complété votre œuvre en montrant aux médecins ce que la méthode des inoculations de virus atténués, renferme de promesses pour la prophylaxie et la guérison des maladies.

» Vous ne pouvez, maître, avoir raison de la mort, parce qu'elle est pour tous les êtres une condition inexorable de la vie ; mais vous aurez eu cette impérissable gloire d'en retarder, pour des milliers de vies humaines, la redoutable échéance. C'est donc la médecine qui comme science et comme art a le plus bénéficié de vos immortelles découvertes. Aussi l'Académie, au nom de laquelle j'ai l'honneur de parler, devait-elle, entre tous les corps savants, tenir à honneur de venir au jour du glorieux anniversaire de votre naissance, vous offrir au nom de la médecine française le respectueux hommage de son admiration et de sa reconnaissance. » (*Applaudissements.*)

*
* *

« La parole est à M. Lister, » dit alors M. Bertrand.

M. Lister était venu exprès de Londres pour représenter, à la cérémonie de ce jubilé, la société royale de Londres et la société royale d'Edimbourg.

Le nom du grand chirurgien anglais fut salué par un ban, ces applaudissements rythmés qui, pour les étudiants, sont la forme de l'enthousiasme.

Voici le discours de M. Lister :

« Monsieur Pasteur,

» Le grand honneur m'a été accordé de vous apporter l'hommage de la médecine et de la chirurgie.

» Vraiment, il n'existe dans le monde entier aucun individu auquel doivent plus qu'à Pasteur les sciences médicales. Les recherches sur les fermentations ont jeté un rayon puissant qui a illuminé les ténèbres funestes de la chirurgie et a changé le traitement des plaies, d'une affaire d'empirisme incertain et trop

souvent désastreux, en un art scientifique sûrement bienfaisant.

» Grâce à lui, la chirurgie a subi une révolution complète qui
l'a dépouillée de ses terreurs et a élargi presque sans limite son
pouvoir efficace.

» La médecine ne doit pas moins que la chirurgie à ses études

Médaille du Jubilé (recto).

profondes et philosophiques. Il a levé le voile qui avait couvert
pendant des siècles les maladies infectieuses. Il a découvert et
démontré leur nature microbienne ; grâce à son initiative et,
dans beaucoup de cas, à ses propres travaux spéciaux, il y a
déjà une foule de ces désordres pernicieux dont nous connaissons
complètement les causes.

» Cette connaissance a déjà perfectionné d'une façon surpre-
nante le diagnostic de ces fléaux du genre humain et a indiqué
la route qu'il faut suivre pour leur traitement prophylactique et
curatif. Dans cette route, ces belles découvertes de l'atténuation
et du renforcement des virus et des inoculations préventives
servent et serviront toujours comme étoile conductrice.

» Comme illustration éclatante, je puis signaler vos travaux

Médaille du Jubilé (verso).

sur la rage. Leur originalité était si frappante, aussi bien dans
la pathologie que dans la thérapie, que beaucoup de médecins se
sont d'abord méfiés de vous. Est-il possible, se disaient-ils,
qu'un homme qui n'est ni médecin, ni biologiste puisse nous
instruire sur une maladie sur laquelle se sont exercées en vain
les plus belles intelligences de la médecine ?

Quis, novus hic nostris successit sedibus hospes?

» Pour moi, je connaissais trop bien la clarté de votre génie, le soin scrupuleux de vos inductions et votre honnêteté absolue pour que j'aie pu partager, pour un moment, de tels sentiments ignobles. Ma confiance a été justifiée par l'événement. Avec l'exception insignifiante de quelque peu d'ignorants, tout le monde reconnaît maintenant la grandeur de ce que vous avez achevé contre cette maladie terrible. Vous avez fourni un diagnostic qui dissipe, à coup sûr, les angoisses d'incertitudes qui hantaient autrefois celui qui avait été mordu par un chien sain soupçonné de la rage. Rien que ça aurait suffi pour vous attirer la gratitude éternelle de l'humanité; mais, par votre système merveilleux d'inoculations antirabiques, vous avez su poursuivre le poison après son entrée dans le corps et y vaincre, monsieur Pasteur, les maladies qui affligent le genre humain.

» Vous pouvez donc bien comprendre que la médecine et la chirurgie s'empressent, à cette occasion solennelle, de vous apporter l'hommage profond de leur admiration et de leur reconnaissance. »

M. Pasteur se lève alors pour embrasser M. Lister. L'étreinte de ces deux hommes était comme la représentation vivante de la fraternité de la science dans le soulagement de l'humanité.

Après ce discours, M. d'Abbadie prononce les paroles suivantes :

« Permettez-moi, cher confrère, de vous citer un souvenir du temps où nous étions jeunes :

» J'étudiais l'astronomie dans les cours de la vieille Sorbonne et je causais parfois avec Biot, professeur d'alors, qui me fit voir ses expériences sur la polarisation à travers des liquides et des

cristaux divers. « Nous avons ici, me disait-il, un jeune homme
» nommé Pasteur ; il a des idées à lui qui semblent bonnes, il
» éclaire tout ce qu'il touche ; sa place est marquée à l'Institut. »
Cette prédiction du vieux Biot ne manqua pas d'être confirmée par notre Académie des Sciences, et, de votre côté, pendant plus d'un demi-siècle, vous n'avez pas manqué d'éclairer
tout ce que vous avez touché.

» Lorsqu'un savant a marché ainsi de succès en succès, que sa
renommée s'est étendue d'un bout à l'autre du monde civilisé, que
les conséquences de ses découvertes se développent de plus en
plus merveilleuses et fécondes, et que le temps, ce grand destruc-
teur, n'est pas encore venu jeter sa poussière d'oubli sur la mémoire des hommes, car vous êtes ici, Dieu merci, bien vivant
au milieu de nous et toujours prêt à grandir votre gloire, on
est bien embarrassé pour donner à l'éloge une forme nouvelle.

» Tous ces mots ont été employés dans toutes les langues, et
le monde s'en souvient ; heureusement, cette médaille est là,
éloquente, quoique muette, témoignage d'une admiration et
d'une reconnaissance patriotiques.

» Je suis heureux, cher confrère, de devoir à ma présidence
actuelle l'honneur de vous l'offrir.

» Notre société de géographie, qui m'a choisi encore pour être
son président, me charge aussi de vous présenter son hommage ; il pressent celui de tout le genre humain. »

M. d'Abbadie offre ensuite à M. Pasteur la médaille commémorative de ce grand jour.

Le savant est représenté de profil, coiffé de la petite calotte
qu'il porte dans son laboratoire. Une pèlerine est jetée sur ses
épaules. Le visage exprime une puissante énergie méditative.
Sur le revers, une branche de lauriers et de roses avec ces
mots :

A PASTEUR
LE JOUR DE SES SOIXANTE-DIX ANS
LA SCIENCE ET L'HUMANITÉ
RECONNAISSANTES.

Le secrétaire perpétuel de l'Académie des Sciences, M. Joseph Bertrand, qui, dans toutes les circonstances de la vie de M. Pasteur, n'a cessé de lui prodiguer les témoignages de l'affection la plus vive et la plus délicate, se lève et improvise le discours suivant :

« Mon cher Pasteur,

» Je veux, comme le personnage de la tragédie antique, dire quel est ici mon rôle. Si le titre d'admirateur et d'ami autorisait à prendre la parole, tous pourraient la réclamer à la fois, et une bruyante clameur ébranlerait la salle. Ce cri du cœur vaudrait mieux sans doute que mon discours ; mais ce n'est pas l'usage. Je vous apporte, en même temps que ma vieille et sincère amitié, les hommages de l'Académie des Sciences et ceux du conseil d'administration de l'Institut Pasteur.

» Comme président, vous le savez, j'ai eu six fois l'avantage de dire : « La séance est ouverte ! » et l'honneur de m'asseoir entre notre cher et illustre directeur et le vice-président, notre ami Jules Simon. Si j'avais prévu ce qui arrive, j'aurais demandé, et bien facilement obtenu, que les rôles fussent renversés. Quelle bonne fortune pour tous, si sous ces voûtes nouvelles de la vieille Sorbonne, il nous était donné d'entendre cette voix éloquente et aimée dans une occasion si bien faite pour l'inspirer !

» Mais, après tout, à quoi bon l'éloquence ? Quand un même sentiment anime les esprits et réunit les cœurs, les mots sont sans importance ; la vérité brièvement et sim-

plement dite est toujours la bienvenue. Nous sommes loin
de la salle d'examen, fort heureusement. Si, dans cette assemblée réunie pour honorer votre vie scientifique, on demandait,
avec la sévère précision des examinateurs en Sorbonne : « Quelle
» est la plus belle découverte de M. Pasteur ?... » les plus habiles
resteraient indécis. Chacun de vos grands travaux brille d'un
si vif éclat, qu'en le regardant de près et l'étudiant avec soin
on est exposé au péril de croire qu'il éclipse tous les autres. Une
même lumière les éclaire, une même science exacte, étendue et
solide, leur sert de base et d'appui.

» C'est que, dans votre enfance au collège d'Arbois, dans votre
première jeunesse à l'École normale, vous n'avez jamais permis
à une trop impatiente curiosité de vous faire négliger aucune
étude. Vous avez donné à tous vos maîtres, dans les Lettres
comme dans les Sciences, le droit d'être fiers du grand inventeur et du membre aimé de tous à l'Académie française.

» Avant d'accroître la Science avec génie, vous l'avez étudiée
avec patience et dans toutes ses voies. Pour honorer votre
gloire, on ne pouvait mieux choisir que cette grande salle accor-
dée avec tant d'empressement et de joie par l'Université dont,
pour devenir un des plus glorieux enfants, vous avez voulu être
un des meilleurs élèves; c'est là un des secrets de votre force.

» Sans la géométrie la plus raffinée, celle que n'enseignent ni
les maîtres, ni les livres, mais que, pourtant, on n'apprend pas
sans eux, vos premiers travaux sur les formes cristallines
auraient été impossibles.

» Vous avez vu, dans l'émiédrie, ce que personne avant vous
n'avait soupçonné; la cristallographie vous a conduit à
l'optique ; la suite de vos idées a éclairé la chimie, et le problème des fermentations, par un admirable enchaînement, s'est
associé pour vous à celui des formes cristallines.

» Un de vos détracteurs, quand vous en aviez encore, disait
un jour devant moi : « Pourquoi faire tant de bruit pour des

» petites facettes à peine visibles à la loupe? Qu'elles existent ou
» n'existent pas, qu'elles soient tournées à droite ou à gauche,
» que m'importe ? » Une de vos plus ingénieuses découvertes m'a
permis de lui répondre : Les microbes sont plus curieux que
vous. La position des facettes ne les laissant pas indifférents,
ils respectent ou détruisent les cristaux qui les portent suivant
les résultats de l'analyse qu'ils en font, tout aussi bien que
M. Pasteur, fier de s'accorder avec eux.

» La théorie de la fermentation alcoolique est, dans votre carrière de chimiste, un brillant épisode. Aucun problème de chimie organique n'avait stimulé plus d'efforts ; aucun ne semblait
plus complètement et plus définitivement résolu. Vous l'avez
renouvelé et rajeuni. »

M. Sauton, président du conseil municipal de Paris, remit
ensuite à l'illustre savant une adresse. Cette adresse avait
été votée dans la séance tenue par le conseil le 23 décembre, et
adoptée à l'unanimité. En la remettant à M. Pasteur, M. Sauton
prononça l'allocution suivante :

« Monsieur,

» Les corps savants de tous les pays viennent de vous exprimer leurs sentiments d'admiration ; les élus de Paris vous
apportent l'hommage de la reconnaissance populaire.

» Paris, théâtre des luttes que vous avez eu à soutenir, salue
avec joie votre triomphe célèbre dans cette nouvelle Sorbonne
qu'il a contribué à ériger.

» Ses mandataires ont conscience d'être ses fidèles inter-
prètes dans l'adresse qu'ils vous remettent.

» Recevez-la, monsieur, avec la certitude qu'elle traduit la
pensée du peuple de Paris tout entier, qui sait apprécier toute
votre gloire, mais qui voit surtout en vous un bienfaiteur de
l'humanité.

» Le récit de cette solennité formera l'une des pages les plus belles de l'histoire de Paris. »

Puis, M. Joseph Bertrand appelle les sociétés françaises et étrangères qui ont envoyé des adresses. Ces adresses sont remises à M. Pasteur par les délégués de ces sociétés qui défilent par ordre alphabétique et dont voici la liste :

Les Universités d'Amsterdam, d'Athènes, de Berlin, de Berne et de Bruxelles, la société belge médicale de Bruxelles, les élèves des hôpitaux civils de Bruxelles, l'Académie de Bucarest, le collège de Christiania, l'Association d'hygiène de Cologne, l'Académie royale et l'Université royale de Dublin, la Faculté de médecine de Gand et de Genève, l'Université de Gênes, la société médicale de Genève, les Universités de Liège et de Lausanne, l'Association pour l'avancement de la médecine de Londres, les Amis des sciences de Posen, l'École médicale de Stockholm, la société médicale de l'Académie des Sciences de Saint-Pétersbourg, l'Académie médicale de Turin, le Sénat et l'Université d'Utrecht, la société médicale de Varsovie, l'Institut de médecine expérimentale de Zurich, les délégués des Écoles et des Facultés des sciences de Bordeaux, Lille, Limoges, Lyon, Montpellier, Nancy, Nantes et Toulouse.

L'École vétérinaire de France, l'École d'Alfort et enfin l'Association générale des étudiants, dont le président, M. Devisse, a remis à M. Pasteur une énorme gerbe de fleurs, coquelicots et chrysanthèmes.

La délégation de Suède est une de celles qu'on acclame le plus chaudement. Les délégués sont : MM. les docteurs Erik Nordenson, président de la Société médicale suédoise de Stockholm, et Edward Selander, ancien élève de Pasteur.

Les deux sympathiques savants remettent à Pasteur une médaille d'or et une adresse très éloquente d'où nous détachons ce renseignement intéressant :

» La Société médicale suédoise sollicite l'honneur de placer sous l'égide de votre nom une fondation qu'elle vient de créer avec le concours si sympathique de S. M. le roi Oscar II, des médecins suédois et d'autres amis de la science en Suède.

» Grâce à cette fondation, nous espérons pouvoir venir en aide aux travailleurs des générations futures qui se voueront aux recherches scientifiques dans les voies nouvelles que vous leur avez frayées. »

*
* *

Quand cette cérémonie, soulignée d'unanimes bravos, est terminée, M. Pasteur, brisé d'émotion, se soulève sur son fauteuil et, d'une voix que la joie paralyse, il dit ses remerciements à cette foule accourue de tous les points de l'Europe. Et comme sa parole hésite et se perd sous ces voûtes immenses, il charge son fils de lire son discours :

« Monsieur le Président de la République,

» Votre présence transforme tout : une fête intime devient une grande fête et le simple anniversaire de la naissance d'un savant restera, grâce à vous, une date pour la science française.

» Monsieur le Ministre,
» Messieurs,

» A travers cet éclat, ma première pensée se reporte avec mélancolie vers le souvenir de tant d'hommes de science qui n'ont connu que des épreuves. Dans le passé, ils eurent à lutter contre les préjugés qui étouffaient leurs idées. Ces préjugés vaincus, ils se heurtèrent à des obstacles et à des difficultés de toutes sortes.

» Il y a peu d'années encore, avant que les pouvoirs publics

Institut Pasteur. — Vue d'ensemble des aménagements intérieurs.

et le Conseil municipal eussent donné à la science de magnifiques demeures, un homme que j'ai tant aimé et admiré,
Claude Bernard, n'avait pour laboratoire, à quelques pas d'ici,
qu'une cave humide et basse. Peut-être est-ce là qu'il fut
atteint de la maladie qui l'emporta ? En apprenant ce que vous
me réserviez ici, son souvenir s'est levé tout d'abord devant
mon esprit : je salue cette grande mémoire.

» Messieurs, par une pensée ingénieuse et délicate, il semble
que vous ayez voulu faire passer sous mes yeux ma vie tout entière. Un de mes compatriotes du Jura, le maire de la ville de
Dôle, m'a apporté la photographie de la maison très humble où
ont vécu si difficilement mon père et ma mère.

» La présence de tous les élèves de l'École normale me
rappelle l'éblouissement de mes premiers enthousiasmes scientifiques.

» Les représentants de la Faculté de Lille évoquent pour
moi mes premières études sur la cristallographie et les fermentations qui m'ont ouvert tout un monde nouveau. De quelles
espérances je fus saisi quand je pressentis qu'il y avait des lois
derrière tant de phénomènes obscurs !

» Par quelle série de déductions il m'a été permis, en disciple
de la méthode expérimentale, d'arriver aux études physiolo-
giques, vous en avez été témoins, mes chers confrères. Si
parfois j'ai troublé le calme de nos académies par des discussions un peu vives, c'est que je défendais passionnément la
vérité.

» Vous, enfin, délégués des nations étrangères, qui êtes
venus de si loin donner une preuve de sympathie à la France,
vous m'apportez la joie la plus profonde que puisse éprouver
un homme qui croit invinciblement que la science et la paix
triompheront de l'ignorance et de la guerre, que les peuples
s'entendront, non pour détruire, mais pour édifier, et que
l'avenir appartiendra à ceux qui auront le plus fait pour l'hu-

manité souffrante. J'en appelle à vous, mon cher Lister, et à vous tous, illustres représentants de la science, de la médecine et de la chirurgie.

» Jeunes gens, jeunes gens, confiez-vous à ces méthodes sûres, puissantes dont nous ne connaissons encore que les premiers secrets. Et tous, quelle que soit votre carrière, ne vous laissez pas atteindre par le scepticisme dénigrant et stérile, ne vous laissez pas décourager par les tristesses de certaines heures qui passent sur une nation. Vivez dans la paix sereine des laboratoires et des bibliothèques. Dites-vous d'abord : qu'ai-je fait pour mon instruction ? Puis, à mesure que vous avancerez : qu'ai-je fait pour mon pays ? Jusqu'au moment où vous aurez peut-être cet immense bonheur de penser que vous avez contribué en quelque sorte au progrès et au bien de l'humanité. Mais que les efforts soient plus ou moins favorisés par la vie, il faut, quand on approche du grand but, être en droit de se dire : J'ai fait ce que j'ai pu.

» Messieurs, je vous exprime ma profonde émotion et ma vive reconnaissance. De même que sur le revers de cette médaille, Roty, le grand artiste, a caché sous des roses la date si lourde qui pèse sur ma vie, de même vous avez voulu, mes chers confrères, donner à ma vieillesse le spectacle qui pouvait la réjouir davantage, celui de cette jeunesse si vivante et si aimante. »

Parmi les adresses françaises qui furent remises à Pasteur, mentionnons celles des corps suivants :

Conseil général de la Seine ;
Faculté de médecine de Paris ;
Société de Biologie ;

Comité d'hygiène et de salubrité ;

École normale supérieure de Paris ;

Société nationale d'agriculture ;

Écoles nationales vétérinaires ;

École vétérinaire d'Alfort ;

Société des agriculteurs de France ;

Société d'agriculture de Melun ;

Chambre syndicale du commerce en gros des vins ;

Institut populaire du Progrès ;

Ville d'Arbois (1).

Le clergé d'Arbois (2);

Le rédacteur des *Annales franc-comtoises;*

La Société de médecine de Besançon ;

L'Académie des Sciences de Besançon ;

L'Académie de Caen ;

L'Université de Lille;

La Faculté de médecine de Lyon ;

—   —   Montpellier ;

—   —   Nancy ;

(1) Cette adresse disait :

« Tous les membres de l'Association des anciens élèves du collège d'Arbois saisissent avec empressement cette occasion d'exprimer à M. Louis Pasteur leur profonde admiration, non seulement pour le savant qui honore la France, pour le patriote qui consacre à son pays toute la puissance de son incomparable génie, mais aussi pour l'homme privé, type du désintéressement, modèle des vertus intimes et familiales. »

(2) Nous saluons en vous le savant illustre dont le désintéressement a toujours été admirable; le citoyen qui est l'honneur de notre ville et une des gloires les plus pures de la France.

Nous redisons de tout cœur : *Ad multos annos,* et vous prions d'agréer les hommages respectueux de vos humbles serviteurs.

PICHOT, *curé, chanoine.*

CHARLES TREUVEY, *prêtre.*

DREVAUX } *vicaires.*
JACQUES }

BASSAND, *aumônier du couvent.*

PAGET, *chanoine, aumônier de l'hôpital.*

La Faculté des sciences de Nancy;
La Société des sciences de Nancy;
L'Ecole de médecine de Nantes;
La Faculté des sciences de Rennes;
La Faculté de médecine de Toulouse;
L'Ecole de médecine de Limoges.

L'association des étudiants avait modestement désiré être appelée la dernière. Son président, M. Devise, prononça ces simples et touchantes paroles :

« Cher et illustre maître,

» La science célèbre aujourd'hui le soixante-dixième anniversaire de votre naissance. Les étudiants avaient leur place marquée dans cette fête. Vous leur avez accordé le plus puissant de tous les patronages : celui d'une gloire pure. Vous avez été très grand et très bon. Vous avez donné aux étudiants de belles leçons et un bel exemple. Vous avez réalisé leur plus grand espoir. Votre vie, infiniment précieuse aux hommes, est l'incarnation la plus puissante de la devise inscrite sur notre drapeau : *Science et Patrie !* Les étudiants de Paris vous garderont une reconnaissance éternelle.

» Ils vous apportent l'hommage de leur profonde et respectueuse admiration, prémices d'un culte qui ne périra pas.

> » *L'association générale des étudiants*
> *de Paris.* »

* *

Et, pour associer à tous ces hommages un souvenir intime et touchant, on appela les représentants de la ville de Dôle et de

la ville d'Arbois. C'est à Dôle que M. Pasteur est né, c'est à
Arbois qu'il a passé son enfance. Chaque délégué avait déposé
devant la table de M. Pasteur l'adresse dont il était porteur,
contenue dans un étui ou un écrin. Le maire de la ville de Dôle
arrivait tenant une sorte d'album qui reproduisait, d'un côté, le
fac-similé de l'acte de naissance de M. Pasteur, et de l'autre, la
photographie de la petite maison où il est né. En remettant ce
double et précieux souvenir, M. Ruffier lut l'adresse de la ville
de Dôle.

« Auguste et vénéré concitoyen, Dôle, qui vous a vu naître,
sera fière d'avoir été associée à cette imposante solennité où tous
les grands maîtres de la science, français et étrangers, sont
accourus dans un élan unanime d'admiration, pour acclamer
son plus glorieux enfant, pour célébrer en des termes magnifiques son œuvre puissante qui est aujourd'hui l'honneur et la
sauvegarde de l'humanité.

» Nos humbles voix ne sauraient rien ajouter à ces éclatantes
manifestations qui retentiront longtemps encore dans ce sanctuaire de la science et vous feront cortège jusque dans la postérité la plus éloignée. Cependant nous devons à votre gloire,
quoiqu'elle soit aujourd'hui sans limite, de proclamer combien,
malgré la recherche passionnée et exclusive de la vérité
qui, chaque jour, à toute heure dominait votre pensée, vous
avez su conserver, comme un dépôt sacré, le culte du foyer
paternel.

» Nous en avons été les témoins émus dans cette grande
journée du 14 juillet 1883, où notre vieille cité dôloise, toujours
jalouse de la gloire de ses enfants, inaugurait cette modeste
plaque commémorative de votre naissance sur l'humble maison
où vos parents avaient vécu. Nous avons entendu avec quelles
touchantes paroles vous célébrez leurs rudes labeurs, leur inaltérable dévouement, leurs qualités persévérantes qui font les

vies utiles, leurs enthousiasmes qui vous ont appris à confondre dans un même amour la grandeur de la science et la grandeur de la patrie. C'était à eux que la piété filiale reportait tous les hommages rendus à votre talent. Nous avons vu votre profonde émotion, vos pleurs et vos sanglots entrecoupant votre voix au souvenir de vos chers disparus ! et cette religion de la famille encore si vivace et si entière après tant d'années parcourues nous a touchés jusqu'au fond de l'âme et nous a laissé d'inoubliables impressions.

» C'est sous l'inspiration de ces sentiments si profondément humains que nous vous apportons, à l'occasion de votre soixante-dixième anniversaire, une reproduction photographique de votre acte de naissance, où vous retrouverez la signature de votre honorable père et aussi l'image de cette petite maison, comme vous vous plaisiez à l'appeler, berceau de votre enfance, où vous avez vécu vos premiers ans.

» Que cet hommage, si modeste qu'il soit auprès des riches offrandes du corps savant, trouve auprès de vous un bienveillant accueil, et reste à vos yeux le témoignage de l'inaltérable et respectueuse affection que vous ont vouée vos concitoyens. »

Pendant tout ce discours, M. Pasteur resta le visage caché dans ses mains. Ceux qui vivent dans son intimité savent de quel culte il a honoré son père et sa mère. Leur image brusquement évoquée le fit fondre en larmes. Son émotion était si profonde que la salle tout entière la partagea.

De la salle entière, où le public était debout, s'élevèrent enthousiasmés des cris de : « Vive Pasteur ! »

M. Carnot se levant alla féliciter M. Pasteur et l'embrassa avec effusion aux applaudissements répétés de tous.

Telle fut cette belle matinée du 27 décembre 1892. Tous ceux qui en furent les témoins éprouvèrent là une des joies les plus profondes et les plus généreuses de leur vie. L'âme de la France avait passé sur cette assemblée, soulevée par les sentiments les plus nobles et les plus désintéressés : l'admiration et la reconnaissance, spectacle magnifique où, pour employer la belle expression du grand poète Shakespeare, *un grand homme avait été porté en triomphe sur les cœurs.*

CHAPITRE XII

LES DERNIÈRES ANNÉES

VANT l'apothéose du jubilé, la modestie du savant avait été mise à l'épreuve. C'était à Dôle, sa ville natale. Sur la maison où il est né, le 27 décembre 1822, le conseil municipal avait fait mettre une plaque commémorative.

La cérémonie de la pose de cette plaque fut très solennelle et très touchante. Pasteur était venu d'Arbois, accompagné de sa famille, assister à cette inauguration. Une foule immense remplissait la petite rue des Tanneurs, toute pavoisée. Sur une des plus modestes maisons apparaissait une plaque en marbre noir portant ces simples mots écrits en lettres d'or :

ICI EST NÉ LOUIS PASTEUR

27 décembre 1822.

Le maire de Dôle, rappelant tous les titres scientifiques de son excellent compatriote, se félicita de donner à Pasteur, vivant et présent, un tel témoignage de gloire.

M. Kaempfen, délégué du ministre de l'Instruction publique

et des Beaux-Arts, prononça ces paroles couvertes d'applaudissements :

« Au nom du Gouvernement de la République française, je
salue l'inscription qui rappelle que dans cette petite maison de
cette petite rue est né celui qui devait être un des plus grands
savants de ce siècle si grand par la science, et qui a, par ses
admirables travaux, accru la gloire de la patrie et bien mérité
de l'humanité tout entière. »

Pasteur, très ému, répondit en termes éloquents :

Il commença par s'élever « contre cet excès de gloire, contre
cet hommage qui ne se rend qu'aux morts illustres, contre cet
empiètement sur le jugement de la postérité; » puis il ajouta :

« Après avoir protesté contre les dehors éclatants d'une admiration que je ne mérite pas, laissez-moi vous dire que je suis
touché et remué jusqu'au fond de l'âme. Votre sympathie a
réuni sur cette plaque de marbre les deux grandes choses qui
ont fait à la fois le charme et la passion de ma vie : l'amour de
la science et le culte du foyer paternel.

» Oh ! mon père et ma mère ! Oh ! mes chers disparus, qui avez
si modestement vécu dans cette petite maison, c'est à vous que
je dois tout ! Tes enthousiasmes, ma vaillante mère, tu les as
fait passer en moi. Si j'ai toujours associé la grandeur de la
science à la grandeur de la patrie, c'est que j'étais imprégné
des sentiments que tu m'avais inspirés. Et toi, mon cher père,
dont la vie fut aussi rude que ton rude métier, tu m'as montré
ce que peut faire la patience dans les longs efforts. C'est à toi
que je dois la ténacité dans le travail quotidien. Non-seulement
tu avais aussi l'admiration des grands hommes et des grandes
choses : regarder en haut, apprendre au delà, chercher à s'élever
toujours, voilà ce que tu m'as enseigné; je te vois encore, après

ta journée de labeur, lisant le soir quelque récit de bataille qui te rappelait l'époque glorieuse dont tu avais été le témoin. En m'apprenant à lire, tu avais le souci de m'apprendre la grandeur de la France.

» *Soyez bénis l'un et l'autre, mes chers parents, pour ce que vous avez été, et laissez-moi vous reporter l'hommage fait à cette maison.* »

Ce discours si humble, si ému, est tout entier empreint de si beaux et si délicats sentiments, qu'il mériterait d'être donné comme exemple de morale dans les livres de littérature mis entre les mains des enfants des écoles.

**

La dernière circonstance officielle dans laquelle Pasteur prit la parole fut la visite que M. Casimir Périer, président de la République, fit à l'Institut Pasteur, le 25 octobre 1894, pour remettre les insignes de commandeur de la Légion d'honneur à M. le docteur Roux, au sujet de ses belles découvertes pour le traitement de la diphtérie, et visiter en même temps l'installation du laboratoire de bactériologie.

Le président de la République fut reçu au seuil de l'Institut par M. Pasteur, qui le salua et le conduisit dans la grande salle de la bibliothèque où il lui présenta ses dévoués collaborateurs.

Le président s'adressa en ces termes à M. le docteur Roux :

« C'est devant le *maître illustre* qui honore la France et l'humanité que je veux, au nom du gouvernement de la République, remettre à M. le docteur Roux la croix de commandeur de la Légion d'honneur. Vous l'avez, mon cher docteur, méritée par l'ensemble de vos travaux, par vos admirables recherches sur la *sérothérapie*, et par l'application toute récente du traitement de la diphtérie.

» Justiciable de l'opinion publique, un gouvernement est heureux quand il n'a qu'à se faire l'interprète des sentiments de la nation, et c'est bien la nation qui vous décerne ici sa reconnaissance. »

A l'allocution du président, le Dr Roux répondit :

« Monsieur le président,

» Je ne saurais vous dire combien je suis ému des paroles que vous venez de m'adresser. La haute distinction que vous venez de me conférer est un nouvel honneur pour cet Institut et une joie que vous réservez à son illustre chef. Ce sont tous les collaborateurs de M. Pasteur que vous récompensez en moi, et je vous remercie en leur nom. »

. . . .

Le Dr Roux associe ensuite dans l'honneur qu'on lui fait les noms des docteurs étrangers Behung et Lœffler, qui furent les premiers auteurs de la découverte du sérum.

M. Casimir Perier prend une seconde fois la parole pour féliciter de sa découverte autant que de sa haute science le Dr Roux, et présenter les mêmes compliments à tous les élèves de M. Pasteur.

Pasteur remercie avec la plus profonde émotion M. Casimir Périer d'avoir récompensé l'un de ses plus chers collaborateurs et, un peu confus des hommages qui lui étaient offerts par le chef de l'État, il rappelle la part qui revient dans le traitement nouveau de la diphtérie à deux savants étrangers.

Si Pasteur n'a pas eu, comme tant d'autres, le déclin de son existence empoisonné par le spectacle de l'ingratitude des hommes, il faut du moins reconnaître que la nature ne s'est guère montrée clémente à son égard. Les progrès de la paralysie, dont les premières atteintes remontaient à une trentaine d'années, lui avaient fait, dans ces derniers temps, une existence d'autant plus douloureuse, pénible, en dépit de toutes les tendres affections dont il était pieusement entouré, que sa vaste intelligence était restée intacte jusqu'à la fin. Quand la gloire lui avait donné une couronne, elle lui arrachait une souffrance. Sa femme et ses enfants, par des prodiges d'amour dévoué, savaient l'entourer de soins si délicats qu'il ne pouvait même s'apercevoir de leur constante assiduité.

Toujours, depuis, sa démarche resta pénible. Il avait l'air d'un blessé. Ses études sur la rage l'entraînèrent à des discussions si âpres, si violentes que, en 1886, elles aggravèrent son état. Il avait de l'albuminerie et souffrait de défaillances du cœur. Un hiver qu'il passa à Bordighera, dans une villa mise à sa disposition par M. Bischoffshein, ne lui rendit qu'une santé chancelante. Sa vigueur s'affaiblissait peu à peu. En 1892, l'an de son jubilé, il apparut comme se survivant à lui-même et ne put lire son discours. Dans ces derniers temps, il avait passé six mois au lit.

Une légère amélioration survint, mais depuis un an l'usage de la parole était presque impossible! c'est à peine si les siens réussissaient à deviner ce qu'il voulait dire. Pourtant sa belle intelligence demeurait parfaitement lucide. Il se tenait au courant des choses de la vie, se faisait lire les journaux, et, quelque absorbé qu'il pût être à certains moments, il se réveillait toujours lorsqu'on parlait devant lui des choses scientifiques qui avaient été la passion de sa vie.

Pendant les beaux jours, alors que le soleil laissait arriver jusqu'à nous ses bienfaisants rayons, on pouvait voir Pasteur, sur une chaise à porteurs, sous un grand frêne du parc de Villeneuve-l'Étang, ne pouvant guère plus articuler que quelques sons inintelligibles, mais bienveillant toujours et aimable du geste envers tous, l'œil encore plein de vie et de vigoureuse et profonde intelligence, suivant, avec un intérêt où se mêlaient parfois des éclairs de passion, tout ce qui se disait autour de lui.

Le 12 février 1895, avait lieu le banquet de la *Conférence Scientia*, au milieu d'une nombreuse assistance.

Ce banquet était offert à M. Pasteur. M. Ch. Richet, le directeur de la *Revue scientifique*, qui présidait la conférence, fit un grand éloge de Pasteur ; il s'écriait, aux applaudissements de tous :

« Je crois être l'interprète des sentiments unanimes de cette assemblée en adressant à notre illustre président, M. Pasteur, l'hommage de notre reconnaissance et de notre admiration.

. . . .

» Je dis de notre admiration, car l'œuvre de M. Pasteur est parmi les plus grandioses et les plus fécondes qu'il a été donné à l'intelligence humaine de concevoir et d'exécuter. Certes, le retentissement qu'elle a de par le monde est déjà bien grand ; mais il semble que l'importance en passe encore la renommée.

» Messieurs, *nous vivons aujourd'hui au milieu des vérités que M. Pasteur a su nous donner.* »

. . . .

Pasteur répondit aux éloges qu'on adressait à ses travaux en portant ce charmant toast à la presse scientifique : « Autrefois, disait-il, il y a trente ans à peu près, la presse scientifique n'existait pas ; les grands journaux politiques ne s'occupaient nullement des choses de la science, et les journaux exclusivements consacrés à la science n'étaient pas fondés, ou n'avaient que peu de lecteurs, étant aux mains seulement des chercheurs et des savants.

» Aujourd'hui, tous les journaux politiques se font honneur de s'intéresser à la science : il y a, pour les journaux exclusi-

Maison de Garches, où est mort Pasteur.

vement scientifiques, d'autres lecteurs que les savants. De là un mouvement d'opinion général, qui a entraîné les pouvoirs publics à faire les sacrifices nécessaires ; la presse scientifique a donc eu un rôle important dans le progrès des sciences. »

* *

C'est à Garches que Pasteur a passé sa dernière villégiature. En quittant la station, sur la gauche, un long mur blanc encadrant une sorte de coin de forêt. La muraille forme un brusque retour, et, au seuil d'une grille basse, assis sur une borne, se tient un domestique en livrée noire, portant sur sa casquette les initiales I. P. (Institut Pasteur).

Personne dans les longues allées sablées, bordées de pelouses, égayées de corbeilles de géraniums et d'hortensias. Sur les gazons, des groupes de chaises, laissées là après la réunion du soir, des agrès de gymnastique, une balançoire pour les enfants, toutes les traces de la villégiature calme et heureuse du soir de la vie du bon savant, brusquement troublée par la mort.

La bande de terrain bordant la ligne de chemin de fer offre un aspect différent : on se croirait au milieu d'un bivouac de cavalerie. Des groupes de chevaux cherchent l'ombre, tassés autour des troncs d'arbres ; d'autres piaffent dans l'eau d'une petite rivière coupant la pâturage. Au fond se dresse l'Institut proprement dit. Le bâtiment, très vaste, offre l'aspect d'une ferme riche, à deux étages, aux toitures fortement inclinées. Le corps de bâtiment central, les deux ailes et le pavillon central, dans lequel habitait chaque été l'illustre maître, surmontent d'immenses écuries fermées par de hautes portes brunes. Tout le rez-de-chaussée de la façade tournée vers l'entrée est occupé par une longue rangée de niches grillées, superposées, dans lesquelles grouillent des myriades de cobayes de toutes nuances et de toutes tailles. Autour de la maison, s'élèvent des cris et des pépiements ininterrompus ; on sent bruire la vie intense, remuante de toutes les espèces d'animaux, depuis le gloussement de la poule jusqu'au hennissement bruyant du cheval.

Pasteur adorait l'existence au milieu de cette ferme ensoleillée et bruissante, où il vivait tous les étés, dans une intimité toute familiale avec ses collaborateurs.

*
* *

Le domaine où mourut Louis Pasteur a une histoire dans le

siècle. Ce fut d'abord la propriété du duc et de la duchesse d'Angoulème appelés, incognito, comte et comtesse de Maines.

Après la révolution de Juillet, le domaine fut la résidence de la comtesse Decazes.

Vers 1850, la nouvelle châtelaine y loue des pavillons détachés que se partagent, outre des parents de M. A. Houssaye, le fils du perruquier-poète Jasmin. Le second Empire achète Villeneuve-l'Etang, puis le gouvernement de Thiers fait de ce dernier un camp, auquel succède le laboratoire actuel.

Dans le vaste domaine qui en ce siècle même a appartenu à des personnalités si diverses depuis la duchesse d'Angoulème jusqu'à l'empereur Napoléon III, on avait taillé une part sinon bien large, du moins suffisante maintenant pour l'Institut Pasteur.

Des constructions de la somptueuse demeure il ne restait plus que les communs. Le château de Villeneuve avait subi en effet le sort de Garches pendant la guerre de 1870. A demi démoli par les obus, il avait fallu achever l'œuvre de la guerre et raser l'ancienne demeure princière.

Les communs furent aménagés plus en vue des travaux auxquels se livraient M. Pasteur et ses dévoués collaborateurs que pour les besoins intimes du maître...

Là, sous les hautes futaies, sur les gazons, les chevaux et les cobayes pouvaient vivre sous les yeux de l'expérimentateur, dans les conditions d'hygiène indispensables à la sécurité des expériences. Aussi M. Pasteur affectionnait-il cette retraite où il pouvait en toute liberté, loin des importuns, se livrer à ses travaux.

Souffrant déjà au printemps de 1895, M. Pasteur était venu se réfugier en quelque sorte dans sa poétique et modeste maison de Garches.

Presque quotidiennement appuyé au bras d'un parent ou d'un ami, il faisait quelque courte excursion dans le parc et s'asseyait de longues heures sur la pelouse. Parfois aussi, les bons jours, il montait en voiture et n'avait point de peine à découvrir dans les environs quelque site abrité et pittoresque où son esprit se rassérénait. Homme de foi et de conviction, M. Pasteur trouvait dans ses croyances un allégement à ses souffrances. La mort ne l'a point surpris, et c'est à la religion, comme on le sait déjà, qu'en possession de la plénitude de sa grande intelligence, il a demandé le suprême et réconfortant viatique.

La maladie dont souffrait M. Pasteur, maladie dont les soubresauts répétés pronostiquaient la fatale et prochaine issue, s'est subitement aggravée le vendredi 27 septembre. Dès ce jour-là, les phénomènes morbides s'accusant avec une intensité extrême, il n'y eut plus à se laisser aller au moindre espoir.

M. le Dr Chantemesse, et son confrère, le Dr Gilles, constatèrent bientôt la cessation complète des fonctions du rein, et l'empoisonnement graduel de l'être tout entier se produisit sans qu'il fût possible d'apporter le moindre remède. Au moment où, toujours en pleine possession de lui-même, M. Pasteur est entré dans l'éternité, il avait auprès de lui presque tous les siens. Aussi son regard est-il allé de façon presque constante de sa femme à sa fille, à son gendre et à ses petits-enfants. Autour de lui se tenaient : le Dr Roux, M. Chantemesse, M. Nocard, M. Metchnikoff, M. Martin et plusieurs préparateurs de l'Institut. A genoux, priaient devant le mourant madame Pasteur, M. et madame Vallery-Radot ; leurs deux petits-enfants, Camille et Louis ; madame Loir, sœur de madame Pasteur ; M. Maurice Lar, son neveu ; M. Achille Laurent, son cousin.

A cinq heures, M. Pasteur s'éteignit doucement : son fils, M. J.-B. Pasteur, attaché d'ambassade à Madrid, qu'on avait prévenu télégraphiquement, n'avait pu arriver à Garches qu'à sept heures du soir ; il dut s'occuper immédiatement de notifier la mort de son père aux préfets de la Seine et de police, aux présidents du Conseil général et du Conseil municipal, aux présidents des académies et corps savants dont faisait partie M. Pasteur.

*
* *

Voici en quels termes M. Prévot, l'un des disciples du savant, attaché au groupe d'étude de la diphtérie, a relaté les dernières semaines de la vie du maître :

« Depuis longtemps déjà, je crois que M. Pasteur se faisait peu d'illusion sur le temps qui lui restait à vivre. Il avait perdu sa gaîté, de longues heures il restait silencieux ; on voyait qu'il souffrait cruellement d'être obligé de renoncer à l'activité qu'il déployait ordinairement. Certes, son activité intellectuelle ne s'est endormie qu'avec lui. Jusqu'aux derniers jours, il ne cessa de s'occuper de nos travaux de laboratoire, contrôlant, observant, rectifiant avec son bon sourire, les erreurs qu'il saisissait. Nous tous, qui avons longuement vécu dans son intimité, nous savons, seuls, quelle perte nous frappe. Pas un de ceux qui l'approchèrent et travaillèrent sous sa direction, ne put se défendre de la sympathie qu'il inspirait, par sa douceur, par sa ténacité aussi, à faire comprendre à ses disciples ce qu'il saisissait lui-même avec une si merveilleuse lucidité.

La pièce dans laquelle reposait la dépouille mortelle de Pasteur est située au premier étage. Les fenêtres basses, voilées de rideaux à petits carreaux rouges et blancs, s'ouvrent sur la cour intérieure. C'est une pièce vaste, tendue de papier clair ; le lit est placé en angle au fond de la chambre, face aux croisées. Un escalier étroit, de forme dite échelle de meunier, y donne accès.

*
* *

Voici l'acte de décès de M. Pasteur :

» En présence de M. Duparquet, maire de la commune de Marnes :

» Du dimanche, 29 septembre 1895, à neuf heures du matin. Acte de décès de Louis Pasteur, membre de l'Académie de médecine, grand-croix de la Légion d'honneur ; âgé de soixante-douze ans neuf mois et un jour ; né à Dôle (Jura), le 27 décembre 1822 ; décédé hier, à cinq heures du soir, au domaine de Villeneuve-l'Étang ; demeurant à Paris, rue Dutot, 25 ; fils de Joseph Pasteur et de Jeanne-Étiennette Roqui, tous deux décédés ; époux de Marie-Anne Laurent, sans profession, âgée de soixante-neuf ans, demeurant à Paris, rue Dutot, 25.

» Les témoins ont été MM. André Chantemesse, chevalier de la Légion d'honneur, âgé de quarante-trois ans, demeurant à Paris, 30, rue Boissy-d'Anglas, et Émile Roux, commandeur de la Légion d'honneur, âgé de quarante-et-un ans, demeurant à Paris, rue Dutot, 25 ; tous deux docteurs en médecine, amis et collaborateurs du défunt, lesquels ont signé avec nous, Georges-Joseph Duparquet, maire et officier de l'état civil, après lecture faite et décès constaté. »

*
* *

Nous disons plus haut que madame Pasteur n'avait pas quitté le chevet du malade. C'est, en effet, dimanche, que le lit où couchait madame Pasteur a été enlevé de la chambre de son mari qu'elle ne voulait pas laisser seul.

Elle fut non seulement la compagne dévouée, l'amie fidèle de l'illustre savant, mais souvent aussi sa collaboratrice intelligente aux heures de recherches et de travail.

Fille de M. Laurent, recteur de l'Académie de Strasbourg, elle se maria à l'époque où Pasteur était professeur suppléant à la Faculté de la capitale de l'Alsace.

Aucun des travaux de son mari ne la laissa indifférente, et, sans abandonner son rôle de mère de famille et de femme d'intérieur, elle sut, en maintes occasions, aider son mari dans ses recherches.

C'est surtout au moment où Pasteur étudiait la maladie des vers à soie que madame Pasteur sut se rendre utile.

Au Pont-Gisquet, dans le Midi, où la famille s'était installée, madame Pasteur et sa fille devinrent de véritables magnarelles, et pendant des mois, on les vit passer une bonne partie de leur temps à trier les chenilles sur les claies et à renouveler leur litière de mûrier.

Ce travail se continua à Paris, et une petite magnanerie fut établie dans l'antichambre de l'École normale, dont madame Pasteur prit la haute direction.

Dernier portrait de Pasteur, à 72 ans

CHAPITRE XIII

Ès la nouvelle de la mort du grand savant, les télégrammes de tous les endroits et des genres les plus divers n'ont cessé d'arriver à Garches. Citons-en quelques-uns.

Voici le texte du télégramme envoyé par M. Le Gall au nom du Président de la République à madame Pasteur :

« Le Président de la République me charge de vous exprimer toute la part qu'il prend à votre douleur et de vous dire combien il est affecté par la perte que viennent de faire, en la personne de l'illustre Français dont vous portez le nom, la science, le pays et l'humanité. »

M. Poincarré télégraphia au nom du gouvernement :

« Madame, j'ai l'honneur de vous adresser, au nom du gouvernement, la respectueuse expression de nos vives et profondes condoléances. »

M. J.-B. Pasteur reçut la dépêche suivante de M. Hanotaux, ministre des affaires étrangères :

« La mort de M. Pasteur est un malheur irréparable pour le pays. A l'étranger, tous les amis de la science et de l'humanité se considèrent comme atteints. Veuillez présenter mes sentiments de respectueuses condoléances à madame Pasteur et à tous les vôtres. Vous savez quels sont nos sentiments personnels pour votre illustre père défunt et combien je compatis à votre douleur. »

« L'Association générale des étudiants de Paris prie madame Pasteur et ses enfants d'agréer l'expression de sa profonde et respectueuse sympathie. Elle pleure en M. Pasteur, non seulement son président d'honneur, mais un ami des premiers jours, et elle prend sa large part du deuil cruel qui frappe la science, la patrie et l'humanité. »

« Permettez-moi en souvenir de l'empereur du Brésil mon père, et en mon nom, de venir de tout cœur m'associer à votre grande douleur et à la perte immense que la science vient d'éprouver en la personne de notre vénérable M. Pasteur.

» Comtesse d'Eu. »

Celui de la princesse Mathilde :

« Très affectée par la perte que vous venez de faire et qui atteint tous les cœurs français, je m'associe à votre deuil et vous envoie mes plus cordiales condoléances.

» Princesse Mathilde. »

Celui du prince Valdemar :

« Prenons la plus grande part à votre douleur. Sommes de cœur avec vous.

» Prince Valdemar, princesse Marie. »

De la duchesse d'Uzès :

« Vous demande permission de joindre mes regrets et mes prières aux vôtres.

» DUCHESSE D'UZÈS. »

De Paul Déroulède :

« Dites-vous bien et dites à tous les vôtres que je suis avec vous de tout mon cœur, et que je pleure avec toute la France la perte de celui qui était et restera notre immortel Pasteur.

» PAUL DÉROULÈDE. »

De Charles Dupuy :

« Je vous prie, dans le malheur qui vous frappe et qui met en deuil la science et la patrie, d'agréer l'hommage de mes plus vives et plus respectueuses condoléances.

» CHARLES DUPUY,
» ancien ministre de l'instruction publique. »

De Chambéry à madame Pasteur :

« Madame, permettez à la fille de Pouchet, dont les luttes avec l'illustre savant ont été si retentissantes, de s'associer à votre immense douleur et au deuil de toute la France (1).

» CÉLINE POUCHET. »

De deux armateurs de Nantes, qui avaient donné à un navire le nom du maître :

(1) Quel délicat hommage rendu publiquement par la fille de l'un des plus redoutables adversaires de Pasteur!

« Les armateurs *de Louis Pasteur* vous envoient, madame, leurs sentiments de profonde tristesse en songeant que la mort a ravi à l'humanité votre illustre mari avant même que soit lancé le navire qui va porter son nom. Ils conserveront, comme une relique, la lettre d'une si touchante simplicité qu'il y a si peu de temps encore ce génie immortel a daigné leur adresser.

» René Guillon, René Fleury,
» Armateurs à Nantes. »

De Madrid à M. J.-B. Pasteur :

« La société française de Madrid vous prie de vouloir agréer le témoignage de sa participation émue au deuil universel causé par la perte de votre illustre père. »

De Buenos-Ayres :

« Institut Pasteur, Paris.

» Le cercle « *La France* » s'associe à la douleur générale. »

De Montevideo :

« *Institut Pasteur.* — Résidents français Montevideo s'associent aux sentiments de sympathie et aux regrets du monde entier. »

De Nijni-Novgorod, à l'Institut Pasteur :

« La section de Nijni-Novgorod à la société russe d'hygiène publique, dans sa séance du 30 septembre, a résolu de vous adresser une respectueuse prière. Veuillez transmettre à la famille de M. Pasteur les condoléances de la société et l'expression du profond respect et de l'admiration qu'elle garde à la mémoire du grand homme et du penseur de génie. »

De Moscou :

« Les étudiants de cinquième de la Faculté de médecine de Moscou, douloureusement impressionnés par la mort de M. Pasteur, ce savant qui a tant travaillé pour la science et l'humanité, s'unissent aux regrets universels et lui envoient leur dernier adieu. »

De Saint-Pétersbourg, les quatre télégrammes suivants :

« La société des médecins parisiens de Saint-Pétersbourg, apprenant la triste nouvelle du décès de son membre honoraire, M. Louis Pasteur, déplore la perte irréparable de cet illustre et vénéré maître, véritable ami et bienfaiteur de l'humanité. »

« Le Comité de médecine militaire, profondément ému du décès de l'illustre maître-professeur Pasteur, aux travaux ingénieux duquel le service de santé de l'armée russe est si redevable, a pris la résolution, dans la séance d'aujourd'hui, d'exprimer à l'Institut et à la famille du défunt les sentiments de sa condoléance infinie. »

» La société russe d'hygiène, qui comptait Louis Pasteur au nombre de ses membres d'honneur, est profondément émue de la perte que le monde entier vient de faire dans l'illustre savant dont toute la vie fut consacrée à combattre les ennemis aussi infiniment petits qu'immensément dangereux de l'humanité, et prie l'Institut d'être auprès de la famille de l'éminent défunt l'interprète de ses condoléances. »

« La société impériale des naturalistes de Saint-Pétersbourg, déplorant la perte de son membre honoraire, vous exprime ses regrets sincères, en espérant que votre douleur trouvera un soulagement à l'idée de la gloire immortelle conquise par le défunt. »

Mentionnons encore les télégrammes de la société médicale de Moscou, de l'université Jagellonne de Cracovie, de l'université de Jurjesse, etc.

D'autre part, l'Association des étudiants a reçu de Prague le télégramme suivant :

« Les étudiants en médecine tchèques, ayant appris la mort de M. Pasteur, la douloureuse perte qui vient d'atteindre toute la France et la science médicale de tout le monde, demande à l'association d'être leur interprète de condoléance auprès de madame Pasteur. »

Enfin, on télégraphie de Londres :

« Dans une réunion tenue au Collège royal des vétérinaires, le professeur Penberthy a prononcé un éloquent éloge de la vie et des travaux de M. Pasteur. « En ce moment, a-t-il dit, une ombre » épaisse s'est étendue sur le monde civilisé. Le firmament de la » science a perdu son astre le plus brillant. La mort de M. Pas- » teur a appauvri le monde. »

« Croyez à la sympathie d'un ami dévoué et grand admirateur de votre père.

» D'AUMALE. »

Du prince Victor-Napoléon :

« J'apprends avec émotion le malheur qui vous frappe. Je m'associe au deuil qui atteint la France entière dans l'illustre savant dont les travaux et découvertes ont tant contribué au soulagement de l'humanité.

» NAPOLÉON. »

Du président du conseil de Belgique :

« Le gouvernement belge s'associe à l'émotion profonde et
aux regrets que cause la mort de l'illustre savant et vous

La chapelle ardente, rue Dutot.

exprime, madame, ses profondes et respectueuses condoléances.

» *Le président du conseil des ministres,*

» De Burlet. »

De l'archevêque de Lyon :

« L'archevêque de Lyon s'associe respectueusement au deuil de la famille et de la France et priera pour le glorieux et vénéré défunt.

» PIERRE, *archevêque.* »

De M. Mézières :

« Envoie à vous et à vos enfants, avec expression profonde douleur personnelle, celle de tous les Lorrains au milieu desquels je suis.

» MÉZIÈRES. »

Du docteur Koch, de Berlin :

« Profondément ému par la perte universellement sentie que l'Institut Pasteur vient de faire dans la personne de son génial fondateur, l'Institut berlinois des maladies infectieuses envoie sa participation intime à la douleur générale.

» KOCH. »

De l'Institut antirabique de Bologne :

« L'Institut antirabique Pasteur à Bologne s'associe au deuil universel dans la perte de l'homme qui était l'honneur de la science et le bienfaiteur de l'humanité.

» *Le président :* ERCÈLE TACCONI. »

Du prince d'Oldenbourg de Russie :

« Profondément attristé par la perte irréparable qui frappe toute l'humanité, je m'empresse de vous témoigner, ainsi qu'à toute votre famille, la part sincère que je prends à votre dou-

leur. Que Dieu vous donne la force de supporter cette cruelle
épreuve.

> » Prince d'Oldenbourg. »

De la reine de Danemark :

« Le roi et moi prenons vive part à votre perte irréparable.
Reconnaissante d'avoir pensé à moi.

> » Louise. »

Seconde dépêche du prince d'Oldenbourg :

« Vu le consentement de Sa Majesté l'empereur Nicolas, le
directeur de l'Institut impérial de médecine expérimentale, professeur, arrivera jeudi à Paris pour assister aux funérailles de
votre vénéré et regretté père.

> » Prince d'Oldenbourg. »

Du président du Conseil général de la Seine :

« Le Conseil général de la Seine, partageant plus particulièrement le deuil de la France, renouvelle au bienfaiteur de l'humanité que fut Pasteur l'hommage de son admiration, et adresse
à madame Pasteur et à sa famille l'expression de ses vives et
profondes condoléances.

> » Louis Lucipia. »

Du président du Conseil municipal de Paris :

« Le Conseil municipal de Paris s'associe, au nom de la po-
pulation parisienne tout entière, à la douleur de la famille de
M. Pasteur et au deuil qui frappe la patrie française et la
science.

> » Rousselle. »

Voici la lettre que les étudiants catholiques ont adressée à madame Pasteur:

» Madame, les membres du Cercle catholique des étudiants de Paris tiennent à vous exprimer la part qu'ils prennent à votre deuil. Étudiants français, ils déplorent la perte de l'illustre savant qui a su porter si haut, en servant la cause de l'humanité, le renom de la science française. Étudiants catholiques, ils se rappellent les luttes victorieusement soutenues par M. Pasteur contre le matérialisme et le scepticisme des adversaires de leurs croyances.

» Aux sentiments de leurs condoléances ils vous promettent d'ajouter, madame, le concours de leurs prières, afin que Dieu vous donne la force et le courage qui vous sont nécessaires. »

**

Un décret fut promulgué, ordonnant des funérailles nationales :

« Le président de la République française :
» Sur le rapport du président du Conseil, ministre des finances, du ministre de l'instruction publique, des beaux-arts et des cultes et du ministre de l'intérieur :

» Décrète :

» *Article premier.* — Il sera fait à Louis Pasteur, membre de l'Académie française et de l'Académie des Sciences, des funérailles nationales qui seront célébrées par les soins de l'État et aux frais du Trésor public.

» *Article 2.* — Le président du Conseil, ministre des finances, le ministre de l'instruction publique, des beaux-arts et des cultes, et le ministre de l'intérieur, sont chargés, chacun en ce qui le concerne, de l'exécution du présent décret.

» Fait à Fontainebleau, le 1er octobre 1895.

» FÉLIX FAURE.

» *Par le président de la République* :

» *Le président du Conseil, ministre des finances,*

» A. RIBOT.

» *Le ministre de l'instruction publique,*
des beaux-arts et des cultes,

» R. POINCARÉ.

» *Le ministre de l'intérieur,*

» G. LEYGUES. »

Les funérailles de Pasteur ont été précédées d'une longue veillée funèbre qu'ont faite, autour de son cercueil, non seulement les parents du maître, ses disciples préférés, ses collaborateurs de tous les jours dans la maison qui porte son nom, mais le peuple même de Paris. Des milliers et des milliers de petites gens ont défilé devant la dépouille de Pasteur, recueillis, silencieux, pleins de ce respect que la mort inspire toujours à Paris, et aussi de cette gratitude qu'éprouvent si naturellement un père, une mère, pour l'homme dont les découvertes — ils le savent tous — ont sauvé la vie de leur enfant mordu par un chien enragé, ou atteint du croup. Combien était touchant le spectacle de ce long et muet hommage, prélude de la pompe glorieuse et parlante qui s'est déroulée en ce jour, dans les rues de Paris!

Les funérailles de Pasteur ont ému l'âme populaire, tout comme celles d'un glorieux soldat, d'un politique dévoué à la cause du peuple, d'un poète enfant gâté de la foule et de la gloire. Ni Victor Hugo, ni Gambetta, ni Mac-Mahon ne sont allés au lieu de leur repos environnés de plus de regrets et de plus de sympathies que ce savant qui pourtant n'a jamais porté un uniforme étincelant, ni ne s'est mêlé aux luttes des partis, ni n'a flatté les masses. La modestie de ses goûts et de sa vie n'était pas pour saisir les imaginations, pas une note discordante ne s'est fait entendre, depuis le jour où l'on a su que Pasteur était mort jusqu'à présent. Des assemblées animées de sentiments hostiles aux croyances que Pasteur professait avec tant de simplicité ont tenu à lui payer le tribut d'admiration auquel sa mémoire a droit. Le conseil municipal de Marseille, le conseil municipal de Paris, le conseil général de la Seine, pour citer les exemples les plus frappants, ont donné là un exemple que l'on voudrait les voir suivre eux-mêmes partout où il s'agit d'un grand intérêt national, et se sont honorés en honorant un homme placé aux antipodes de leurs opinions. C'est que le génie et surtout le génie bienfaisant et secourable, le génie qui n'ignore ni les multitudes anonymes ni leurs souffrances, qui se consacre à les soulager, trouve sûrement le chemin des cœurs. Les funérailles de Pasteur nous montrent aujourd'hui le spectacle d'un peuple — on pourrait même dire de toute la civilisation, tant a été sincère et grande la part que les étrangers ont prise au deuil de la France! — communiant, pour des raisons diverses, dans un même sentiment. Ici, tous ceux qui comprennent l'étendue et la beauté de l'œuvre scientifique accomplie par le maître; là, tous les ignorants qui n'entendent rien aux choses par lui étudiées ou découvertes, mais qui le savaient bon, compatissant, dévoué à l'humanité entière.

*
* *

Les funérailles de Pasteur furent célébrées avec une magnificence digne de ce grand homme. Le gouvernement, l'armée, l'université, les corps constitués, les sociétés savantes de France et d'Europe, la foule qui se pressait sur le passage du cortège, ont rendu à l'illustre maître un dernier grand hommage.

A neuf heures et demie, les troupes, qui allaient former une véritable armée, commencèrent à arriver. Des écriteaux attachés à des piquets indiquaient leurs places aux nombreuses délégations des sociétés françaises et étrangères. Seuls, les personnages officiels pénétrèrent dans l'Institut, dirigés par M. Crozier et les attachés du protocole, saluant la famille et se réunissant par groupes dans la cour.

Ce défilé n'est marqué que par un petit incident : M. Sansbœuf dépose sur le cercueil une médaille et donne à M. Vallery-Radot, pour être remise à madame Pasteur, la lettre suivante :

« Madame,

» Le comité central de la Fédération des sociétés alsaciennes-lorraines de France et des colonies, réuni en séance le mardi 2 octobre, a l'honneur de vous présenter, ainsi qu'à votre famille, l'expression de sa profonde douleur et de ses respectueuses condoléances, à l'occasion de la perte cruelle que vous venez d'éprouver.

» La France entière s'associe à votre deuil, madame, et les Alsaciens-Lorrains, qui n'ont pas oublié la fière et patriotique attitude qu'en deux circonstances solennelles M. Pasteur a su prendre vis-à-vis de ceux qui continuent à violenter leur volonté et leurs sentiments, s'inclinent respectueusement devant la tombe de celui qui fut à la fois un bon Français, un grand savant et un bienfaiteur de l'humanité.

» La médaille votée par son comité central, dans la réunion du 10 mai dernier, ne pouvant plus être remise à M. Pasteur, sera déposée sur son cercueil le jour de ses funérailles et restera à sa famille comme un témoignage d'admiration et de gratitude de tous les Alsaciens-Lorrains.

» *Au nom du comité central,*

» *Le président,* SANSBŒUF. »

A dix heures un quart, le clergé de la paroisse Saint-Lambert vint faire la levée du corps; le cercueil fut transporté sur le char et recouvert du chapeau, de l'habit et de l'épée d'académicien. Les commandements de « présentez armes » retentirent; la musique de la garde républicaine joua la marche funèbre de Chopin, et le cortège se mit en marche dans l'ordre suivant :

En tête, précédé seulement par un peloton de gardiens de la paix et un demi-escadron de cavaliers de la garde républicaine, le général Saussier, gouverneur de Paris, s'avançait entouré de son état-major et suivi de la première division d'infanterie. Venaient ensuite les délégations des diverses sociétés, dont voici la liste :

1er *groupe*. — Sociétés musicales et chorales : la Voltairienne, la Lyre d'Alsace-Lorraine de Paris.

2e *groupe*. — Sociétés de tir et de gymnastique, vétérans des armées de terre et de mer, société des Alsaciens-Lorrains.

3e *groupe*. — Sociétés diverses, syndicat des propriétaires de Paris, le Bon-Marché.

4e *groupe*. — Société de prévoyance et de secours mutuels, Sociétés des Sauveteurs de la Seine et de la Marne, Union du Commerce, Secouristes français, Mariniers, Ambulanciers, Société de secours des Amis des Sciences.

5e *groupe*. — Sociétés et cercles de Paris et des départements; société d'agriculture de Melun, société d'appui mutuel des Franc-Comtois, Association franc-comtoise des gardes, société d'agriculture de Pithiviers.

6e *groupe*. — Chambre syndicale du commerce en gros des vins, Ligue des employés de l'octroi de Paris, syndicat des brasseries de Strasbourg, syndicat des vins d'Orléans, Union générale de la brasserie française, usine Poulenc, représentants de commerce, employés des Bateaux parisiens.

7e *groupe*. — Grandes administrations : Crédit foncier.

Funérailles de Pasteur.

8° *groupe.* — Municipalités de province : Bolbec, Rueil, Marnes, Orléans, Reims, Lille, Garches, Dôle, Arbois.

9° *groupe.* — Ville de Paris, Préfecture de la Seine.

10° *groupe.* — Écoles : Écoles commerciales, Étudiants catholiques, Arcueil, Beaux-Arts, Union française de la jeunesse, Ecole de physique et de chimie, Alfort, École normale supérieure.

11° *groupe.* — Représentants de la presse.

12° *groupe.* — Etudiants : Norvège; Université de Salamanque; collège de l'Arc, à Dôle ; Etudiants russes, à Paris; Lille, Association générale des étudiants ; Internes des hôpitaux.

13° *groupe.* — Sociétés savantes étrangères : Société des sciences physiques et chimiques de Bucarest, Académie de médecine de Medelin (Colombie), Institut Pasteur de la Havane, Université d'Edimbourg, Société médicale de Londres.

14° *groupe.* — Sociétés savantes françaises : Institut populaire du progrès, société des Amis de l'Université de Lille, Chimistes des distilleries de France, Association vétérinaire d'Eure-et-Loir, Ingénieurs-Architectes sanitaires de France, Ingénieurs civils de France, Société centrale de médecine vétérinaire, Société vétérinaire pratique de Paris, Société de médecine de Paris, Corps de santé de l'armée du Mexique, Faculté libre de médecine de Lille, Ecole de médecine de Montpellier, Société chimique de Paris, Société d'encouragement pour l'industrie nationale, Société de médecine publique, Société des agriculteurs de France, Corps enseignant de l'Institut national agronomique, les professeurs de l'Ecole d'Alfort.

Beaucoup de ces délégations entourent leurs couronnes, portées sur des civières. Citons celles de la fédération des Alsaciens-Lorrains, du Bon-Marché, des Bateaux parisiens, de l'Exposition du travail, de la Brasserie française, des Brasseurs de Strasbourg, du Crédit foncier, de la ville de Dôle, de l'Assistance publique, des Employés à la désinfection, de l'Union française, de la jeunesse des Étudiants de France (celle-ci précédée par les étendards voilés de crêpe) ; des associations de Paris, Caen, Lille et Nancy, de l'Université de Lille, des Ingénieurs et des Architectes sanitaires, des Agriculteurs de France, de l'Institut agronomique.

Viennent ensuite, également portées à bras, les couronnes du laboratoire municipal, de la Préfecture de la Seine, de la Préfecture de police, du Conseil municipal et du Conseil général de la Seine. Puis, six chars à deux chevaux portent d'autres couronnes en quantité prodigieuse, parmi lesquelles on remarque : celles de l'Institut Pasteur « à son chef », branche de laurier d'argent et palme de vermeil ; du duc d'Orléans, du laboratoire de pathologie expérimentale de la Faculté de Paris, en argent ; des étudiants alsaciens-lorrains de Strasbourg, du *Berliner medicinische Gesellschaft, irhem grossen chrenmitglied,* « Louis Pasteur » en fleurs naturelles ; de l'Institut expérimental de Saint-Pétersbourg en argent ; de l'École normale supérieure, de l'École d'Alfort, de l'Association des journalistes parisiens, de l'Université de Liège, de la ville d'Alais, du pavillon Pasteur à l'hôpital Cochin, de la Ligue des patriotes, de l'Association des étudiants étrangers à Paris, du « Portugal reconnaissant », de la Pouponnière, de la Faculté de médecine de Toulouse, de la ville du Havre, du duc de Luynes, des filateurs des Cévennes, des distillateurs de France, de la Chambre de commerce d'Avignon, de la ville de Rueil, des villes d'Arbois et de Dôle, celle-ci tout en raisins ; de l'École des Beaux-Arts, de l'Association des Dames françaises, de l'Université d'Utrecht, du service de la diphtérie à l'hôpital des Enfants-Malades, etc., etc...

Derrière les chars viennent encore trois couronnes sur des civières : la première, en fleurs naturelles, porte cette inscription : « A Louis Pasteur, le roi de Portugal » ; la seconde, en immortelles, est offerte par l'École polytechnique et accompagnée d'une délégation d'élèves en uniforme ; la troisième, orchidées et feuillages, porte l'inscription suivante : « A Pasteur, le gouvernement de la République. » Derrière les couronnes viennent : la voiture du clergé, le colonel, l'état-major et la musique de la garde républicaine ; les professeurs, chefs de service et employés de l'Institut Pasteur ; enfin le char funèbre, suivi de quatre employés des pompes funèbres, portant les quatre coussins où sont déposées les décorations du défunt. Les cordons du poêle sont tenus par MM. Poincaré, ministre de l'Instruction publique ; Joseph Bertrand, secrétaire perpétuel de l'Académie des Sciences ; Georges Perrot, directeur de l'École normale supérieure ; Brouardel, doyen de la Faculté de médecine ; Gaston Boissier, secrétaire perpétuel de l'Académie française ; et Bergeron, secrétaire perpétuel de l'Académie de médecine.

Puis vient la famille : M. Jean-Baptiste Pasteur et M. Vallery-Radot, qui tient par la main son jeune fils, conduisant le deuil ; MM. Edgar Zévort, Achille Laurent, Maurice Loir et les autres parents ou amis intimes. Madame Pasteur et les autres dames de la famille se sont rendues directement à Notre-Dame sans suivre le cortège.

*
* *

Écoutons maintenant ce récit d'un témoin du défilé :

« Après la famille marche le commandant Bourgeois, représentant le Président de la République, qui, lui aussi, s'est rendu directement à Notre-Dame ; les ministres : MM. Ribot, Trarieux, Hanotaux, Leygues, l'amiral Besnard, le général Zurlinden, Gadaud, Chautemps et Dupuy-Dutemps, c'est-à-dire tous les ministres, à l'exception de M. Lebon, absent de Paris.

Puis viennent les représentants du corps diplomatique, les délégations du Sénat et de la Chambre des Députés, les grand'croix de la Légion d'honneur, les délégations de toutes les classes de l'Institut, des officiers de toutes les armes, et les représentants de tous les corps constitués : Conseil d'Etat, Cour de Cassation, Cour des Comptes, Cour d'Appel, conseils supérieurs et directions des ministères, clergé des cultes reconnus, préfets de la Seine et de police, Conseils municipal et général, facultés et lycées, tribunaux, etc. Douze voitures de deuil et une centaine de voitures vides, appartenant à divers personnages qui marchent à pied, suivent le cortège, qui est fermé par la deuxième division d'infanterie ; la cavalerie, l'artillerie, un demi-escadron de la garde républicaine forment une haie mobile. Une haie de gardiens de la paix et de gardes à pied maintient la foule sur le trottoir. L'affluence est énorme sur tout le parcours, principalement aux abords de la rue Dutot et du pont Saint-Michel, c'est-à-dire aux deux points extrêmes de l'itinéraire, qui comprend le boulevard de Vaugirard, la rue de l'Arrivée, la rue de Rennes, les boulevards Saint-Germain et Saint-Michel. Cette foule est parfaitement calme, respectueuse et recueillie ; tout le monde se découvre devant le passage du char. Les quatorze cents gardiens de la paix et les dix-huit cents gardes républicains (dont deux cents à cheval), qui étaient chargés du service d'ordre, n'ont pas eu à s'occuper du plus léger incident.

*
* *

Le cortège débouche, à onze heures quarante, sur la vaste place du Parvis, interdite au public. Les troupes et les délégations passent devant le porche de l'église et tournent par la rue d'Arcole, autour de l'île, pour aller se reformer sur le quai de l'Archevêché pour le défilé.

A midi moins le quart, l'archiprêtre vient recevoir le corps

sous le porche et le précède jusqu'à l'immense catafalque dressé
dans l'avant-chœur. Ce catafalque est le même que celui qui
servit aux obsèques de M. Carnot, sauf les quatre statues des
angles qui ont été remplacées par des faisceaux de drapeaux
tricolores.

Au-dessus du catafalque, un dais funéraire accroché à la
voûte laisse pendre quatre grandes draperies qui vont re-
joindre celles des arcades de la nef.

Sur les tentures funèbres se détachent des cartouches avec
les lettres d'argent R. F. et l'initiale P. croisée par une palme.
Entre les cartouches sont placés des faisceaux de drapeaux. Le
chœur n'est pas tendu.

A midi, le Président de la République arrive devant l'église.
Il est reçu, à l'entrée, par l'archiprêtre de Notre-Dame, qui le
précède et le conduit jusqu'à son fauteuil placé à gauche dans
l'avant-chœur, près de la grille du chœur.

Du même côté, dans le chœur même, est le fauteuil de l'archevêque de Sens.

En face, celui de l'archevêque de Paris.

Derrière le Président entrent le grand-duc Constantin et le
prince Nicolas de Grèce, marchant ensemble, puis les ministres, les délégations de l'Académie, les membres du corps diplomatique, les généraux et leurs états-majors.

La messe commence, dite par un des vicaires de Notre-
Dame. C'est une messe basse avec chants exécutés par la maîtrise de Notre-Dame.

La messe terminée, l'archevêque de Paris va donner l'ab-
soute à l'entrée de l'église et le corps est transporté dans le catafalque érigé sur la place du Parvis, en face de l'Hôtel-Dieu.

Le Président de la République sort de l'église, ayant à sa
gauche le prince de Grèce et à sa droite le grand-duc Constantin, tous deux en uniforme. Ils vont se placer dans cet ordre à
droite du catafalque. A gauche se tient la famille Pasteur.

Devant le catafalque, est placée une tribune drapée de noir, dans laquelle monte M. Poincarré pour prononcer un discours assez heureux où, dit-il, «les phrases les plus émues ne sont qu'un éloge bien médiocre devant la pieuse douleur que cette perte irréparable a provoquée dans la France entière et qui a rassemblé aujourd'hui, sur le passage de ce funèbre cortège, vieillesse et enfance, richesse et pauvreté, bonheur et infortune, toute une humanité respectueuse, unie dans l'égalité du regret... »

**

Après le discours du ministre, le général Saussier, escorté de son état-major, arriva sur le Parvis, et alors commença, devant le cercueil, le défilé des troupes, qui termina l'imposante cérémonie.

Le corps de Pasteur, transporté sous le porche où l'attendait l'archiprêtre, fut placé dans une chapelle latérale, à gauche de la nef, dans les bas-côtés de Notre-Dame.

**

On sait quel culte on professait, rue d'Ulm, pour le grand homme qui vient de disparaître, et l'on devine quelle émotion a causée la nouvelle de sa mort. Lors des fêtes du centenaire de l'École, on inaugura, on se le rappelle, une plaque commémorative posée à l'endroit même où fut, de 1864 à 1888, le laboratoire de Pasteur.

Au-dessus de la plaque, l'architecte avait ménagé un cartouche, dans l'intérieur duquel étaient peintes simplement les initiales du maître.

Il entre, croyons-nous, dans les vues de l'Association des anciens élèves de l'École normale, et de M. Perrot, de placer là un médaillon reproduisant les traits de Pasteur, et il a été question de s'adresser à l'un de ses compatriotes, M. Baudrand, professeur et sculpteur à l'École des beaux-arts de Besançon, l'auteur du médaillon placé à Dôle, sur la maison où est né l'illustre savant.

*
* *

Actuellement, le corps de Pasteur reste à Notre-Dame jusqu'à ce que le monument qui doit lui être élevé à l'Institut Pasteur soit terminé. C'est là qu'il doit reposer pour toujours du dernier sommeil (1).

(1) Hier, c'était l'imposante manifestation des funérailles de Pasteur. Oh ! cette mort, ce convoi, que d'espérances n'ont-ils pas fait naître dans les cœurs !

Pasteur, le génie du siècle, le grand bienfaiteur de l'humanité souffrante expirant, après une vie chrétienne, en pressant sur ses lèvres le crucifix. Quelle leçon pour les sectaires qui ne veulent voir dans la religion qu'une aberration de l'intelligence !

Pendant quatre jours, il m'a été donné d'assister, rue Dutot, à deux pas de chez moi, à des scènes bien touchantes.

C'est d'abord l'interminable défilé de gens du peuple en costume de travail, casquette et bourgeron bleu, passant devant la dépouille mortelle du grand homme, et pieusement, gravement, traçant le signe de la croix avec le goupillon.

Placé discrètement à l'écart, j'examinais et je me disais : « Oui, le peuple de Paris, le peuple de France est bon ; il suffirait de gratter un peu la couche du matérialisme dont on l'a revêtu depuis vingt ans, pour voir briller aussitôt l'or pur de la foi, de cette foi qui a fait dire de tout temps : « *Gesta Dei per Francos.* »

Puis, c'est une série d'habits noirs, de cravates blanches, de chapeaux haute forme, notabilités de la science, de la politique, de la magistrature. Ceux-là aussi se signaient en masse, ceux-là aussi sont chrétiens dans le fond de leur âme ; on le voit, on le sent, mais ils ont peur.

Abbé Ract.

CHAPITRE XIV

LE CHRÉTIEN

Avec Pasteur, c'est à la fois un grand savant et un *croyant* qui est mort. Le savant que la société nomme ainsi, tient souvent à se montrer un négateur ; c'est qu'il n'est réellement qu'un demi-savant. Le vrai savant, c'est celui qui sait voir par delà les petits trucs du laboratoire, au-delà des cornues et des fioles, qui peut percer les voiles de la nature pour pénétrer jusqu'à son cœur d'où l'on accède à Dieu.

On raconte que l'illustre physicien Faraday, dans les leçons qu'il faisait à l'Institution royale de Londres, ne prononçait jamais le nom de Dieu, quoiqu'il fût profondément religieux. Un jour, par exception, ce nom lui échappa et tout à coup se manifesta un mouvement d'approbation sympathique. Faraday, s'en apercevant, interrompit sa leçon par ces paroles :

— Je viens de vous surprendre en prononçant ici le nom de Dieu. Si cela ne m'est pas encore arrivé, c'est que je suis, dans ces leçons, un représentant de la science expérimentale. Mais la notion et le respect de Dieu arrivent à mon esprit par des voies aussi sûres que celles qui conduisent à des vérités de l'ordre physique. »

Nul ne fut plus savant que Pasteur. Nul ne tira de la science plus de gloire pour son nom et de profit pour l'humanité.

C'est que Pasteur puisa l'amour de la science dans l'amour de Dieu, de la famille et de la patrie. Ainsi toutes ces grandes idées dont une bande de politiciens, réunis dans un banquet fameux autour d'un orgueilleux, proclamaient naguère la stérilité, ont inspiré chacun des actes et fertilisé chacune des découvertes de Pasteur.

Ce grand chercheur a toujours cru l'accord possible entre la science et la foi. Son âme candide et profonde n'a jamais nié le grand mystère. Lui qui avait vu presque tout pour l'invisible, il était plein d'un respect religieux pour l'inconnaissable : « Un peu de science éloigne de Dieu, beaucoup y ramène. » Quand on est aussi savant que Pasteur dans le secret de la création, qu'on a interrogé comme lui la vie et la mort, il est difficile de borner sa vue aux murs d'un laboratoire et de ne pas regarder en haut. L'idée de l'absolu, c'est-à-dire de Dieu, n'a pas cessé d'habiter dans ce grand cerveau. Quelle leçon, s'ils voulaient bien y réfléchir, pour les esprits forts et les cerveaux faibles qui croient encore que l'athéisme est la marque d'une intelligence supérieure et l'impiété une des formes du raisonnement !

*
* *

Si quelque chose pouvait consoler la douleur d'une famille aussi cruellement éprouvée, ce serait assurément, avec la pensée que l'illustre savant a reçu de Dieu la récompense éternelle, le spectacle du deuil de la nation tout entière. Dans les conversations, dans la presse, c'est un long cri de tristesse et de surprise qui se répercute à l'infini. Et de partout vers cette grande figure soudainement immobilisée dans la mort, monte un fervent hommage d'admiration et de respect.

Pasteur était digne entre tous d'inspirer ces deux sentiments, qui sont le tribut de la justice des foules à la double supériorité de l'esprit et du cœur.

Pascal, dit le *Temps*, a distingué dans un passage célèbre des *Pensées* trois ordres de grandeur : la grandeur des corps, celle des esprits, dit-il comme Archimède, est infiniment au-dessus de la grandeur matérielle ; mais combien le moindre mouvement de charité dans une âme est-il au-dessus de la grandeur d'Archimède ! L'incomparable originalité de Pasteur aura été « d'éclater magnifiquement aux esprits », comme le dit Pascal d'Archimède, et, par sa vie, par son œuvre, d'avoir ajouté à la grandeur spirituelle la charité.

Et l'un de nos confrères catholiques, M. Tavernier, dans l'*Univers*, précise admirablement ce caractère de « grandeur spirituelle qu'indique le rédacteur du *Temps* et qui apparaît plus magnifiquement encore à des yeux éclairés des lumières de la foi :

« Il n'a pas été épargné par le préjugé et par l'envie. Il ne possédait pas dans son pays natal (le Jura) l'influence qui lui était due. Il a souffert dans la lutte, mais il n'a jamais douté de la science ni de Dieu. Lorsqu'il entra à l'Académie, il avait en face de lui Renan qui ne manqua pas l'occasion de le railler sur ses « certitudes ». Pasteur avait répondu d'avance par un magnifique tableau des conquêtes réalisées dans le champ de la vérité. Il n'a jamais cessé de regarder au delà, plein de confiance et de modestie. Sa vie fut celle d'un homme loyal et bon. Sur son lit de mort, ses mains glacées tiennent un crucifix, emblème de la croyance qu'il a toujours professée, avec l'humilité qui est le cachet de la vraie grandeur.

— Comment conciliez-vous vos expériences avec les enseignements de la Bible ? lui disait-on.

» Il répondait doucement :

— Quand vous aurez lu la Bible et tous les commentaires des
exégètes, je vous répondrai. Toutes mes études m'ont amené
à avoir la foi du paysan breton ; si je les avais poussées plus
loin, j'aurais probablement la foi de la paysanne bretonne.

» Il est à remarquer que Chevreul raisonnait de même. Ce
majestueux centenaire, à force d'analyser des poussières, en
était arrivé à se bien convaincre que tout n'est que poussière,
mais qu'il y a quelque chose qui fait vibrer, voler et planer la
poussière.

» Il était chrétien et catholique, aussi simple que Pasteur.
Voilà, en somme, des catholiques pratiques et fervents qui ne
s'égaraient jamais en des rêves chimériques.

» Raspail, athée et libre-penseur, fut en revanche un visionnaire.

» La conclusion se tire d'elle-même. Ces illustres exemples
constituent une victorieuse réponse à l'adresse de ces vieux
têtus qui veulent absolument voir l'incurable folie dans la foi
simple et l'invincible sagesse dans la science pure. »

*
* *

Dans les détails de la vie intime de Pasteur, nous trouvons
quelques traits saillants, qui nous montrent combien il était fervent chrétien.

L'illustre savant assistait, il y a deux ans, avec son ami,
M. le curé de Garches, à la distribution des prix des écoles communales.

L'éloquence officielle avait, bien entendu, roulé à flots, et les
différents orateurs avaient scrupuleusement respecté ce qu'il
est convenu d'appeler la « neutralité ».

— Que de peine vous devez éprouver, dit M. Pasteur au vénérable ecclésiastique, d'avoir assisté à une cérémonie de ce genre sans y avoir une seule fois entendu prononcer le nom de Dieu ! Je l'éprouve, d'ailleurs, comme vous ; l'école sans Dieu me paraît être une monstruosité.

On sait que Pasteur était non seulement un chrétien convaincu, mais un catholique pratiquant.

*
* *

Voici quelques intéressants détails que nous a donnés la *Semaine religieuse* de Versailles et qui complètent ce que nous venons de dire :

« C'est dans l'après-midi du vendredi 27 septembre que M. le curé de Garches fut mandé par la famille près de M. Pasteur, dont l'état devenait de plus en plus alarmant.

» Déjà au mois d'avril dernier, époque des fêtes pascales — et ce détail a été fourni par madame Pasteur elle-même, — M. Pasteur avait rempli son devoir de chrétien en purifiant sa conscience et en recevant le pain eucharistique. M. l'abbé Richard fut donc introduit au milieu du respect de tout l'entourage dans la chambre du malade, vraie cellule monastique.

» Pendant qu'il traçait les onctions saintes, le malade essaya de remuer les mains dans un geste de prière, montrant par là qu'il s'unissait aux rites du sacrement.

» Quelques heures après, arrivait à Garches le R. P. Boulanger, confesseur du savant, lequel le reconnut très bien et répondit à ses interrogations très nettement : « Oui, mon Père. »

» C'est le samedi soir, vers cinq heures, que cette belle âme, munie de la force des sacrements et qui s'était gardée sauve des exaltations malsaines et impies de l'orgueil, prit son vol vers Dieu. »

Détail qui a bien son éloquence : le lendemain dimanche, madame Pasteur, avec toute sa famille, assistait, comme de coutume, à la messe de huit heures, à l'église de Garches.

Voici un trait qui nous a été donné par M. le curé de Garches :

« Dans une des dernières années, le premier jour de l'an, M. Pasteur recevait les hommages de toutes les sommités scientifiques accourues chez lui ; madame Pasteur apparaît une dépêche ouverte à la main. « C'est, dit-elle, le Saint-Père qui » t'envoie sa bénédiction pour l'année qui commence. »

» Aussitôt, le savant interrompit toute conversation ; son visage prit une expression d'heureux attendrissement, et deux grosses larmes coulèrent sur le papier qu'il tenait entre ses mains. »

*
* *

Le *Crucifix* que madame Pasteur avait mis, par une délicate pensée de foi et d'amour, dans les mains du maître endormi du dernier sommeil, a inspiré à notre confrère Henri des Houx ces belles lignes émues :

« A l'heure, disait-il (il écrivait ceci le jour des obsèques) où paraîtront ces lignes, le corps de Louis Pasteur, entouré par l'État de pompes officielles, traversera la cité, porté de la colline du Panthéon à la colline de Montmartre, au milieu d'un peuple curieux et empressé, sur les mille bouches duquel bruissera, ainsi que le vent dans les feuilles, le naïf et puissant chuchotement des condoléances et des admirations enfantines de la foule.

» Sur le cercueil même, dans la profusion des fleurs amies et des panaches somptuaires, s'apercevra la défroque des distinctions et des mandarinats, émouvante par le vide encore tiède et le flasque délaissement funèbre qu'y fait le corps de l'homme, en la quittant.

» Et là, dans l'artiste ajustement des parements brodés, des palmes et des cordons, le pauvre petit crucifix de cuivre vulgaire, qu'aussitôt le dernier souffle la piété des femmes mit entre les doigts pâles de Pasteur expiré.

» Et, *malgré ce crucifix*, qui donc demain oserait dire que Pasteur ne fut pas un savant ? »

» La voilà donc vraiment la réponse imprevue au banquet de Saint-Mandé, où Pasteur n'était pas !

» En quoi ce petit crucifix, qui fut peut-être de longue date orné du buis bénit, au chevet du lit de fer de Pasteur, arrêtat-il, je vous prie, le libre escadron de la disysmétrie moléculaire et l'étude de la vie elle-même, dans ses mille et une obscures fermentations ?

» En quoi, à l'heure du lever matinal, ou après la veille prolongée, lorsque le regard distrait de Pasteur tombait un instant sur le crucifix du préfet romain, l'ascension de son vaste esprit sur les plus ardus problèmes de la science en était-il détourné ?

» Par quel obstacle, par quelle entrave, par quelle gêne, par quel scrupule même le catholicisme, les Ecritures, le dogme et la liturgie ont-ils une seule minute empêché ou retardé Pasteur dans son libre travail, dans sa persévérante et indépendante analyse des choses qui nous font vivre et des choses qui nous font mourir ?

» Il a été le puissant ouvrier cérébral révolté contre la loi de mort, l'insurgé parfois triomphant contre la condamnation originelle qui voue l'humanité à la poussière et au limon. En quoi cela a-t-il altéré la sincérité charmante de l'invocation catholique : « Notre Père, qui êtes aux cieux, donnez-nous le pain quotidien ? »

» Il a pris ce limon dont nous sommes pétris et il l'a juxtaposé sous les lentilles du microscope ; il l'a cuisiné patiemment, dans son laboratoire, pour y découvrir l'infiniment petit d'où nous sortons et qui nous dévore. Il a découvert, dénoncé, tenu et châtié la mort vivante au bout d'une pince ou au fond d'un flacon, et, pas un instant, sans doute, il ne lui est venu à l'esprit de menacer le ciel vide de son poing fermé, en s'imaginant qu'il avait remplacé Dieu et qu'il fallait par conséquent, dès le lendemain matin, briser le crucifix des autres.

» En quoi feu Paul Bert, qui avait cette monomanie de mauvais goût, a-t-il été supérieur à Pasteur ?

» En quoi M. Berthelot lui-même, qui se laissait déifier tout cru, comme divinité nouvelle, dans la momerie protestante de Saint-Mandé, a-t-il été supérieur à Pasteur, dans les admirables recherches auxquelles il s'est livré ?

» Pasteur laisse un nom qui ne périra pas, et il s'en va dans la tombe avec la foi des pauvres gens, avec son petit crucifix de deux sous, traînant après lui, dans le sillage de son cercueil, tout un monde artificiel de bavards malfaisants, de soi-disant libre-penseurs, qui ne sont ni libres, ni penseurs, qui s'imaginent sans doute que le monde n'existait pas avant M. Jules Ferry, ou qu'il n'était peuplé que d'imbéciles, et qu'ils ont émancipé l'esprit humain lorsqu'ils ont jaspiné, dans le jargon du jour, devant quelque congrès d'enseignement ! C'est à cette cuistrerie particulière, insupportable du parti régnant, que répond le crucifix du savant qui a livré et gagné des batailles contre l'infection charbonneuse, contre le choléra, contre la rage, contre la diphtérie, contre la septicémie. L'émancipateur, c'est lui ; le libérateur, c'est lui ; l'adversaire du destin impitoyable, qui, depuis la défaillance d'Ève, condamna l'homme au travail, à la sueur, à la maladie et au néant, c'est lui ! Et, le soir venu, s'il s'endormait, las de recherches et le cerveau plein de choses confuses et compliquées, la naïve icone de cuivre du

supplicié du Calvaire semblait veiller sur le repos de ce réfractaire modeste et cependant obstiné.

.*.

» Il faudrait donc être de bonne foi et ne pas nous donner à
garder des vessies pour des lanternes, en opposant, dans la
logomachie courante, la science et la religion. Ce sont là des
choses distinctes, qui, parce qu'elles sont distinctes, ne peuvent
soulever le conflit que l'on dit.

» La noble passion qui met quelques esprits privilégiés à la recherche de la vérité peut parfaitement cohabiter, dans le même
cerveau, avec la foi religieuse, de quelque dogme qu'elle se
réclame.

» Aristote, qui avait sans doute, comme ses contemporains, le
culte puéril des petits dieux municipaux de la Grèce, n'en demeure pas moins, à travers les siècles, l'un des plus puissants
cerveaux de l'antiquité. M. Berthelot, qui appartient à la religion réformée, n'en est ni plus ni moins l'un des premiers chimistes de notre temps.

» Pasteur, qui était catholique, a été l'initiateur d'un immense
progrès scientifique dont nous pouvons apprécier l'immédiat
bienfait. Laissons donc les gens tranquilles dans l'inaccessible
intimité de leur conscience et de leur foi. Ne les chicanons pas
sur la physionomie que l'idée religieuse revêt dans leur esprit.
La plupart la reçoivent toute faite, par une sorte d'hérédité et
d'atavisme, et la gardent ainsi, pour la transmettre, comme ils
l'ont reçue, à leurs descendants. Ils contribuent ainsi à conserver la physionomie morale d'une race et font bonne œuvre
sociale. D'autres sont enragés d'un agressif prosélytisme, pour
substituer, par ruse ou par force, leur conviction à celle du
voisin. Et s'ils sont par malheur quelque chose dans l'Etat, les
voilà bouleversant tour à tour les administrations et surtout les

écoles, pour obliger les gens à penser comme eux. Ces fanatiques sont une assommante calamité, dans un pays gai. Nous en sommes affligés ici depuis quelques années, et la bonne joie railleuse du monde gaulois en est comme altérée. Le clergyman nous travaille et nous taraude, jusqu'à nous donner l'humeur noire.

» C'est cependant si facile de laisser chacun suivre la religion qui lui plaît! Il en est de la foi comme de l'amour ; c'est une aspiration et un besoin que la plupart des hommes portent en eux, et qui, dans chacun, suit sa pente.

» Que si des âmes n'ont ni foi ni amour et se plaisent à cette sécheresse et à cet isolement, de ne vouloir épouser aucune croyance, il est encore bien facile de garder un reste d'égards pour ces âmes célibataires.

» C'est Louis-Philippe, au fond, qui a dit le mot le plus raisonnable sur cette question-là : « Ce n'est pas Dieu, disait-il, qui a besoin de religion, ce sont les hommes. »

CHAPITRE XV

QUELQUES jours après la cérémonie de Notre-Dame, le conseil d'administration de l'Institut Pasteur s'est réuni rue Dutot, sous la présidence de M. Joseph Bertrand. On sait que les membres de ce conseil sont MM. Jules Simon, vicomte Delaborde, Wallon, Brouardel, Duclaux, Grancher, baron Alphonse de Rothschild, Magnin, Christophle, Dr Roux. A l'unanimité, le conseil a pris les décisions suivantes : M. Duclaux, sous-directeur de l'Institut, est nommé directeur ; M. le Dr Roux est nommé sous-directeur ; M. Vallery-Radot est proposé comme membre du conseil, pour y représenter la famille de Pasteur ; M. Jean-Baptiste Pasteur est proposé comme membre de l'assemblée. Ces décisions seront soumises à la ratification de l'assemblée, composée de trente membres, sous le contrôle duquel le conseil administre l'Institut Pasteur.

Il nous paraît intéressant, à ce propos, de rappeler brièvement le régime de cette maison. L'Institut Pasteur est une société civile, s'administrant elle-même ; mais, ayant été reconnue d'utilité publique elle est soumise au contrôle de l'Etat et

rattachée au ministère de l'intérieur. L'assemblée se compose
des personnes qui ont pris part à la fondation et correspond à
une assemblée d'actionnaires ; elle nomme le conseil d'administration, approuve ses comptes, etc.

Le budget des recettes se compose : 1° du revenu du reliquat
de la souscription publique se montant à environ 1,200,000 fr.,
qui ont été placés en fonds d'Etat ; cette souscription s'était
élevée à près de trois millions, dont deux environ ont été
absorbés par l'achat du terrain et la construction des bâtiments
de la rue Dutot ; 2° d'une allocation de 20 à 30,000 francs du
ministère de l'agriculture, pour les services rendus par l'Institut (vaccin charbonneux, rouget du porc, tuberculine et mal-
léine) ; 3° d'une allocation du ministère de l'instruction publique, qui paye les traitements des membres qui étaient autrefois attachés à l'Ecole des hautes études (le laboratoire de
M. Pasteur, bien que situé à l'Ecole normale, dépendait des
hautes études, ainsi que ceux de MM. Roux et Chamberland) ;
4° des bénéfices des vaccins charbonneux et autres vendus à
très bas prix aux vétérinaires et abandonnés à l'Institut par
Pasteur et par MM. Roux et Chamberland ; ces bénéfices sont
d'une vingtaine de mille francs par an ; 5° des fonds versés par
les élèves qui suivent les cours de l'Institut.

Le service antidiphtérique du Dr Roux constitue une annexe
de l'Institut Pasteur, mais a un budget distinct. Ce service est
établi à Garches dans la propriété que l'Etat avait mise à la
disposition de M. Pasteur pour ses expériences sur la rage ; il
est dirigé par M. Roux, sous le double contrôle du conseil de
l'Institut Pasteur et du ministère de l'intérieur. Le sérum est
distribué gratuitement, sur les indications du ministère, à
l'armée et aux hôpitaux et bureaux de bienfaisance et d'assistance de France et des colonies. Ce service est gagé par le
revenu de la souscription publique et par une somme que le
Parlement inscrit au budget et qui était cette année de

80,000 francs. Pour le public, le sérum est soumis à la loi sur la pharmacie, c'est-à-dire qu'on en trouve chez tous les pharmaciens au prix de 3 francs le flacon. Les bénéfices seront em-

Le Docteur Duclaux, directeur de l'Institut Pasteur.

ployés au perfectionnement du service, comme le sont les bénéfices des divers vaccins à l'Institut Pasteur.

L'Institut, qui avait été inauguré en 1888, conserve sa constitution, malgré la mort de Pasteur, et ses disciples continueront l'œuvre du maître.

CHAPITRE XVI

1º *Hommage des savants.*

OMBREUX sont les articles élogieux ou les récits qui ont été publiés à la mort de Pasteur. Dans ce nombre nous avons choisi, soit les plus beaux, soit les plus caractéristiques. Commençons d'abord par donner l'opinion de quelques-unes des personnalités les plus éminentes du monde scientifique.

*
**

Voici en premier lieu les pensées de M. Joseph Bertrand, membre de l'Académie française, et secrétaire perpétuel de l'Académie des Sciences :

» La mort de M. Pasteur, a-t-il dit, a été pour moi la plus douloureuse des surprises. Je croyais que son état s'était sensiblement amélioré. Il y a trois jours à peine, jeudi dernier, dans la matinée, j'avais envoyé mon fils s'enquérir des nouvelles du malade à Garches. Mon fils, parti à cheval, revenait bientôt en nous disant que cela allait beaucoup mieux.

» C'est ainsi que, quelques heures après, je donnai des nouvelles rassurantes à mes confrères de l'Académie française, au cours de la séance qui nous réunit ce jour-là. Je vois maintenant que ce mieux était un mieux trompeur. Il en est le plus souvent ainsi, hélas! en ces sortes de maladies.

» Des souvenirs de Pasteur? Je l'ai connu très jeune par l'intermédiaire de mon frère, qui était son condisciple à l'Ecole normale. Ils n'étaient pas dans la même section, car Pasteur appartenait à la section des sciences, tandis que mon frère était dans celle des lettres. Mais ils ne se lièrent pas moins d'une vive amitié. J'étais, moi, à l'Ecole polytechnique. On suivit le cours naturel des choses. Et la sympathie qui unissait déjà par Pasteur s'étendit jusqu'à moi.

» Déjà il éveillait ma curiosité et m'intéressait. Et je me promis de le suivre dans la vie d'un œil attentif. A quelque temps de là, nous étions tous sortis de l'Ecole et Pasteur s'était même déjà distingué en des travaux cristallographiques; — me trouvant à Bade, j'eus, un soir, une conversation des plus curieuses avec Emile Verdet, le savant éminent qui a laissé chez nous une si heureuse réputation. Je lui demandai quels étaient, selon lui, les jeunes gens qui promettaient le plus dans le monde scientifique. Emile Verdet me cita quelques noms. Comme il ne nommait pas Pasteur, je lui en fis la remarque.

« — Oh! celui-là, dit-il avec quelque mélancolie, il ne fera jamais rien de bon, malgré ses dons précieux. Il s'attaque à des questions insolubles.

» Bien des années après, à l'inauguration de l'Institut Pasteur, parlant au nom de l'Académie des Sciences, je rappelai cette anecdote et m'adressant à mon ancien camarade, devenu un de mes confrères les plus illustres, je lui dis: « Les pro-

» blèmés qui, depuis un demi-siècle, tourmentent sans repos
» votre esprit ne sont plus insolubles aujourd'hui. C'est pour
» vous remercier au nom de la science, pour nous en réjouir au
» nom de l'humanité, pour nous en glorifier tous ensemble au
» nom de la France, que nous sommes réunis aujourd'hui.

» Mais cela me fait penser, poursuit M. Joseph Bertrand, que
» c'est moi qui parlerai au nom de l'Académie française, sur la
» tombe de Pasteur; vous me permettrez donc de ne pas vous
» en dire plus long aujourd'hui, je désire me recueillir et évo-
» quer, avec respect, dans le silence cette mémoire illustre
» doublement chère à l'Institut. C'est une haute, une très
» haute figure qui s'en va. Pasteur fit montre, au cours de sa
» vie, de qualités multiples de l'ordre le plus élevé, et de celles
» qu'on ne rencontre pas toujours chez des hommes adonnés,
» comme lui, à des études particulières, à des découvertes
» scientifiques. Et je me rappellerai toujours le mot si caracté-
» ristique et si juste d'Henri Martin, disant, le jour de la ré-
» ception de Pasteur à l'Académie, à un de mes confrères, à la
» sortie :

» L'Académie croyait recevoir un spécialiste, elle acquiert un
» penseur. »

Voyons maintenant ce que pensait M. Germain Sée, membre de l'Académie de médecine :

« Mon opinion sur Pasteur est bien simple et bien catégo-
rique : c'est le plus grand homme moderne. Vous m'entendez
bien? Je ne dis pas que c'est une des plus hautes figures de
notre temps, je dis que c'est l'homme le plus éminent que notre
époque ait produit.

» Je l'ai connu très tard, alors qu'il avait déjà acquis de la
réputation. L'homme? Le type du travailleur, du chercheur, du
savant, causant très peu, replié sur lui-même, résolu, tenace.

tout à ses découvertes, tout à la science, tout à son œuvre. Ah!
cette œuvre! Une des plus belles et des plus variées qui soient.
L'ensemble en est considérable. Il a tout vu, cet homme.

» C'est par ses études sur la rage qu'il est le plus connu. On
a tort de limiter sa gloire à cette partie de son œuvre scientifique. C'est à toute l'œuvre qu'il faut l'étendre. Considérez-la
dans sa généralité et dans son ensemble, et vous verrez Pasteur
grandir de cent coudées.

» Je vous le répète Pasteur c'est le plus grand nom des temps
modernes. Je le pensais de son vivant, je le pense encore plus
maintenant qu'il a disparu. »

*
* *

« Deux découvertes surtout, dans l'œuvre considérable de
Pasteur, nous intéressent nous autres médecins, a dit à son
tour M. le docteur Dumontpallier de l'Académie de médecine.
La première a trait aux microbes, la seconde à la rage.

» C'était en 1864, les théories du grand Pouchet sur les gé-
rations spontanées triomphaient sans conteste, lorsque M. Pasteur s'avisa, grâce à des expériences chimiques des plus con-
cluantes, de jeter bas ces théories. En quelques mois Pasteur
avait découvert les microbes et édifié sur les ruines des théories
de Pouchet une théorie nouvelle dont allait naître une véritable révolution pour la médecine et la chirurgie.

» Un savant anglais, Lister, s'emparant de la découverte de
Pasteur, ne tardait guère en effet à la faire entrer dans le
domaine de la pratique. Puisqu'il était démontré que les microbes existaient partout où il y avait plaie, pourquoi ne pas
prendre des précautions pour les détruire et pour éviter leur
contact? Les microbes engendrant le mal avec eux, pourquoi ne
pas les éloigner, par une méthode toute simple, qu'il fallait
trouver, et qui n'était autre chose que l'asepsie et l'antisepsie?

Grâce à Lister, et par conséquent à Pasteur, la chirurgie allait entrer dans une phase nouvelle, celle que nous connaissons depuis vingt-cinq ans.

» Quant à la découverte de Pasteur, concernant les virus atténués, et plus spécialement le virus antirabique, les médecins sont encore divisés. Ce qu'il y a de sûr, c'est, je crois, que le virus Pasteur n'a jamais tué personne, je veux dire qu'il n'a pas dû communiquer la rage à ceux qui ne l'avaient pas. On a cité des exemples, rares il est vrai, mais étaient-ils bien probants? Sans doute il ne faut pas dire davantage que sur mille personnes mordues toutes ont été sauvées grâce à Pasteur. Non, deux cent cinquante sur mille mordus ont réellement la rage. C'est donc sur ces deux cent cinquante qu'il faut calculer les bénéfices donnés par le traitement antirabique.

» Enfin, Pasteur aura eu la gloire de former une école qui a déjà donné de beaux résultats et qui semble promettre beaucoup. Ses disciples vont sans doute un peu vite quelquefois. Qu'importe! Ils ont vraiment la foi. Ils travaillent avec une ardeur qu'il faut louer et je ne doute pas qu'il sorte de grandes choses de l'école Pasteur. Les satellites du savant qui vient de mourir seront, eux aussi, des soleils. »

*
* *

Comme le docteur Dumontpallier, le docteur Segond (1) estime que la théorie microbienne et les découvertes de M. Pasteur à ce sujet ont eu une influence considérable sur la chirurgie.

» C'est à Pasteur que nous devons tout. Lister tira, il faut bien le dire, un profit merveilleux de sa découverte, et il serait injuste d'oublier que c'est Lucas-Championnière, seul et contre tous, qui expérimenta le premier, à Paris et en France, le sys-

____

(1) Agrégé de la Faculté, chirurgien de la maison municipale de santé.

tème listérien. Il eut à soutenir des luttes qu'on ne saurait imaginer. Aujourd'hui, vous n'ignorez pas que tous les chirurgiens français sont acquis à l'asepsie et à l'antisepsie. Il n'y a pas d'exception.

» Auparavant il eut été impossible d'aller chercher un kiste dans le ventre, tandis que la méthode listérienne autorise toutes les audaces, et vous n'ignorez pas que les opérations réputées impossibles naguère réussissent aujourd'hui à merveille. Les cas de mort par opération chirurgicale étaient légion autrefois. Ils n'existent plus à cette heure, toujours grâce à Lister et, par conséquent, grâce à Pasteur.

» Vous ne serez donc pas surpris que je professe vis-à-vis de Pasteur, et que nous professions tous une admiration sans réserve ; nous qui ne sommes pas des hommes de laboratoire, mais des « ouvriers » de la grande famille chirurgicale, nous lui devons tout et nous sommes heureux de le reconnaître. »

*
* *

Le docteur Louis Jullien, chirurgien de Saint-Lazare, a tenu un propos à peu près analogue en disant :

« L'œuvre de Pasteur est immense. Ce n'était pas assez de matérialiser effluves et miasmes et de les cultiver ; le plus bel éclair de génie du colosse qui vient d'être abattu fut de chercher en eux leur propre par des atténuations ingénieusement graduées : le charbon, la rage, le tétanos livrèrent le secret de leur vaccination. Hier, ce fut la diphtérie. Demain, c'eût été la lèpre peut-être ou la scarlatine, que sais-je ? Pasteur, vous le voyez, a été un grand révélateur, d'autant que ses découvertes ne sont pas le fruit du hasard, mais sont tout entières sorties de son puissant cerveau. En cela, il fut bien supérieur à Jenner, l'inventeur de la vaccine, un des plus grands bienfaiteurs du genre humain.

» Comprenez bien que nous lui devons, non pas un instrument, un remède, un procédé, mais une méthode générale énorme, dont rien ne peut restreindre les visées.

» Ce qu'il a fait pour la médecine, il l'a fait pour la vétérinaire en découvrant et en atténuant le rouget du porc, le choléra des poules ; il l'a fait pour la grande industrie, donnant des règles précises pour la préparation de la bière, du vin, du vinaigre ; étudiant jusqu'aux maladies des vers à soie et fournissant les moyens de les combattre.

» On peut donc dire, sans exagération, qu'aucun homme de notre temps n'ouvrit un pareil champ à l'intelligence humaine, ne fit à un plus haut degré œuvre de génie créateur. »

*
* *

A son tour, le docteur J. Daremberg faisait ce bel éloge de Pasteur : -

« Ce grand homme ne méprisait pas ses semblables, dit-il ; son cœur ne s'était pas émoussé devant le spectacle constant des misères humaines. Il était passionné pour l'humanité comme il était passionné pour la vérité. C'était un homme bon. Il nous a tous aimés, nous qui l'admirions, et l'adorions. Il inspirait les dévouements qu'il méritait.

» Et maintenant, hélas ! nous ne verrons plus sa figure vénérable, loyale, bienveillante ; nous n'entendrons plus cette parole douce et cordiale qui nous félicitait si joyeusement de nos succès et nous consolait si affectueusement de nos chagrins. Nous perdons le maître des maîtres. Nous perdons aussi un ami vénéré.

» La France pleure son plus illustre citoyen. L'Europe entière acclamait M. Pasteur dans l'apothéose inoubliable du jubilé de 1892. Le grand et modeste savant déjà accablé par la maladie fut heureux de cette gloire, surtout pour la France. Il avait l'âme d'un vrai patriote. Il répétait sans cesse que, si la

science n'a pas de patrie, le savant en a une qu'il doit chérir
comme une mère aimée. Aux Congrès de Genève, de Londres,
de Copenhague, les acclamations enthousiastes qui le saluaient
faisaient bondir de joie son cœur de Français. La France perd
un de ses enfants qui l'ont le plus aimée.

» L'œuvre de M. Pasteur est immense. Ce travailleur infa-
tigable qui se levait au milieu de la nuit pour surveiller ses
expériences, qui prenait souvent ses repas sur le coin d'une
table de son laboratoire, qui n'a jamais connu les plaisirs mon-
dains, a renouvelé la science comme l'avaient fait, avant lui,
Harvey et Lavoisier.

» M. Pasteur a accompli une révolution dans la médecine. Cet
illustre chimiste introduisit dans l'étude des maladies les méthodes de la chimie. Il découvrit le rôle des infiniment petits,
des microbes, dans les maladies contagieuses et infectieuses,
en usant des procédés des chimistes. Il isola ces microbes par
des cultures successives qui les purifiaient, qui éliminaient
petit à petit les microbes étrangers et ne maintenaient dans le
liquide nourricier que le microbe recherché. De même, un
chimiste, par des distillations fractionnées ou des cristallisations
successives, élimine les impuretés et isole le corps liquide où
solide qu'il veut étudier. Un chimiste seul pouvait surmonter
toutes les difficultés du sujet. Mais pour parfaire une telle
œuvre, il fallait un chimiste de génie. M. Pasteur fut celui-là.
Le génie scientifique est fait d'imagination, de jugement et de
persévérance. M. Pasteur avait toutes ces éminentes qualités, il
savait du premier coup donner une direction sûre aux idées
géniales qui germaient dans son cerveau. Il ne les adoptait
qu'après une discussion sévère, il ne les suivait qu'après un
contrôle minutieux ; puis il ne les abandonnait plus et prouvait
leur justesse par un luxe inouï de preuves indiscutables. Aussi
Wurtz, un grand maître, lui aussi, a-t-il pu dire avec raison
que Pasteur était le premier expérimentateur de notre temps.

» Il eut des adversaires ardents : Pouchet, Jolly, Berthelot, Trécul, Claude Bernard, Peter, Jules Guérin, Colin d'Alfort, Koch, de Berlin. Aucun n'a pu entamer son œuvre ; c'est un bloc immuable autour duquel la science viendra souder ses nouvelles découvertes. M. Pasteur n'a pas tout vu ; mais tout ce qu'il a vu a été bien vu.

» M. Pasteur a promené la flamme révolutionnaire à travers la vieille médecine, et, cependant, il n'était pas médecin. S'il eût été médecin, peut-être son esprit ardent à la découverte aurait-il été obscurci par les préjugés ou les traditions. Il fit de la médecine en chimiste et il fit de la grande médecine. Non-seulement il a montré la nature parasitaire des maladies épidémiques et infectieuses en étudiant les microbes du charbon, du choléra des poules, du rouget du porc, de la septicémie, du furoncle, etc., mais il a prouvé qu'on peut prévenir les maladies infectieuses en inoculant préventivement aux animaux et aux hommes des virus atténués, domestiqués par des procédés empruntés à la chimie et à la physique, qui rendent l'être ainsi vacciné réfractaire aux atteintes du mal.

» La découverte du vaccin de la rage humaine a été le grand triomphe de cette méthode. Elle a imprimé le sceau de l'immortalité sur la gloire de l'illustre savant, du grand bienfaiteur de l'humanité. C'est après elle qu'on peut plus que jamais répéter avec Huxley : « Les découvertes de M. Pasteur suffiraient à elles » seules à couvrir la rançon de cinq milliards payée à l'Alle- » magne par la France. » Grâce à Pasteur et à la glorieuse phalange de ses élèves, si nous avons été les vaincus des œuvres de la guerre, nous sommes aujourd'hui les vainqueurs des travaux de la paix. »

*
* *

C'est en ces termes que le président de l'Académie de médecine de France annonçait à ses collègues la mort de l'illustre savant dont la France déplore la perte :

« Messieurs,

» Un grand malheur frappe l'Académie ! Notre excellent confrère, M. Pasteur, s'est éteint doucement, samedi, à Garches, où l'affection des siens le disputait depuis bien des semaines aux rigueurs d'une santé chancelante.

» Ce deuil ne frappe pas seulement l'Académie, dont il était l'un des membres les plus anciens et les plus vénérés, il atteint la France, qui ne comptait pas de plus grand patriote, et le monde entier, où le nom de Pasteur a répandu avec tant d'éclat le renom glorieux de la science française.

» Sous l'émotion de ce coup imprévu, nous n'avons pas à rechercher dans le détail tout ce qui nous rend chère la mémoire de Pasteur. Il suffit de rappeler que, pendant plus d'un demi-siècle, chacun de ses travaux a apporté un progrès à la science, un bienfait à son pays, un soulagement à l'humanité.

» Mais ce qu'il est particulièrement doux de rappeler à notre Académie, c'est que les grands bienfaits qui feront bénir le nom de Pasteur par les générations futures, il les doit au culte désintéressé de la science. C'est par l'esprit scientifique le plus rigoureux qu'il s'est élevé non seulement aux conceptions les plus hautes, mais aussi aux résultats les plus pratiques : magnifique réponse à ceux qui méconnaissent le rôle admirable de la science dans le développement moral et matériel des nations.

» Doué d'une pénétration et d'une ténacité peu communes, Pasteur, fils de ses œuvres, après s'être essayé aux belles questions de la constitution moléculaire des cristaux, a attaqué les problèmes les plus obscurs touchant l'origine de la vie et le développement des organismes le plus souvent invisibles. Il les a résolus de la manière la plus heureuse et la plus féconde. Grâce à cet esprit de rigueur puisé à l'Ecole normale dans l'étude des

sciences exactes, grâce à une merveilleuse habileté d'expérimentation, il a réussi à porter dans le domaine de la biologie et de la
médecine, éternel champ-clos des théories contradictoires et
des disputes sans fin, une puissance de démonstration que les
sciences de calcul paraissaient seules pouvoir atteindre.

» Si ce grand esprit disparaît, son œuvre immense subsiste.
La générosité de ses admirateurs de toutes les nations en a
sanctionné l'importance et assuré le développement en lui élevant
ce magnifique Institut qui a déjà rendu, sous l'inspiration du
maître, de si éclatants services.

» Rien ne pourrait adoucir l'amertume de nos regrets, si nous
ne savions que M. Pasteur revit dans ses amis et ses élèves. Après
avoir connu les jours sombres de la lutte, Pasteur a eu l'immense et mérité bonheur d'assister vivant encore au triomphe
de ses idées. Dans une séance mémorable, il a reçu les témoignages d'admiration des savants de tous les pays. Il a pu ainsi
contempler au soir d'une vie relativement heureuse, les premiers
rayons de l'immortalité que la postérité lui réserve. Je propose
à l'Académie de lever immédiatement la séance en signe de
deuil. »

*
* *

Le 22 janvier 1887, M. le docteur Vulpian, de l'Institut,
parlant des *Travaux de Pasteur,* disait :

« Les services rendus à l'humanité par M. Pasteur sont immenses. Ses travaux sur le vin, sur la bière, sur les maladies
des vers à soie, sur le charbon, sur le choléra des poules, sur le
rouget des porcs, ont eu des *conséquences incalculables pour la
richesse des nations et le bien-être des individus...*

» La chirurgie a pu se lancer avec succès dans des entreprises qu'on n'osait pas tenter autrefois, tant l'issue funeste pa-

raissait inévitable. *Que d'existences sauvées par les travaux de M. Pasteur!...*

» Ne nous est-il pas permis d'exprimer le sentiment de fierté patriotique que nous éprouvons, *en pensant que tous ces grands résultats sont dus à un savant de notre pays?* »

*
**

On sait que Pasteur n'avait jamais été reçu médecin, et que lui-même d'ailleurs ne s'intitulait jamais que chimiste (1). Et cependant il a fait œuvre de médecin et de grand médecin même. C'est d'ailleurs ce que, sous le titre de *Pasteur médecin*, M. Charles Bouchard a cherché à nous faire comprendre :

« *Cet homme qui n'était pas médecin et qui, dans la période de la lutte et dans les ardeurs de la controverse, a prononcé des paroles dédaigneuses pour les médecins et pour la médecine, avait au plus haut degré les qualités sans lesquelles un médecin reste au-dessous de sa mission : le savoir, l'intelligence, la patience, la persévérance, la bonté.* C'est dans les premières années de sa vie que sa bonté, la bonté médicale, a éclaté à tous les yeux ; à cette époque où la maladie lui interdisait en partie les fatigues du laboratoire, il se réfugiait dans son hôpital, assistait à l'examen des blessés, s'intéressait à eux, les interrogeait, les encourageait et leur témoignait toute l'étendue de sa bienveillance et de sa sympathie avec une émotion dont il ne savait plus maîtriser l'expression. C'est sous ces traits que cette belle figure se fixe dans le souvenir populaire, et déjà celui que nous nommons le grand Pasteur, la foule de ceux qu'il a sauvés l'appelle le bon monsieur Pasteur. La loi ne nous a pas permis de lui décerner un diplôme de docteur en médecine, mais c'est avec un caractère médical qu'il vivra dans

(1) Et il était membre de l'Académie de médecine.

la mémoire des hommes et c'est au médecin surtout que s'adresse le culte que la reconnaissance publique voue à ce grand savant et à ce grand bienfaiteur. Même s'il l'a ignoré, même s'il ne l'a pas voulu, Pasteur a été un médecin non pas seulement parce qu'il a fait progresser la médecine, non pas seulement parce qu'il a mis au service des malades ces qualités morales qu'il possédait à un haut degré et qui font le vrai médecin, mais parce que, dans ses plus hautes spéculations scientifiques, il ne s'est pas senti satisfait, alors pourtant qu'il arrivait à contempler la vérité.

» Toujours il a voulu la contraindre à se mettre au service de l'humanité. Toujours la préoccupation de l'application pratique a accompagné chez lui ou immédiatement suivi la découverte.

» Il a éprouvé ces angoisses qui sont épargnées à l'homme de méditation, mais que connaît bien le médecin, quand supputant les chances heureuses ou mortelles de la maladie et les effets possibles d'une intervention thérapeutique, il se décide à employer un remède périlleux. Il a connu les insomnies médicales quand s'est livré en lui ce combat après lequel il s'est décidé à inoculer à l'homme la moelle d'un animal enragé, en vue d'empêcher le développement possible de la rage. Mais il a connu aussi les joies médicales, les joies du triomphe thérapeutique, et nous l'avons vu sangloter, lors de l'inauguration de l'Institut Pasteur, à la lecture du compliment que lui adressait pour ce grand jour l'enfant qui avait le premier bénéficié de la méthode. »

Il appartenait à celui qui nous a révélé la nature des fermentations de nous livrer enfin le secret de ces maladies qu'on comparait aux fermentations et de prouver la réalité de ce qu'on avait imaginé ; que les arus comme les ferments sont des êtres vivants : êtres extrêmement petits dont quelques-uns n'atteignent pas un millième de millimètre, placés aux confins des deux règnes, mais que les botanistes réclament, qu'on nomme bactéries, et pour lesquels Sédillot a proposé le nom de *microbes* que Pasteur **a** adopté.

Nos tissus et nos humeurs, pris sur le courant ou recueillis sur le cadavre, s'altèrent quand on les expose à l'air et se détruisent. Pasteur a démontré qu'ils se détruisent par l'action des microbes, et que, si on empêche l'arrivée des microbes, il ne se produit pas la moindre altération, qu'il n'y a pas de fermentation spontanée ni de génération spontanée de ferments.

Cela, il l'a établi non par des preuves surabondantes, mais par deux ou trois de ces expériences dont il avait le secret, si claires, si convaincantes que sur ce point, depuis un tiers de siècle, la controverse est close.

Ce que Pasteur avait établi, c'est que, hors du corps, les humeurs animales ne s'altèrent que par l'action des microbes. Ses expériences ne disaient pas autre chose. Mais les enthousiastes en ont ainsi formulé les applications à la médecine : « Puisque la substance constitutive du corps ne saurait s'altérer spontanément, les seules altérations qu'elle puisse subir sont dues à des microbes. » (Théorie de la spontanéité microbienne.) Jamais Pasteur n'a donné une telle extension à cette conclusion qui n'est vraie que pour les maladies virulentes et pour les maladies infectieuses.

Il avait l'esprit trop pénétrant pour ne pas reconnaître que dans le corps vivant les choses peuvent se passer autrement que *in vitro*, et que, si les humeurs y sont à l'abri des cellules végétales, des ferments, elles y sont constamment soumises à l'action non moins puissante des cellules animales, que les humeurs sont ce que nos cellules les font, et que, si les cellules, sous des influences diverses, se mettent à mal vivre, l'élaboration de la matière sera viciée et la constitution du corps altérée.

La spontanéité morbide restait donc intacte pour ce qui concerne les maladies de la nutrition qui ne relèvent pas de l'infection et qui n'ont rien à voir avec les microbes, non plus d'ailleurs que tant d'autres maladies : la syncope, les fractures, les brûlures, les empoisonnements, pour ne prendre que quelques exemples au hasard.

Une seconde découverte fondamentale, au point de vue de la doctrine médicale, c'est que, même dans le corps vivant, certains microbes peuvent vivre et se multiplier, que cela s'observe dans certaines maladies qui, précisément, sont la conséquence de l'envahissement par les microbes. Les preuves sont nombreuses ; il en est deux qui sont décisives.

Ces maladies sont inoculables. Une goutte de l'humeur morbide transportée dans l'animal sain reproduit la maladie. Délayez cette goutte dans dix grammes de bouillon, prenez une goutte de cette première dilution et mêlez-la à dix autres grammes de bouillon, et faites ainsi douze dilutions successives.

La dernière dilution renferme les parties constitutives de la matière morbide, poisons ou microbes, dans la même proportion où elles seraient dans une masse d'eau du volume de la terre où on aurait délayé cette même goutte.

Inoculez cette douzième dilution, vous n'obtenez aucun effet ; vous n'avez, en effet, inoculé ni poison ni microbe. Mais, si au lieu de faire coup sur coup ces douze dilutions, vous ne les faites que de deux en deux jours, en maintenant, pendant ces deux jours, chaque nouvelle dilution à l'étuve, une goutte de la dernière dilution tue comme une goutte de l'humeur morbide primitive. Quelque chose qui était dans l'humeur morbide s'est donc multiplié dans ces cultures ; cela ne peut pas être le poison, ce ne peut être que le microbe. Jetez l'humeur morbide sur un filtre qui retient les microbes ; inoculez ce qui a traversé le filtre, vous n'obtenez aucun effet ; inoculez ce qui est resté sur le filtre, vous produisez la maladie. A ces merveilleuses expériences, on en a ajouté bien d'autres qui, toutes, déposent dans le même sens : dans une matière virulente, la virulence appartient au microbe et exclusivement au microbe.

Cette démonstration, qui ne date pas de vingt ans, contenait toute la réforme médicale ; le reste ne s'en déduit pas, mais n'en est que le développement naturel.

Nous étions entrés dans une ère nouvelle, nous avions le droit enfin d'aborder de front les causes des maladies et leur mode d'action. Savoir le pourquoi des maladies, ce fut à toutes les époques l'idée obsédante de tous les médecins philosophes ; et comme on n'arrivait pas à découvrir ce pourquoi, on l'imaginait. C'est l'explication de ce qu'on a appelé les systèmes en médecine. Ces théories hypothétiques n'étaient pas simples jeux de l'esprit ; elles exerçaient une influence sur la pratique : car si on désirait tant connaître les causes, c'est, sans doute, parce qu'on pensait pouvoir agir ensuite plus efficacement sur elles pour les empêcher de produire et d'entretenir la maladie. Tous les médecins, je le reconnais, n'ont pas subi la domination des systèmes et la médecine s'honore de pouvoir discerner à travers les siècles la continuation d'une école qui ne s'inspirait que de l'observation et de la tradition qui n'est que l'observation prolongée. Sans savoir comment ils agissaient on employait les remèdes réputés efficaces.

C'était de l'empirisme, chose peu glorieuse, que quelques-uns jugent méprisable, mais qui a été longtemps et qui reste encore nécessaire, car, lorsqu'un homme souffre et menace de mourir, avant de philosopher, il faut agir ; et, en attendant que la science nous offre quelque chose de mieux, il est licite et obligatoire de recourir aux moyens que l'observation ou l'expérimentation nous signale comme étant en pareil cas inoffensifs et avantageux. Il est dur de se résoudre à agir ainsi sans comprendre ce que l'on fait, mais c'est souvent indispensable, et Pasteur lui-même a dû sacrifier à l'empirisme.

L'une de ses plus belles découvertes, celle qui a le plus con-

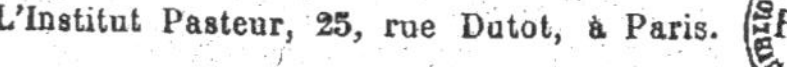

L'Institut Pasteur, 25, rue Dutot, à Paris.

tribué à rendre son nom populaire, son traitement préventif de
la rage — je le dis sans esprit de critique — n'est que pur empirisme. Mais quelle satisfaction pour l'esprit et quelle source
de progrès futurs, quand on peut échapper à l'empirisme,
quand on peut connaître la cause, saisir son mode d'action,
discerner le lieu et le moment où l'on pourra l'atteindre !

Cette satisfaction, la plus grande qu'il ait été donné à un
médecin de ressentir en aucun temps, Pasteur nous l'a procurée
quand il a reproduit la maladie complète par l'inoculation des
cultures pures des microbes du charbon, de la gangrène
gazeuse, du choléra des poules, du rouget du porc ; et, depuis,
la liste des maladies où la même démonstration a été donnée
s'est singulièrement agrandie. Nous possédons désormais le
pourquoi de la maladie, nous savons en quoi elle consiste
essentiellement.

Avant cette révélation de Pasteur, nous ne connaissions de
la maladie que le comment. Nous étions renseignés sur ses
symptômes, sur ses lésions, sur ses troubles fonctionnels ; nous
ignorions ce qui engendrait tout cela. Avant Pasteur, nous
nous efforcions, suivant le précepte d'un des maîtres les plus
éminents de la médecine française, de penser anatomiquement,
de voir chez notre malade, comme par transparence, les lésions
de ses organes.

Avec Pasteur, nous avons appris à penser pathogénique-
ment, à discerner l'agent infectieux qui a provoqué ces altérations organiques, à découvrir son lieu d'introduction et les
points de l'économie jusqu'où il a poussé ses colonies, l'intensité de sa pullulation, les procédés qu'il emploie pour nuire, les
moyens dont l'économie fait usage pour se défendre ; et nous
concourons à la guérison, soit en attaquant le microbe, soit en
soutenant l'organisme. L'orientation médicale est changée.
Une notion dominante s'impose à nos préoccupations ; elle ne
supprime rien de ce que nous savions auparavant, mais la

hiérarchie de nos connaissances est modifiée et nous devons soumettre la série de nos jugements à une subordination nouvelle.

C'est là le changement qui résulte pour le médecin de la découverte fondamentale de Pasteur. Voyons ce qui en résulte pour la science.

Ce n'était pas, à vrai dire, la première fois qu'on expérimentait avec les causes des maladies ; on avait étudié déjà les effets du chaud, du froid, des blessures, des variations des boissons ou des aliments, des poisons, des excitations et autres perturbations nerveuses, des diminutions ou suppressions d'organes qui semblent jouer un rôle important dans la nutrition.

Jamais on n'avait eu en main la cause de la plupart de nos maladies médicales, et il se trouvait que les microbes étant des êtres vivants, on pouvait à la fois expérimenter sur eux, rechercher, comme faisait un agronome, l'influence qu'exercent sur eux les milieux où on les oblige à vivre et, inversement, les modifications qu'ils font subir à ces milieux. On reconnut que les microbes n'agissent que par les produits solubles qu'ils secrètent, mais qu'on peut par mille moyens les réduire à modérer ces sécrétions, les atténuer, comme on dit.

Et alors, Pasteur, à l'aide de ce microbe agent d'une maladie grave, produit une maladie légère qui laisse après elle l'immunité : le virus domestique est devenu vaccin.

Dans le rapide coup d'œil que je veux, en terminant, jeter sur le développement donné à la doctrine fondamentale de Pasteur, par tant de médecins de tous les pays, je ne citerai personne, et personne, je pense, ne s'en offensera.

Le nom de Pasteur peut couvrir l'œuvre entière, et ceux qui ont cultivé le sillon qu'il a ouvert reconnaissent que, sans lui, ils n'auraient ni semé, ni récolté.

Tout être vivant, animal ou plante, oppose une certaine résistance à l'invasion par les microbes. Les microbes sont

tellement répandus que, si quelque espèce faisait exception à
cette règle, tous les individus seraient rapidement envahis et
détruits et l'espèce serait anéantie. Des circonstances multiples
concourent à cette résistance. L'absence de solution de conti-
nuité sur toute notre surface, sur la peau et sur les revêtements
de nos cavités respiratoire et digestive, constitue une première
protection. Les microbes qui entrent dans nos bronches sont,
pour la plupart, ramenés vers l'extérieur par les mouvements
de cils vibratils qui se meuvent constamment dans le sens de
l'expulsion. Ceux qui entrent par le tube digestif doivent
séjourner quelque temps dans l'estomac au contact d'un suc
acide qui agit à la façon d'un antiseptique. Ceux qui, par un
procédé ou par un autre, franchissent la surface et pénètrent
sous la peau, sont plongés dans une humeur qui, elle aussi, est
dans une certaine mesure antiseptique. Nos humeurs, suivant
l'expression usitée, sont plus ou moins bactéricides. Mais bon
nombre d'espèces bactériennes résistent à cette action du
liquide qui baigne normalement nos tissus ; elles y végètent et
y versent un de leurs produits de sécrétion, qui exerce sur les
nerfs de la région une action irritante. L'irritation des nerfs
provoque les centres à réagir et l'effet de cette réaction est de
déterminer dans la partie irritée par les microbes une dilatation vasculaire propice à la transsudation de la partie liquide
du sang, ce qui augmente dans le foyer envahi la quantité de
la matière bactéricide. La sérosité du sang n'est pas seule à
s'échapper des vaisseaux dilatés ; les globules incolores du
sang exécutent aussi leur migration et, en raison de leur irrita-
bilité propre, se dirigent dans la sérosité contaminée par les
produits bactériens des parties où ces produits sont le plus
dilués vers les parties où ils se trouvent au plus haut degré de
concentration, c'est-à-dire au contact même des microbes. Ce
contact est mortel pour les microbes qui vont être englobés,
puis digérés par les cellules extravasées par les phagocytes.

Les microbes pour lesquels les choses se passent de cette façon sont peu dangereux, leur action se borne à une maladie locale.

Certains microbes ne secrètent pas de substances : l'économie les ignore pendant un certain temps et les laisse se développer et se multiplier dans la région où ils se sont établis et où ils ne provoquent pas de réaction. Mais ils secrètent d'autres poisons, et quand leur nombre est devenu assez grand, la quantité de poison répandue dans toute l'économie provoque l'apparition de phénomènes généraux d'intoxication, sans qu'il y ait eu même de la rougeur au point qui a servi d'entrée à l'infection.

D'autres microbes qui sont capables de provoquer la lésion locale, la dilatation des vaisseaux avec transsudation de sérosité et issue de cellules migratrices, peuvent ne pas produire ces effets parce qu'ils secrètent un autre poison qui, disséminé dans l'organisme, paralyse le système nerveux central dans celles de ses parties qui président à la dilatation vasculaire. Alors l'exsudation, même si elle est provoquée, est empêchée de se produire, et les cellules migratrices ne sortent pas. Il est enfin des microbes dont les sécrétions paralysent ou même tuent ces cellules. Ainsi, par des procédés divers, le microbe qui a franchi les premiers obstacles peut être protégé par les défenses naturelles de l'organisme, et en particulier soustrait à l'action bactéricide du sérum où à l'action destructive des phagocytes, en raison d'un de ses poisons qui empêche la dilatation vasculaire. Il se multiplie alors, continue à secréter ses poisons, se dissémine entre les fibres des tissus ou, s'engageant dans les voies lymphatiques, se répand dans le sang. Ces microbes font l'infection générale parce que leurs poisons leur ont permis d'empêcher la lésion locale de se produire. Mais que par un procédé quelconque, ces microbes s'atténuent, leurs sécrétions diminueront, ils ne paralyseront plus les vaisseaux, ils provoqueront la lésion locale, c'est-à-dire l'afflux de la sérosité et des phagocytes, ils seront détruits par les mêmes procédés que dans le premier exemple, et l'économie aura été préservée de l'infection générale grâce à la lésion locale.

Ainsi semblent procéder certaines maladies à infection locale et certaines maladies à infection générale. Si les sécrétions microbiennes ont en général une action nuisible, il en est parmi elles qui peuvent avoir aussi des effets utiles. Injectées même en quantité minime et bien qu'elles ne fassent que traverser l'organisme d'où elles sont rapidement éliminées, elles impressionnent assez l'économie pour que l'élaboration de la matière s'y trouve modifiée d'une façon durable.

Ce changement a pour conséquence l'état de vaccination, l'immunité. Dans certains cas les tissus, le sang deviennent bactéricides à un bien plus haut degré qu'ils ne l'étaient avant et plus spécialement à l'égard de l'espèce bactérienne dont les produits ont traversé l'organisme. C'est la vaccination par état bactéricide. Dans d'autres cas le sang acquiert, avec une intensité singulière, la qualité de stimuler les tissus, particulièrement le système nerveux, au point de les mettre à l'abri de l'action paralysante des poisons bactériens ; le sang est devenu le contre-poison des poisons bactériens.

C'est la vaccination par état antitoxique.

Chez l'homme qui subit une infection, les bactéries secrètent ces matières vaccinantes dont l'action est de modifier lentement, mais d'une façon durable, l'activité vitale et d'amener ces changements humoraux permanents bactéricides ou antitoxiques. Si l'état antitoxique s'établit, les procédés de la défense émoussés par les poisons bactériens reprennent leur énergie et les microbes se détruisent par les procédés naturels que j'ai indiqués tout à l'heure. Si l'état bactéricide qui survient, dans les bactéries, se trouvant dans un milieu désormais plus défavorable, s'atténue, leurs sécrétions vénéneuses diminuent et les

défenses n'étant plus paralysées, la destruction des bactéries se
produit encore par les procédés naturels. Ainsi la guérison se
produit par le même mécanisme qui assure l'immunité acquise ;
la guérison est le premier effet de la vaccination.

Si cette guérison tarde à se produire, si les humeurs n'ac-
quièrent pas assez vite, ou à un assez haut degré, les qualités
protectrices, on peut chez les animaux injecter le sang bactéricide ou plus simplement le sérum bactéricide d'un animal vacciné, et on aide ainsi à la guérison ; on préfère chez l'homme injecter le sérum antitoxique d'un vacciné qui donne le même
effet de protection avec des doses beaucoup plus faibles. C'est
ce qu'on appelle la sérothérapie, dont nous constatons chaque
jour les merveilleux résultats dans le traitement de la diphtérie. Tel est, dans ses grands traits, le progrès introduit par
l'œuvre de Pasteur et par les développements qui ont suivi dans
la doctrine et dans la pratique de la médecine.

*
* *

Le grand naturaliste Saussure disait :

« L'esprit humain n'a jamais connu tout d'abord la portée de
ses découvertes. Le premier fruit de celle-ci est un bienfait
humanitaire ; mais qui pourrait dire l'importance des services
qu'elle rendra à l'art de guérir, et la grandeur des lumières
qu'elle portera dans les sciences de la vie ? Elle ouvre des voies
nouvelles ; nul ne peut en prévoir les directions, ni en mesurer l'étendue. »

*
* *

Le 16 avril 1886, Chevreul écrivait :

« Je suis très heureux d'inscrire mon nom comme témoignage d'admiration pour l'œuvre d'humanité de mon illustre confrère Pasteur. »

De son côté, M. Charles Richet, le savant directeur de la *Revue scientifique*, a écrit :

« Pasteur ! quel nom dans l'histoire ! Quand on évoque ce grand nom, on ne pense pas à l'œuvre d'un savant qui a enrichi par une importante découverte le patrimoine de l'humanité, mais à une colossale révolution qui a bouleversé et rénové la science la plus utile aux hommes, la médecine et la biologie.

» Nous avons peine à croire qu'il fut un temps où l'on ignorait le rôle des êtres microscopiques disséminés partout, agents des fermentations et des maladies. Nous ne comprenons pas qu'on pouvait parler alors d'une spontanéité morbide, qu'on ne savait pas la valeur des mots de contagion, de vaccination, d'antisepsie, toutes expressions devenues aujourd'hui vulgaires. Eh bien ! c'est à Pasteur, et à lui seul, que nous devons tout cela.

» Son œuvre est immense, impérissable. Le temps ne fera qu'en accroître la renommée et l'importance ; car elle est fondée sur des faits positifs et consacrée par des milliers et des milliers d'expériences qui se renouvellent chaque jour. »

» Dans l'histoire des sciences, on ne peut guère, à Pasteur, comparer que Lavoisier qui a créé la chimie (1).

(1) Le chirurgien Gosselin était aussi un grand admirateur de Pasteur. Il disait que ses idées avaient transformé les théories médicales.

(Cité par A. Richet, de l'Institut. Biographie lue à l'Académie des Sciences, le 25 juillet 1887.)

Ailleurs M. Charles Richet écrivait encore :

« Nous sommes les élèves et les humbles élèves de Pasteur ; nous suivons le sillon qu'il nous a tracé, nous marchons derrière lui, et ce que nous savons, grâce à lui, des germes, des ferments, des vaccinations, des immunités, des microbes, de la contagion, tout cela c'est à lui que nous le devons. Jamais, à aucune époque, un seul homme n'a fait autant pour la médecine. Comme le disait bien Vulpian, mon regretté maître : « Alors que nos noms à tous seront ensevelis dans l'oubli le » plus profond, *le nom de Pasteur*, plus grand encore qu'aujourd'hui, *dominera l'histoire scientifiqu e du siècle.* »

» Pour moi, je ferais volontiers cette classification dans l'histoire de la médecine : il y a eu la médecine avant Pasteur, il y aura la médecine après Pasteur (1). »

Nous avons demandé aussi personnellement au Dr de Backer (1), un fervent disciple de Pasteur, son opinion sur les doctrines du maître et sur leurs résultats. Il nous a répondu par l'intéressante missive suivante :

« Cher monsieur,

» Vous me demandez un avis sur l'œuvre de Pasteur, disant avec raison que vous reconnaissez en moi un fervent disciple du grand maître de la microbiologie française. Je suis ce disciple très fervent dès la première heure, et bien des fois j'ai rappelé cette époque de ma vie, regrettant toujours de n'avoir pu, dès lors, faire partie de la jeune cohorte attachée aux tra-

(1) Ch. Richet, *La physiologie et la médecine.* Leçon d'ou verture du cours de physiologie de la Faculté de médecine de Paris.

(1) Le Dr de Backer vient précisément de publier un curieux livre sur les *Ferments thérapeutiques.*

vaux, aux luttes, et depuis aux légitimes triomphes de l'Ins-. titut Pasteur : mais il m'a fallu vivre de mon diplôme et ce n'est que de loin, et par une sorte d'impulsion provoquée par les enseignements suivis de Claude Bernard et de Pasteur, que je me lançai peu à peu moi-même dans la voie ardue de l'investigation expérimentale.

» Un heureux hasard me mit sur la piste des « ferments thérapeutiques », que j'ai parcourus depuis longtemps. J'étais en 1882 dans le nord ; j'examinais là, dans une grande pièce rustique qui me servait de cuisine et de laboratoire, des fausses membranes de diphtérie flottant sur de l'eau phéniquée, quand mon attention fut attirée vers d'autres fausses membranes que je vis près de moi. Un petit fût de bière, auquel mes amis et moi nous venions souvent demander un bock en fumant la longue pipe flamande, laissait tomber goutte à goutte un peu de liquide fermentescible du robinet. Des couennes épaisses se formaient dans l'écuelle destinée à recueillir ces gouttelettes ; je crus d'abord à quelque sottise d'une bonne qui aurait jeté là, par mégarde, les fausses membranes que j'avais déjà regardées plusieurs fois. Le plus simple examen me fit voir immédiatement que j'avais bien affaire avec les très naturelles couennes de bière que tout le monde connaît.

» Mes idées pastoriennes affluaient et instantanément je fis ce raisonnement : le ferment acétique, se développant dans ce m lieu très aéré, puisqu'il tombe goutte à goutte, a produit ces couennes *feutrées* ; le ferment diphtérique ne produit lui aussi ses fausses membranes que dans les milieux aérés ; il n'y a jamais de fausses membranes que là où il y a de l'air : gorge, bronches, plaies, ulcérations ; il n'y en a pas là où l'air ne peut pénétrer. Il y a donc de nombreux rapports entre la couenne diphtérique et la couenne de bière. Le bacille acétique d'un côté, de l'autre le bacille ignoré, puisque c'est en 1884 seulement que Lœffler décrivit : la conclusion s'imposait avec la pensée d'opposer l'un à l'autre. Le Dr Rogeau étant entré me voir à ce moment, je lui communiquai cette manière de voir en lui disant : « Au lieu désormais d'envoyer mes malades au » pharmacien, je les adresserai au brasseur. » Nous essayâmes et nous pûmes dès lors constater qu'en employant moitié levure fraîche, moitié miel, nous arrêtions maintes et maintes fois une diphtérie en évolution. J'écrivis ces faits à M. Jules Simon, de l'Hôpital des Enfants-Malades, et je les consignai dans un opuscule : *En attendant le médecin* (1).

» J'eus l'occasion de songer à cette substitution d'un ferment inoffensif à un ferment pathogène : la lutte pour la vie se révélait là d'une façon remarquable dans les infiniment petits, et ce fut l'objet, pour moi, de fréquentes méditations. Mais ceux qui savent combien absorbantes sont les préoccupations de la clientèle, peuvent seuls apprécier les efforts à faire pour se soustraire scientifiquement à cette autre lutte pour la vie qu'est la pratique médicale en province.

» Ce n'est qu'en 1890 que je pus, à Paris, suivre ma préoccupation constante d'étudier les ferments, persuadé que cette mine pastorienne me réservait d'agréables surprises. Le grand travail qu'avec mes collaborateurs, M. Jean Bruhat et M. le Dr Charlier, je viens de terminer et de publier sous le nom de *Ferments thérapeutiques*, est le fruit de longues recherches, de méthodiques expérimentations; et, qu'il me soit permis de le dire ici, c'est une belle couronne que j'ai été heureux d'apporter sur la tombe de Pasteur, car, par une heureuse coïncidence, c'est le 5 octobre, jour des funérailles nationales du maître, que j'avais reçu du brocheur le premier volume.

» L'œuvre de Pasteur est incommensurable, parce qu'elle a pour point de départ la découverte d'un principe vrai.

» Quand Joseph Le Bon montra le gaz d'éclairage, toutes les

(1) Plon, Paris, 1882.

déductions surgirent et se perfectionnèrent les unes par les autres.

Quand Papin découvrit la tension de la vapeur, son principe dans les applications multiples révolutionna l'industrie, les voyages, etc...

La découverte, par Pasteur, du mécanisme des fermentations à l'air et des fermentations à l'abri de l'air, ont modifié toutes les notions anciennes de la médecine, et à mesure qu'une maladie est venue se ranger dans la longue série des fermentations, on l'a vue obéir aux mêmes lois, aux mêmes phénomènes.

» Prenons un exemple, pour bien faire comprendre l'immense portée de cette loi générale : la diphtérie est causée par un ferment spécial, bacille de Lœffler, qui a besoin d'air pour se développer ; cette fermentation aérobie produit des fausses membranes dont la texture est sensiblement semblable à celle que forme le bacille acétique dans un moût fermentescible de bière ou de vin. De même que, dans ce dernier cas, il y a décomposition des matériaux fermentescibles et une sorte d'empoisonnement des cellules vivantes, par le produit de cette décomposition ; ainsi, dans les tissus organisés humains, il y a décomposition des liquides, des humeurs par les produits toxiques (toxines ou toxo-albumines) et les cellules vivantes meurent par empoisonnement ou incapacité de vivre dans ce milieu modifié.

» C'est là une loi ; Pasteur l'a formulée en proclamant : 1° que tout germe vient du dehors ; 2° que ce germe se développe suivant que le milieu est plus ou moins favorable.

» Comme corollaire de ces deux propositions, il résulte que si « *le dedans repousse le germe du dehors, ou si le dedans est défavorable au germe venu du dehors, le germe meurt ou reste à l'état latent sur place* ».

» Autrement dit et, par exemple, lorsque les vaisseaux sont tendus et gonflés après un bon repas bien digéré, ou après une injection de plusieurs centimètres cubes de liquide aseptique, l'effort s'exerçant de l'intérieur vers l'extérieur, c'est l'ennemi venant du dehors qui est repoussé; dans le cas contraire, l'effort se fait du dehors en dedans et l'invasion est facile. C'est ainsi que s'explique l'infection si prompte des sujets déprimés ou à faible tension sanguine, et la résistance des autres aux mêmes germes pathogènes. C'est cette constatation qui a permis à l'un de nos meilleurs maîtres en clinique, le professeur Grancher, de lancer, dernièrement encore, cet aphorisme profondément juste qui semblerait digne de La Palice par son apparente naïveté : « Le meilleur moyen de ne pas être phtisique, c'est d'être en bonne santé. » Ce qui veut dire qu'il y a lieu de se mettre toujours en posture de résistance.

» Pasteur a démontré qu'en empêchant les germes du dehors de pénétrer en un milieu, il en empêchait la décomposition et, partant, en assurait la conservation : de là, la *pasteurisation* ou la *destruction des germes par la chaleur* de 60 degrés deux ou trois fois obtenue successivement, suivant la virulence des microbes; de là encore l'arrêt, par *filtration* en terre poreuse, des mêmes germes extérieurs. Le passage du virus à travers les cellules agglomérées qui constituent l'animal vivant et leur atténuation préservatrice ne sont, à nos yeux, que des conséquences d'une filtration intracellulaire plus parfaite en ce sens que, non seulement, les cellules vivantes filtrent mieux, mais fabriquent l'antidote sous l'influence du poison, et produisent le *résistant approprié*, l'antitoxine n'étant que le fruit de la réaction compensatrice ou victorieuse.

» Pour nous résumer, nous disons volontiers que *Pasteur a révolutionné la science* et ses applications à la germination scientifique et à la germination pathogénique : *chimiste, il fait plus que tous les médecins*, parce qu'il a réussi à décomposer l'être animal en ses éléments primordiaux, en étudiant la vie de la cellule en fermentation, j'allais dire la vie en ses plus infinis détails. Ce principe trouvé, les conséquences coulent de source et c'est l'océan qui est au bout !

» L'asepsie, l'antisepsie, la stérilisation, la résurrection des germes qui de latents deviennent virulents, la sérothérapie, la mycodermothérapie, l'aérothérapie, et, d'une façon plus él i- gnée, l'hydrothérapie ou réactions provoquées, voire même l'électrothérapie à haute fréquence, si avantageusement appli- quée aux organismes déchus, toutes ces sciences nouvelles doivent leur idée première ou trouvent leur explication dans la connaissance des principes pastoriens.

L'asepsie, qui consiste à priver de germes les éléments où ils sont renfermés, c'est le cas de l'eau préalablement bouillie, dont se servent de préférence certains chirurgiens, comme M. Paul Reclus.

» L'*antisepsie*, dont Déclat et, après lui, Lister ont démontré l'absolue nécessité, a transformé le domaine chirurgical en terrain fertile, quand il était un champ de mort.

» La *stérilisation des instruments*, des objets ayant appar- tenu à tel malade microbien, par le passage à travers les étuves, sape à sa base l'épidémie jadis triomphante.

» Les maladies épidémiquement engendrées par les ferments microbiens contre les animaux nuisibles donnent aujourd'hui aux cultivateurs une sécurité ignorée jusqu'à ce jour.

La *sérothérapie* ou l'injection intrahumaine de virus atténués ou modifiés, s'est imposée triomphalement dès son apparition et ses applications antidiphtériques.

» La mycodermothérapie ou l'injection intrahumaine de cel- lules vivantes, pures, antagonistes des ferments pathogènes, n'est encore qu'à ses débuts et donne des résultats extraordi- naires dans les maladies déclarées incurables.

» L'aérothérapie, l'hydrothérapie, l'électrothérapie en provo- quant des réactions salutaires, agissent sur les cellules indirectement et leur font acquérir à chacune d'elles une vitalité pour ainsi dire personnelle, dont la somme retentit sur l'état général.

» La vie de la cellule, ses modifications, son passage à travers les milieux, tout cela a été décrit, démontré par Pasteur et aujourd'hui l'ouvrier dans son atelier, le savant dans son laboratoire, le laboureur dans les champs, le médecin près de son malade, le vétérinaire devant l'animal, le vigneron devant son moût, le brasseur devant son orge qui germe, *tous auront ce nom de Pasteur dans le cerveau;* car tous ne pourront appliquer un progrès qui ne relève d'un des principes démontrés par lui. Parmi les anciens, Pasteur eût été proclamé un demi-dieu, parce qu'il aurait apparu comme ayant dérobé à l'Olympe un de ses mystères. »

2. — *Hommage des écrivains.*

Au lendemain des obsèques nationales du maître, la belle poésie suivante d'Eugène Manuel paraît encore de pleine actualité.

Ces vers furent récités par Coquelin, au grand festival donné dans la salle du Trocadéro, en faveur de l'Institut Pasteur, le 11 mai 1886.

I

Chère France, les vents du Nord ni les orages
N'ont épargné la terre aux profonds labourages;
 Nos récents souvenirs sont lourds !
Nous avons bien payé l'espérance trop prompte :
On a saigné tes flancs, on a payé ta honte,
 On a compté tes mauvais jours !

La guerre a décimé tes enfants ; la défaite
A laissé pour longtemps ton âme stupéfaite,
    Et tourné tes regards ailleurs ;
La mort a tour à tour saisi, d'un geste avide,
Comme pour déblayer la scène qui se vide,
    Les plus vaillants et les meilleurs.

Hier encore, la voix du siècle, hélas ! muette,
Faisait un grand silence au tombeau du poète ;
    Ton front semblait découronné ;
Et ceux qui, dans le mal, prophétisent le pire,
Regardant devant eux, étaient tentés de dire,
    Devant ton sol tout moissonné :

« Où donc est sa grandeur ?... Où se fait son histoire ? »
— Elle se fait là-bas, dans ce laboratoire,
    Où l'univers est suspendu ;
Où, grave et simple, un homme, acharné sur sa tâche,
Engage avec nos maux un duel sans relâche,
    Et nous rend tout l'honneur perdu !

Rien ne l'a détaché de l'œuvre commencée :
Et des deux infinis où se perd la pensée,
    Il a choisi, s'y renfermant,
Celui qui, dans l'impur recoin de la cellule,
S'agite en bataillons effrayants, et pullule
    Dans chaque goutte de ferment.

Il est là, tout le jour, depuis trente ans, sans trêve,
L'œil fixé sur l'atome, — et déjà sur son rêve ;
    Fouillant dans nos contagions ;
Il voit, dans cette nuit, dont il perce les voiles,
Germer les vibrions, comme ailleurs les étoiles,
    En incroyables légions !

Tenace observateur, il vous trouve, il vous somme,
— De la plante à la bête et de la bête à l'homme, —
    De vous trahir, fléaux, poisons ;
Comme des fleurs du mal, il soigne vos cultures ;
Il lit dans vos levains et dans vos pourritures.
    La loi même des guérisons.

PASTEUR.   20

Sans mesurer le temps ni les forces humaines,
Il est là, recueillant, notant les phénomènes,
    Aspirant ces souffles malsains ;
Frappé, mais non vaincu ; ne demandant à vivre,
Que pour lutter encore et toujours, et poursuivre
    Le dernier de ses grands desseins :

Tandis que, des caveaux cachés sous sa retraite,
A peine s'il entend, d'une oreille distraite,
    Monter d'épouvantables voix,
— Cri rauque, son plaintif, aboiement qui pénètre,
Et dont la note met un frisson dans tout l'être,
    Pour l'avoir perçue une fois !

II

La rage ! — Son nom seul est comme une morsure !
Dans le sang et les nerfs, d'une route trop sûre,
    Le virus glisse longuement ;
Et tout à coup, séchant la gorge, étreignant l'âme,
Mettant l'angoisse au cœur, où s'allume une flamme
    Il tue avec un hurlement.

Qui nous dira pourquoi la Nature, — ô mystère ! —
Voulant inoculer ce mal qui nous atterre,
    T'a pris surtout, bon chien joyeux,
Compagnon sans pareil, dont les folles caresses
Disent tous les désirs et toutes les tendresses.
    Dont les yeux plongent dans nos yeux ?

Quand tu bondis vers nous et quand tu nous fais fête,
Pourquoi rendre suspect ton pauvre amour de bête
    Et ta vieille fidélité ?
Du logis familier serviteur ordinaire,
Pourquoi, le plus soumis et le plus débonnaire,
    En es-tu le plus redouté ?

Sans qu'il ait dans l'esprit l'effroyable peut-être,
Désormais tu pourras lécher la main du maître,
    Heureux aussi de te choyer ;
Et le petit enfant pourra jouer sans crainte,

Si la dent sur son doigt marque sa rose empreinte,
　　Avec l'épagneul du foyer :

Car, dans son officine aux étranges étables,
Dosant dans leurs flacons ces monstres redoutables,
　　Il a, — le sublime éleveur, —
Accompli lentement son labeur solitaire,
Fait du virus mortel un ferment réfractaire,
　　Du mal qui tue un mal sauveur !

Un jour, on contera que, penché sur la planche,
Lui-même au chien hurleur il prit sa bave blanche,
　　Pour y mieux scruter l'affreux mal :
Et l'artiste inspiré, fixant cette conquête,
Peindra le formidable et divin tête-à-tête
　　Du grand homme et de l'animal !

III

Et la France aussitôt a grandi dans le monde,
Tant la victoire était en promesses féconde !
　　— Soudain, de partout amenés,
Pareils au pâle essaim des infernales ombres,
On vit se dérouler, en longues files sombres,
　　Vers le salut tous ces damnés !

Ils viennent, les mordus, en troupes effarées,
Du Nord et du Midi, des neigeuses contrées
　　Où chiens et loups ont faim l'hiver :
Les steppes nous cachaient d'atroces bucoliques,
Et le croc furieux des bêtes faméliques
　　Est resté parfois dans la chair !

Ils viennent, plus nombreux toujours, — spectacle unique ! —
Ils ont foi. C'est en vain que le doute ironique
　　Veut troubler leur farouche espoir.
Et lui, de l'avenir attendant son salaire,
Trop haut pour ressentir l'orgueil ou la colère,
　　Suit son chemin, sans s'émouvoir !

IV

Et maintenant, savants, chercheurs, allez ! courage !
Hier, c'était le charbon ; — aujourd'hui, c'est la rage ;
  Demain, qui, sait ?... Tout est nouveau !
L'infiniment petit entr'ouvre ses ténèbres ;
La bataille s'annonce, et vos luttes célèbres
  Iront des membres au cerveau.

Aux foyers empestés où l'atome est un monde,
Arrachez leur mystère, et descendez la sonde
  Dans les horreurs de ce fumier !
Si Dieu garde la mort, il reste assez de marge :
De l'enfant au vieillard, la place est encor large !
  Soyez bénis, — toi, le premier.

Ah ! comme on comprend bien que ce rêve te tente !
Quel triomphe entrevu dans la chair palpitante !
  Quels rayons dans l'abîme obscur !
De tous ceux qui, prenant corps à corps nos misères,
Ont refusé de croire à des maux nécessaires,
  Nul n'a marché d'un pas plus sûr.

Pour le long sacrifice ou la courte souffrance,
Les cœurs sont toujours prêts, dans ce pays de France :
  Les héros ne se comptent pas !
Mais, loin du champ de mort que l'honneur glorifie,
Il est temps d'agrandir enfin le champ de vie :
  Ce sont là les futurs combats !

Les offrandes du monde à peine y vont suffire,
Car la science est jeune, et l'infini l'attire ;
  Le but marqué n'est pas douteux :
Et, dans l'œuvre de Dieu, que l'homme calomnie,
Ceux-là sont les plus grands qui font, par leur génie,
  Reculer la mort devant eux !

De son côté, M. François Coppée, un autre poète et collègue de Pasteur, a consacré à son souvenir ces charmantes lignes :

« La mort de Louis Pasteur, dit-il, est plus qu'un deuil national, c'est un deuil universel.

» Les ignorants — j'en suis — ne peuvent mesurer la force de son génie, ni l'étendue de ses découvertes, mais ils connaissent le résultat obtenu qui tient du prodige.

» Qand Leverrier annonçait que tel jour, à telle heure, une nouvelle planète brillerait au firmament, les seuls mathématiciens pouvaient vérifier l'exactitude des calculs du grand astronome ; mais au jour dit, à l'heure exacte, l'étoile était là, visible pour le plus sauvage des bergers ; il en a été de même pour la théorie des microbes publiée par Pasteur vers 1860.

» Chose singulière! Si les discussions soulevées alors entre Pouchet et Pasteur, pour et contre la génération spontanée, émurent la masse du public, c'est qu'elle y apportait des passions philosophiques et religieuses. A la seule pensée que des êtres organiques pussent être créés par la matière corrompue, les esprits forts triomphaient, croyaient avoir soulevé le dernier voile d'Isis et pénétré le mystère de la vie.

» Quand Pastour, par des expériences accablantes, mit à néant cette hypothèse et prouva que les germes microscopiques observés dans la purulence ne s'y étaient pas développés d'eux-mêmes, mais étaient venus du dehors, apportés par des véhicules tels que l'air et l'eau, ce fut pour certains esprits une déception amère et plusieurs s'irritèrent contre cet observateur inflexible qui laissait intact le problème de la création. Cependant, peu de temps après, le monde étonné apprenait combien était féconde en conséquences pratiques la loi formulée par ce savant véridique et consciencieux. Non seulement une science nouvelle était née, celle des antiseptiques renouvelant les pratiques de la chirurgie, de l'hygiène, et notamment de l'obsté-

trique, diminuant dans une proportion énorme les chances
funestes des opérations et donnant aux hommes de l'art une
arme puissante contre la souffrance et contre la mort, mais, à
partir de cette époque, le génie de Pasteur prenait un essor
extraordinaire.

» Le grand chimiste, déjà vieux, usé de travail et touché
même par la paralysie, faisait, par l'observation constante et
profonde de ce monde des infiniment petits, dont il avait révélé
l'existence, une découverte immense. Guidé par la trouvaille de
Jenner, qui est admirable, mais due seulement au hasard, il
établissait une méthode générale d'une portée incalculable,
celle de l'atténuation des virus et de leur transformation en
vaccins, méthode qui déjà prévient et guérit une grande quantité de maladies contagieuses et qui semble destinée à les faire
un jour disparaître toutes.

» *Pasteur* a d'abord supprimé, pour ainsi dire, plusieurs
épizooties et *sauvé dans tous les pays du globe d'énormes richesses agricoles.* Il n'est pas besoin de rappeler que, grâce à
lui, la science est maîtresse à présent, dans presque tous les cas,
de la plus épouvantable des infections, celle de la rage! Et, hier
encore, toutes les mères poussaient un long cri de joie et de
reconnaissance, quand le plus illustre disciple du maître, le
docteur Roux, combattait victorieusement, par une nouvelle
application des principes pastoriens, le minautore qui réclamait
sans cesse tant de victimes innocentes, l'ogre qui dévorait tant
de petits enfants, le hideux croup, et n'oublions pas que les
vérités proclamées par Pasteur ne sont reconnues que depuis
peu de temps comme incontestables, et que la semence féconde
qu'il a jetée à travers le monde n'a encore donné que ses premières moissons. Professeur incomparable, il a élevé dans son
laboratoire toute une génération de jeunes savants ardemment
dévoués à son œuvre et qui continuent sa lutte contre le mal.
J'ai visité plusieurs fois cet Institut de la rue Dutot, sorte de

couvent scientifique où vivent solitaires, et comme volontaire-
ment cloîtrés dans l'étude, ces hommes dignes de toutes les
admirations. Avec une complaisance infinie, une modestie
exquise, et dans les termes les plus simples, ils ont daigné
m'expliquer, à moi profane, leurs étonnants travaux, et me
montrer ces fioles magiques, ces mystérieux bocaux, où les pires
poisons se transformaient en antidotes. Chacun de ces savants
cultive un virus particulier! Et je vois encore l'un d'eux excitant
avec une baguette, à travers les barreaux d'une cage, un ser-
pent de l'espèce la plus redoutable, afin de lui faire mordre un
verre de montre et d'y recueillir quelques gouttes de venin. Les
germes de la tuberculose, de la rougeole, de la fièvre typhoïde,
du choléra, de la syphilis, de toutes les maladies les plus
effrayantes, sont étudiés là avec un soin, une attention, une
patience inouis et le passé nous permet d'ajouter — avec une
magnifique espérance pour l'avenir. Le spectacle auquel on
assiste à l'Institut Pasteur est réconfortant ; il fait oublier, un
moment, tout ce que la nature humaine recèle de laideurs et de
hontes. A la bonne heure ! Voilà des intelligences et des caractères ! Avec leur cravate mal nouée et leur vieille redingote
boutonnée de travers, mais une flamme dans les yeux et le visage creusé de fatigue, ils font plaisir à voir, ces élèves, je
dirais presque ces fils de Pasteur. On sent que leur maître leur
a pour toujours mis dans le cœur et dans le cerveau le seul
idéal auquel il consacra sa vie, la science aimée pour elle, sans
arrière-pensée de profit ou de gloire, avec un absolu désintéressement. On est pénétré de respect devant ces nobles jeunes
gens, et on emporte, en les quittant, cette consolante pensée
que, si l'homme est condamné par une loi fatale à toujours
souffrir, grâce à eux, il souffrira moins.

» Dans quelques jours, devant le cercueil de Louis Pasteur,
des voix éloquentes et illustres exalteront l'immense savant.
Qu'elles n'oublient pas de dire que l'homme, pendant sa longue

existence, donna toujours l'exemple des plus hautes et des plus touchantes vertus.

» J'ai été assez heureux pour approcher très souvent M. Pasteur; il était mon voisin dans les séances de l'Académie française.

» J'ai eu aussi le très grand honneur de lui inspirer quelque sympathie. Nous avons causé beaucoup ensemble, et je découvrais sans cesse, avec une délicieuse émotion, chez cet homme de génie, des trésors de modestie, de candeur et de bonté.

» Issu d'humbles artisans, il avait les croyances traditionnelles que l'on ne détruira pas — non — dans le cœur du peuple de France; la confiance en Dieu, l'amour de la famille, le culte du devoir, la religion de la patrie.

» Qu'on me permette de rappeler ici une circonstance de nos relations personnelles avec M. Pasteur.

» En janvier 1886, quand s'organisaient, de toutes parts, les souscriptions pour son Institut, je reçus la lettre suivante :

« Les ouvriers de la verrerie d'Aumale, dont les noms suivent,
» se proposent de faire une petite fête, et de donner une soirée
» au profit de l'Institut Pasteur. Et leur grand désir serait qu'une
» pièce de vers fût dite au commencement de cette soirée, et que
» cette pièce émanât de vous. »

» Je passe la fin de la lettre trop flatteuse pour moi. Mais l'idée de ces braves gens était charmante, et je fis les vers tout de suite. Les voici :

A PASTEUR

O toi dont la science et le constant effort
Ont si souvent vaincu la douleur et la mort,
, O cerveau puissant et fertile,
De l'univers qui souffre, obstiné bienfaiteur,
Pardonne si ma voix interrompt, ô Pasteur,
Un instant ton travail utile !

Pasteur et sa petite-fille, en 1886.
(Tableau de Bonnat.)

Le genre humain te paye un tribut mérité.
Pris dans un grand courant de générosité
    Que tout le monde a voulu suivre,
Pour assurer ton œuvre et fonder ton trésor,
Le riche est accouru, les deux mains pleines d'or,
    Le pauvre avec ses sous de cuivre.

Les savants — tu souris de quelques envieux —
T'ont placé dans la gloire, et, voyant dans tes yeux
    Briller l'étincelle divine,
Ils t'ont salué tous comme un maître, et les rois,
Honorant ce jour-là leurs ordres et leurs croix,
    Les ont placés sur ta poitrine.

Je t'apporte une offrande à mon tour. Presque rien.
Elle va te remplir pourtant, je le sais bien,
    D'une gratitude infinie.
Avant de t'envoyer quelques louis offerts,
De pauvres artisans m'ont demandé des vers
    Pour mieux honorer ton génie.

Cent cinquante ouvriers, hélas ! vivant de peu,
Les verriers, serviteurs de ce vieil art du feu
    Qu'exerçaient les nobles naguère,
Ont eu, nobles de cœur, un généreux souci
Et se sont cotisés pour t'offrir, eux aussi,
    L'humble cadeau de la misère.

Pour eux, ce fut un jour de joie. On se fit beau;
L'atelier, plein de fleurs et paré d'un drapeau,
    Vit une fête plébéienne.
Sûr d'avoir fait du bien, on s'est mieux amusé;
Les vieux ont bu leur coup, les jeunes ont dansé.
    Et les chansons ! chacun la sienne !

Applaudissant ton nom sans cesse répété,
Savant, ils ont levé leur verre à ta santé,
    Pleins d'admiration profonde.
Puis, un petit enfant ou quelque vieux souffleur,
Assiette en main, disant : « Pour l'Institut Pasteur »,
    A fait la collecte à la ronde.

Enfin — c'est un désir délicat et touchant —
Ces braves ouvriers ont voulu que l'argent,
    Produit de leur modeste quête,
L'argent qui, j'en suis sûr, va te porter bonheur,
Oui, cet argent sacré, de travail et d'honneur,
    Te fût offert par un poète.

Ils m'ont choisi. Pourquoi? Je suis bien trop heureux,
Si mon livre, parfois, lu par quelqu'un d'entre eux,
    Les attendrit et les console !
Mais, j'ai senti mes yeux, tout à coup, se mouiller,
Et j'ai bien vite écrit ces vers sur ce papier
    Pour envelopper leur obole.

Oh! ces vers! Je voudrais qu'ils fussent bien meilleurs !
Mais enfin, ils les ont, ces pauvres travailleurs ;
    A présent leur joie est complète.
Ils ont le compliment rimé qui leur manquait
Et peuvent te l'offrir, Pasteur, comme un bouquet,
    Au patron, le jour de sa fête.

» En lisant ces vers que je ne reproduis aujourd'hui que parce qu'ils furent écrits à la gloire de Pasteur, l'illustre savant, ému surtout bien certainement par la touchante pensée des verriers d'Aumale, laissa couler une larme heureuse. Et c'est une des fiertés de ma vie d'avoir contribué à donner cette petite joie à ce bon et grand homme. Il n'est plus. Le bruit de sa mort aura, je le répète, le plus douloureux retentissement en France et dans tout l'univers. Nous espérons tous que pour recevoir sa dépouille sacrée vont s'ouvrir les portes de bronze du Panthéon. Il mérite cet honneur plus que tout autre : car ce n'est pas seulement la Patrie qui est reconnaissante à Louis Pasteur, c'est l'Humanité. »

Voyons maintenant l'opinion de M. Sully-Prudhomme, le collègue de Pasteur :

A PASTEUR

Au temps d'Hercule, au temps des robustes héros,
La nature indomptée attaquait l'homme en face ;
L'homme, à son tour, puisant dans sa vigueur l'audace
Etreignait, front à front, le lion le plus gros.

Il conquit sur la brute au dehors le repos,
Mais dans son propre corps un fléau plus tenace
A, depuis, pénétré sans bruyante menace,
Pour lui livrer combat, cette fois en champ clos.

La maladie, obscure et traîtresse ennemie,
Etend et fait sévir sa puissance affermie
Par l'âpre et long travail de son venin vivant ;

Mais tu la prends au piège où ton flambeau l'accule ;
Ton souple et fort génie, ô bienfaiteur savant,
De cette hydre invisible est le nouvel Hercule !

*
* *

Dans son éloge de Pasteur, M. Henri Des Houx a voulu surtout montrer la gloire que la France retirait d'avoir vu naître un tel homme.

« Le savant qui vient de mourir était nôtre, a-t-il dit, par la naissance, par l'éducation, par la méthode et la clarté de son génie. Il appartient au monde entier par l'étendue de ses découvertes. Les bienfaits de sa science profitent à toute l'humanité.

» Louis Pasteur a dompté quelques-uns des fléaux séculaires dont notre espèce était affligée.

» Il a été l'initiateur d'autres découvertes non moins fécondes. Il a créé des sciences nouvelles.

» Comme René Descartes, il a inventé une méthode. Sa méthode, pour les sciences naturelles, a autant de portée que celle de Descartes pour les sciences exactes, mécaniques et abstraites.

» Ces deux noms, bien français, méritent d'être rapprochés dans une commune admiration, dans une commune reconnaissance.

» Les découvertes de Louis Pasteur, non plus que celles du philosophe tourangeau, n'ont été l'effet du hasard.

» Elles procèdent de la philosophie. C'est le philosophe qui a dirigé les premiers pas du savant dans le champ de l'inconnu.

» La raison de Louis Pasteur répugnant à l'hypothèse de la génération spontanée, le savant entreprit dans son laboratoire de l'École normale des recherches sur le monde des infiniment petits.

» Ses expériences victorieuses anéantirent la thèse de la création chimique des organismes inférieurs, soutenue par M. Frémy. Louis Pasteur prouva que tout être vivant provient d'un germe vivant. Poussant l'étude plus avant, Pasteur fut le Christophe Colomb du monde microscopique. Il découvrit le rôle et la fonction terrible ou salutaire de ces petits êtres en nombre infini qui sont les agents de la vie et de la mort, de la composition et de la décomposition de tous les organismes.

» Avançant avec une rigoureuse méthode, l'homme de génie conserva à ses contemporains d'immenses richesses, en leur enseignant l'art de détruire les microbes corrupteurs du vin, de la bière, de l'eau ; de détruire les germes du charbon, des moutons, du choléra des poules. Sa science bienfaisante s'étendit ensuite à l'homme. Armant les microbes les uns contre les autres, les détruisant par leur propre pullulation, il trouva la formule, le secret général des vaccins, dont Jenner n'avait fait qu'une application empirique.

» Le vaccin de la rage illustra le nom de Pasteur, et des caravanes de malades accoururent des confins du monde auprès du savant français.

» M. Roux rapporte à son maître la gloire du vaccin anti-diphtérique. D'autres s'avancent dans la voie ouverte par Louis Pasteur. Grâce à lui, l'empire de l'homme s'est étendu sur la multitude des ennemis intimes que recèle tout organisme. Un des principaux mystères de la création a été arraché à la nature et dévoilé pour le bien de tous. Les microbes, si longtemps ignorés, ont été comme domestiqués par Louis Pasteur.

» Tous ceux dont il a sauvé les biens, à qui il a épargné des deuils, à qui il a sauvé la vie, entoureront sa tombe de gratitude, d'admiration et de respect.

» Il fut grand et désintéressé. Il répandit, sans réserve, sur tous les bienfaits de son génie, et il reçut les témoignages de la reconnaissance nationale sans les avoir sollicités.

» Sa gloire rejaillit sur notre nation. Il ne fut pas seulement un grand Français, mais un grand homme. »

*
* *

« Pour la masse des hommes, a écrit de son côté M. Eugène Melchior de Vogüe, indifférente aux spéculations désintéressées, cette gloire du savant n'est faite que de souffrance vaincue, et ce génie de patience est un génie de bonté. Pendant que nous le conduisions à Notre-Dame, des chanteurs populaires assemblaient les ouvriers dans les carrefours; ils chantaient une naïve complainte sur la mort du *bienfaiteur*. Je les écoutais en m'en revenant; il me semblait voir naître la légende, qui le représentera quelque jour comme l'un de ces demi-dieux que les mythes antiques nous ont légués, héros vainqueurs des fléaux, dompteurs des monstres, protecteurs des hommes.

» L'admiration et la reconnaissance des générations successives feront du modeste savant un héros moderne. »

* *

MM. Cornély et l'abbé Garnier, qui ont chacun consacré un article à la mémoire de Pasteur, se sont surtout appuyés sur le caractère chrétien du maître.

« Pasteur, a dit le premier, a su être à la fois *le plus grand des savants et un chrétien fervent.*

» Aucune de ses expériences célèbres n'a jamais été prise en défaut. Elles forment, comme disait un de ses collègues, un bloc inattaquable, auquel viendront se souder toutes les découvertes postérieures.

» En même temps, il a eu la foi du charbonnier, « du paysan breton », comme il disait.

» Il est parti, persuadé qu'il avait une âme, que cette âme allait comparaître devant son juge.

» Et il a terminé la plus irréprochable de toutes les vies par un acte de contrition et par une absolution.

» Quel exemple à opposer à ces demi-savants qui peuplent nos assemblées et qui ont donné pour but à leur vie inutile l'installation parmi nous de l'athéisme officiel !

» Quelle matière à réflexion pour les hommes de bonne foi et même pour les ignorants, que le défaut de lumières personnelles oblige à tout accepter sur la foi d'autrui et qui demeurent matérialistes, parce qu'ils voient des gens plus forts qu'eux matérialistes !

» Il me semble que si je n'avais pas le bonheur de croire, je me serais fait, en revenant de Notre-Dame, le raisonnement suivant :

« Pasteur, de l'aveu de tous, est le premier des savants du » monde. Jamais je ne serai aussi fort que lui. Or, Pasteur » croyait en Dieu et vivait en bon chrétien. Donc, il faut croire » en Dieu et vivre en bon chrétien.

» Ce raisonnement est à la portée de tout le monde. On peut être sûr que plus d'un le fait parmi les assistants et parmi les curieux, car, sans cela, on devrait désespérer de l'intelligence humaine, au sein même de son apothéose. Et ainsi, Louis Pasteur aura rendu à son pays, en illuminant les âmes du fond de son cercueil et en leur rappelant l'existence de Dieu vivant, un service encore plus grand que celui qu'il lui rendit en lui révélant l'existence des microbes. Plus que personne, il a éclairé les origines de la vie. Plus que personne, il en éclaire la fin. »

De son côté, l'abbé Garnier a consacré ces quelques touchantes lignes à la mémoire de Pasteur :

« Louis Pasteur a-t-il écrit, fut un chrétien. Sa mort l'a dit de façon touchante, et les récits qu'on en a faits nous montrent cette haute intelligence humblement inclinée sous l'enseignement et la direction suprême du confesseur ; cette conscience si droite, et qui avait plus qu'aucune autre le droit de se croire sans reproche, se courbant sous l'absolution et rendant à Dieu, qu'elle avait si noblement servi, le suprême témoignage de son repentir.

» Or, cette mort, qu'on ne l'oublie pas, ne fut que la conclusion logique, le digne couronnement d'une vie qui n'a jamais dévié. Un coup d'œil sur l'œuvre de Pasteur, le souvenir des paroles qu'il prononça, suffisent à mettre à néant la thèse des prétentieux vulgarisateurs qui, s'érigeant en savants, avaient proclamé la science et la foi incompatibles.

» Pasteur, pendant son agonie, avait entre les mains la sainte image de Jésus crucifié. Ce grand bienfaiteur de l'humanité a baisé de ses lèvres mourantes les pieds percés de clous du Sauveur des hommes. Il s'est endormi comme le plus humble des pauvres gens, pressant encore la Croix dans ses mains laborieuses.

» Que l'on dise maintenant que la religion appartient aux

pauvres d'esprit et aux bonnes femmes. Oui, certes, et c'est là sa plus touchante splendeur, sa plus sublime beauté, car on est bien forcé de reconnaître aussi, devant la tombe de Pasteur, qu'elle est encore, la douce et maternelle religion, la consolatrice et le guide des plus hautes intelligences ; car nous savons enfin, mon Dieu ! que vos bras tout grands ouverts par le supplice, lorsqu'ils se refermeront sur les élus au jour du jugement, enserreront dans la même étreinte de pardon et d'amour les plus obscures misères et les plus hauts dévouements, les plus humbles faiblesses et les plus rayonnantes gloires ! »

Qu'ajouterons-nous de plus ? Après tous les hommages que nous venons d'énumérer brièvement, combien on sent qu'elles étaient justes ces paroles d'un des plus distingués collaborateurs du maître — nous avons nommé M. le professeur Grancher — qui, parlant des sublimes découvertes de Pasteur, s'écriait naguère dans une conférence célèbre faite à la jeunesse des Écoles de Paris :

« ... Et si vous voulez mon opinion, la voici : lorsque dans un millier d'années, vers l'an 2893, un médecin parlera aux jeunes générations, ses élèves, de la marche et de l'évolution de la médecine, il citera, avant tous les autres, ces deux noms immortels : Hippocrate et Pasteur. »

APPENDICE

PASTEUR A ARBOIS

Un habitant d'Arbois, M. Jules Perroux, qui a bien connu Pasteur, nous a communiqué ces curieuses notes sur le maître. Intéressantes au possible, elles nous le font encore mieux apprécier et aimer.

« Bien que Pasteur soit né à Dôle, sa ville natale d'adoption, si on peut s'exprimer ainsi, est Arbois. Il n'avait que dix-huit mois lorsque son père vint fonder une tannerie sur les bords de la Guisance, auprès du pont de Couturette, dans le bas de la ville ; et l'on sait qu'il fit ses premières études classiques dans le vieux collège qui, je n'en doute pas, portera bientôt son nom. Peu d'hommes ont aimé autant que Pasteur la ville où s'est écoulée leur enfance, peu ont chéri autant que lui la maison paternelle. Pendant tout le cours de sa carrière, sauf quelques années — et on saura plus loin pour quel motif — il vint passer ses vacances à Arbois ; il enrichit de ses dons la biblio-thèque municipale, il dota son vieux collège de luxueux prix annuels, et toujours les Arboisiens le trouvèrent prêt à agir en leur faveur, non par des recommandations banales, mais par des démarches personnelles. Son gendre, M. Vallery-Radot, l'écrivain distingué, s'est même fait inscrire comme avocat au barreau d'Arbois, ainsi qu'en fait foi le Bottin.

» L'auteur de l'*Histoire d'un savant par un ignorant*, raconte qu'il a trouvé à Arbois des dessins de Pasteur dénotant de grandes dispositions artistiques. Oui, Pasteur était né artiste. Il s'est contenté, ne pouvant tout embrasser, d'être un dilettante fervent de l'art, mais pas un dilettante ordinaire. En veut-on une preuve? C'est lui qui a deviné le grand peintre Pointelin, un Arboisien aussi. C'est lui qui a fait venir à Paris, du fond de la province, l'auteur des paysages harmonieux et doux qu'on admire maintenant au Luxembourg. Et que de fois, dans ce musée du Luxembourg, voisin du laboratoire de la rue d'Ulm, on a pu rencontrer Pasteur, s'isolant dans la foule du dimanche pour se livrer à ses jouissances préférées ! — Il avait trop de besogne pour venir un autre jour.

» Artiste, il l'était en tous points. Ce n'est certes pas le moment de sourire quand la France pleure, mais on ne m'en voudra pas de rapporter ici un souvenir qui m'a été transmis par ma mère. A l'époque où Pasteur était au collège, les distributions de prix étaient accompagnées d'une représentation théâtrale. Un de ces jours solennels, le principal, M. Romanet, dont le nom reviendra plus loin, fit jouer le *Misanthrope*. Qui fut chargé du rôle d'Alceste, l'élève Louis Pasteur; il était artiste, il était aussi littérateur, aussi bien dans ses œuvres scientifiques que dans ses discours. Ses mémoires sont écrits avec un style magistral et une admirable clarté. Fait peu commun, tout le monde peut les lire et les comprendre, qu'il s'agisse de la dissymétrie moléculaire ou du chauffage des vins, du dédoublement de l'acide racémique ou de la fabrication du vinaigre. Dans sa modestie Pasteur attribuait cette qualité rare dont

chacun lui faisait compliment à deux causes, d'abord les leçons
de ses professeurs de lettres. Il a rendu un jour un public
hommage à la mémoire du principal dont j'ai parlé plus haut.
« M. Romanet, affirme Pasteur dans un discours prononcé en
août 1875, était un de ces hommes dont on dit : Celui-là n'est
pas à sa place. » Une autre fois celui qui écrit ces lignes a entendu Pasteur répondre à un de ses anciens professeurs de
littérature, M. Bousson de Mairet : « Allons, monsieur Bousson, trève de compliments : mais à qui dois-je alors de savoir
écrire ? » Quant à l'autre raison donnée par l'illustre savant
pour se dérober aux éloges, il l'a exprimée dans ce passage
d'un discours de 1875 :

« Les grandes vérités ont des lumières propres qui éclairent
tous les esprits. » Par cette phrase frappée au coin de
La Bruyère, la modestie du grand homme prouve plutôt le
contraire de ce qu'il eût voulu démontrer pour servir en quelque sorte d'excuse à son génie.

*
**

Pasteur était profondément spiritualiste et même sincère-
ment catholique, sans dévotion outrée. Ici vient se placer tout
naturellement un souvenir essentiellement arboisien.

« Il existe à Arbois une institution d'une ancienneté très
reculée et qui ne manque pas d'un certain pittoresque. Les
jeunes vignerons mariés dans le courant de l'année forment une
sorte de milice volontaire, ayant pour fonction de veiller à la sûreté de la récolte et qu'on nomme la compagnie des gardes-fruits.
A partir de l'époque où le raisin commence à mûrir, ils passent à
tour de rôle la nuit dans les vignes. La veille du jour de la fête
patronale d'Arbois — la Saint-Just — qui se célèbre le premier dimanche de septembre, ils confectionnent, avec du raisin
blanc et noir déjà mûr, une grappe artificielle énorme qu'on

appelle le biou, vocable dont l'origine n'a jamais été nettement établie.

» Le lendemain à huit heures du matin, le biou, porté comme la grappe légendaire de la terre promise, est conduit à l'église paroissiale au son des cloches et des instruments de musique, accompagné par les gardes-fruits armés d'antiques hallebardes, insignes de leurs fonctions. Il est bénit solennellement; puis les chants religieux retentissent, les cloches sonnent à toute volée et le biou s'élève avec majesté dans le chœur devant la lampe du sanctuaire en tournoyant au milieu des fumées de l'encens. Il est peu de cérémonies plus belles et plus touchantes que cette offrande des prémices de la récolte. Eh bien ! si cette coutume à la fois religieuse et pittoresque n'a pas disparu aujourd'hui, c'est grâce à Pasteur. En 1885, certains avaient persuadé aux gardes-fruits qu'elle était contraire à la dignité des vignerons intelligents et libres-penseurs.

» La fête patronale du 6 septembre devait avoir lieu sans biou. Que se passa-t-il dans la nuit du 5? Je ne saurais le dire au juste, mais le lendemain, à l'heure habituelle, un biou magnifique était transporté à l'église par un nombre respectable de hallebardiers et accompagné par Pasteur, à pied et tête nue. Les larmes me viennent aux yeux à ce souvenir, larmes de respect et d'admiration, quand je vous disais que Pasteur n'a jamais hésité à faire des démarches personnelles! Et il revint à Arbois en septembre 1886, 1887, 1888, et chaque fois il accompagna le biou. On le supprimera difficilement maintenant, ce biou traditionnel. En septembre 1889, Pasteur ne vient pas à Arbois.

» Le jour est venu d'expliquer un fait dont tous les journaux du monde ont parlé et qui repose sur un simple malentendu, on le sait maintenant. Pasteur aimait Arbois, ai-je dit; inutile d'ajouter qu'il y était adoré. C'est un deuil pour toute la ville lorsqu'il est une première fois gravement malade, il y a vingt ans; en 1875, le conseil municipal lui offre une parcelle de terrain qu'il a demandé à acheter; en 1883, on lui organise une réception triomphale; on donne son nom à la rue qui conduit de sa maison à la station du chemin de fer.

» Et voilà qu'un jour, en août 1889, Pasteur encore à Paris, mais se préparant à venir à Arbois, lit dans tous les journaux que le conseil municipal a débaptisé l'avenue Pasteur pour l'appeler avenue de la Gare.

» Les parents et les amis intimes du grand homme connurent seuls alors l'étendue de la peine qu'il ressentit. Elle fut telle qu'il s'abstint de son voyage ordinaire.

» L'année suivante, il ne vient encore pas malgré les invitations et les sollicitations de ses vieux camarades du collège. Le 6 septembre 1890, on couvre les murs de la ville d'innombrables affiches portant imprimé : « Vive Pasteur ! » en grandes lettres dorées. Enfin, en 1891, une adresse est signée par la majorité ou plutôt l'unanimité des habitants, pour regretter son absence prolongée. Alors, il ne peut plus douter des sentiments de ses compatriotes aimés, il accourt auprès d'eux, et le 12 octobre, jour même de son arrivée, le maire de la ville, M. Émile Boilley, se rend chez lui pour expliquer que l'avenue Pasteur n'a jamais changé de nom, quoi qu'en aient dit les journaux. Un arrêté probablement mal rédigé, et qui était destiné uniquement à fixer les limites de l'avenue de la Gare, avait causé ce malentendu qui chagrinait d'autant plus les Arboisiens, que les habitants de Garches s'étaient empressés de donner le nom de Pasteur à une de leurs rues.

» Combien il a dû regretter de ne pas finir ses jours dans la maison paternelle, qu'il avait fait surélever d'un étage! Il se serait doucement éteint au bruissement de l'écluse de Couturette qui a bercé son enfance, et aurait pu donner un dernier regard aux cimes touffues des deux acacias du jardinet, qui ont le même âge que lui. »

UN HOMMAGE POPULAIRE

La redingote de Pasteur.

L'ingéniosité du camelot parisien ne connaît pas de bornes. Un de ces industriels, pour qui toute cérémonie, joyeuse ou triste, est prétexte à petit commerce, s'était installé, samedi matin, pendant les funérailles de Pasteur, à l'angle du boulevard Saint-Germain et de la place Saint-Germain-des-Prés, et adressait « le boniment » suivant à la foule qui l'entourait :

« Mesdames et messieurs, je ne suis pas un charlatan, un besoigneux ! Je suis un brocanteur de métier, et si je viens sur la place publique, ce n'est pas dans un esprit de lucre, mais dans un noble but. »

D'un air grave et solennel, il plaçait la main gauche sur son cœur et agitait de la main droite un lambeau d'étoffe noire.

« Ce morceau de drap, poursuivait-il, d'un ton convaincu, est un morceau authentique de la redingote que portait l'illustre savant en 1874, à l'époque ou il était professeur de chimie à la Sorbonne ! »

Il expliquait alors dans quelles circonstances M. Pasteur avait donné ce vêtement à un malheureux qui, très perspicace, l'avait revendu aussitôt. A l'appui de ses assertions, notre homme exhibait un papier jauni et crasseux. C'était le certificat du malheureux vendeur, ainsi libellé :

« Je soussigné reconnais avoir reçu cette redingote des mains du domestique de M. Pasteur, ce dernier la lui ayant donnée dour me la remettre. »

Brandissant une paire de ciseaux, le camelot découpait avec d'infinies précautions un morceau large de quelques centimètres à peine en s'écriant :

Qui n'a pas sa relique? « C'est à 50 centimes le morceau !... »

Muette, la foule des ouvriers achetait naïvement la « relique » et la serrait avec un soin pieux. Au lieu d'être choquant, ce fait prenait un caractère touchant qui montre à quel point le peuple vénère le nom de l'illustre savant.

Les gardiens de la paix laissant dire et faire, l'homme avait vendu, au bout d'une heure, son dernier morceau de redingote.

LES PORTRAITS DE PASTEUR

Parmi les nombreux portraits de M. Pasteur, il nous faut en signaler quelques-uns tout spécialement :

Le buste de Pasteur, par M. Pierre Dubois, de l'Institut, figura au Salon de 1880.

Pasteur est ici représenté tête nue, les cheveux et la barbe coupés courts.

Deux autres portraits peints de Pasteur ont paru au Salon de 1886 : l'un, par M. Bonnat, représente Pasteur, debout, la main appuyée sur l'épaule de sa petite-fille, mademoiselle Vallery-Radot; l'autre, qui est dû à M. Edelfelt, montre le savant dans son laboratoire, en train d'approfondir les mystères des microbes. « Chez M. Bonnat, a dit Albert Wolff, la figure est construite par un homme de science; elle est peinte par un artiste des plus habiles; la qualité des soins est indiscutable... Avec moins d'autorité, mais avec plus d'émotion,

M. Edelfelt nous montre M. Pasteur dans l'intimité, tel que nous le concevons, sans l'avoir vu. M. Bonnat a peint le père de famille... M. Edelfelt le fait vivre devant nous, dans la marche de sa pensée, dans l'état de son âme ou de son esprit, enfin de cette gestation mystérieuse de la découverte qui a assuré le renom de M. Pasteur pour tous les temps. »

BIBLIOGRAPHIE

DES

PRINCIPAUX OUVRAGES DE L. PASTEUR

ON verra par le tableau bibliographique suivant, quels travaux considérables a accompli Pasteur et que l'épithète de savant laborieux lui est acquise sans contestation.

Note sur la cristallisation du souffre (*C. R.* 1848, t. XXVI, p. 48).

Recherches sur divers modes de groupement dans le sulfate de potasse (*C. R.*, 1848, t. XXVI, p. 304).

Recherches sur le Dimorphisme (*C. R.*, 1848, t. XXVI, p. 353).

Mémoire sur la relation qui peut exister entre la forme cristalline et la composition chimique, et sur la cause de la polarisation rotative (*C. R.*, 1848, t. XXVI, p. 53).

Note sur la quinidine (*C. R.*, 1853, t. XXXVI, p. 26).

Rech erches sur les alcoloïdes des quinquinas (*C. R.*, 1853, t. XXXVII, p. 110).

Mémoire sur l'alcool amylique (*C. R.*, 1855, t. XLI, p. 296).

332 BIBLIOGRAPHIE

Note sur le sucre de lait (*C. R.*, 1856, t. XLII, p 347).

Isomorphisme entre les corps isomères, les uns actifs, les autres inactifs, sur la lumière polarisée (*C. R.*, 1856, t. XLII, p. 1259).

Études sur les modes d'accroissement des cristaux et sur les causes des variations de leurs formes secondaires (*C. R.*, 1856. t. XLIII, p. 795).

Mémoire sur la fermentation appelée lactique (*C. R.*, 1857, t, XLV, p. 913).

Mémoire et Lettre sur la fermentation alcoolique (*C. R.*, 1857, t. XLV, p. 1032 ; 1858, t. XLVI, p. 179 ; 1859, t. XLVIII, p. 1149).

Mémoire sur la fermentation de l'acide tartrique (*C. R.*, 1858, t. XLVI, p. 615).

Production constante de glycérine dans la fermentation alcoolique (*C. R.*, 1858, t. XLVI, p. 857).

Nouvelles recherches sur la fermentation alcoolique (*C. R.*, 1858, t. XLVII, pp. 224 et 1011).

Nouveaux faits pour servir à l'histoire de la levure lactique (*C. R.*, 1859, t. XLVIII, p. 337).

Nouveaux faits concernant la fermentation alcoolique (*C. R.*, 1859. t. XLVIII, p. 640).

Sur la fermentation alcoolique ; cellulose et matières grasses de la levure constituées aux dépens du sucre (*C. R.*, 1859, t. XLVIII, p. 735).

Note en réponse à M. Berthelot sur la fermentation alcoolique de la levure de bière (*C. R.*, 1859, t. XLVIII, p. 737).

Expériences relatives aux générations dites spontanées (*C. R.*, 1860, t. L, p. 303 ; t. LI, pp. 348 et 675).

De l'origine des ferments. Nouvelles expériences relatives aux générations dites spontanées (*C. R.*, 1860, t. L, p. 849).

Note sur la fermentation alcoolique en réponse à M. Berthelot (*C. R.*, 1860, t. L, p. 1083).

Note sur le *Penicillium glaucum* et sur la dissymétrie moléculaire des produits organiques naturels (*C. R.*, 1860, t. LI, p. 298).

Recherches sur le mode de nutrition des Mucédinées (*C. R.* 1860, t. LI, p. 709).

De l'influence de la température sur la fécondité des spores des Mucédinées (C. R., 1861. t. LII, p. 16).

Animalcules infusoires vivant sans gaz oxygène libre, et déterminant des fermentations (C. R., 1861, t. LII, p. 344).

Mémoire sur les corpuscules organisés qui existent en suspension dans l'atmosphère. Examen de la doctrine des générations spontanées (C. R., 1861, t. LII. p. 1142 ; 1862, t. LIV, p. 1270).

Expériences et vues nouvelles sur la nature des fermentations (C. R., 1861, t. LII, p. 1260).

Étude sur les Mycodermes ; rôle de ces plantes dans la fermentation acétique (C. R., 1862, t. LII, pp. 160 et 265).

Suite à une note précédente sur les Mycodermes ; nouveau procédé industriel de fabrication du vinaigre (C. R., 1862, t. LV, p. 28).

Nouvel exemple de fermentation déterminée par des animalcules infusoires, pouvant vivre sans gaz oxygène libre, et en dehors de tout contact avec l'air atmosphérique (C. R., 1863, t. LVI, p. 416).

Examen du rôle attribué au gaz oxygène atmosphérique dans la destruction des substances animales et végétales après la mort (C. R., 1863, t. LVI, p. 734).

Sur la présence de l'acide acétique parmi les produits de la fermentation alcoolique (C. R., 1863, t. LVI, p. 989).

Remarques sur une note de M. Van Tieghem concernant la coloration rose violet développée par les acides dans les fibres du liber et du bois (C. R., 1803, t. LVI, p. 991), et sur une note de M. Béchamp sur le même sujet (C. R., 1863, t. LVI, p. 1109).

Recherches sur la putréfaction (C. R., 1863, t. LVI, p. 1189).

Réponse aux observations critiques de MM. Pouchet, Joly et Musset contenues dans leur Mémoire sur l'hétérogénie (C. R., 1863, t. LVII, pp. 724 et 846).

Étude sur les vins ; de l'influence de l'oxygène de l'air dans la vinification (C. R., 1863, t. LVII, p. 936).

Note relative à des réclamations de priorité de M. Béchamp sur les fermentations et générations dites spontanées (C. R., 1863, t. LVII, p. 967).

Note sur les générations spontanées (C. R., 1864, t. LVIII, p. 21).

Remarques sur une fausse allégation d'un ouvrage de M. Pouchet
(*C. R.*, 1864, t. LVIII, pp. 22 et 192).

Des altérations spontanées ou maladies des vins (*C. R.*, 1864,
t. LVIII, pp. 93 et 142).

Remarques à l'occasion d'une demande de MM. Pouchet, Joly et
Musset, pour qu'on attende le retour de la saison chaude avant de
répéter leurs expériences sur l'hétérogénie. M. Pasteur déclare
que, pour lui, il est prêt en toute saison à les répéter (*C. R.*, 1864,
t. LVIII, p. 471).

Sur la lumière phosphorescente des Cucuyos (*C. R.*, 1864, t. LIX,
p. 509).

Remarques à l'occasion d'un Mémoire de MM. Bussy et Buignet
sur les changements de température produits par le mélange de
liquides de nature différente (*C. R.*, 1864, t. LIX, p. 689).

Procédé pratique pour la conservation et l'amélioration des vins
(*C. R.*, 1865, t. LX, p. 899; t. LXI, p. 274).

Note sur les dépôts qui se forment dans les vins (*C. R.*, 1865,
t. LX, p. 1109).

Remarques à l'occasion d'une note de M. Davaine relative à la
maladie charbonneuse (*C. R.*, 1865, t. LXI, p. 226).

Note à l'occasion d'une communication de MM. Leplat et Jaillard,
concernant la maladie du sang de rate (*C, R.*, 1865, t. LXI, p. 301).

Observations sur la maladie des vers à soie (*C. R.*, 1865, t. LXI,
pp. 475 et 506).

Sur l'emploi de la chaleur comme moyen de conservation du vin
(*C. R.*, 1865, t. LXI, p. 979).

Observations relatives à diverses notes de M. V. Meunier concernant la question des générations spontanées (*C. R.*, 1865, t. LXI,
p. 1091).

Observations au sujet d'une note de M. Pouchet sur la résistance
vitale (*C. R.*, 1866, t. LXIII, p. 1139).

Nouvelles études sur la maladie des vers à soie (*C. R.*, 1866,
t. LXIII, p. 126).

Remarques relatives à une communication de M. Donné sur la
génération spontanée des moisissures végétales (*C. R.*, 1866, t. LXIII,
p. 395.)

Observations au sujet d'une note de M. Béchamp sur la maladie actuelle des vers à soie (*C. R.*, 1866, t. LXIII, pp. 317 et 427), et de M. Balbiani sur le même sujet (*Ibid.*, p. 441).

Nouvelles études expérimentales sur la maladie des vers à soie (*C. R.*, 1866, t. LXIII, p. 897).

Remarques à l'occasion d'une note de M. Donné sur la génération spontanée des animalcules infusoires (*C. R.*, 1866, t. LXIII, p. 1073).

Lettres à M. Dumas sur la nature des corpuscules des vers à soie et sur la maladie des vers à soie (*C. R.*, 1867, t. LXIV, pp. 835, 1109 et 1113).

Observations relatives aux expériences de M. Chauveau sur la nature du virus vaccin (*C. R.*, 1868, t. LXVI, p. 321).

Lettre à M. Dumas sur les éducations précoces de graines de races indigènes provenant de chambrées choisies (*C. R.*, 1868, t. LXVI, pp. 689 et 721).

Note sur la maladie des vers à soie désignés vulgairement sous le nom de *morts blancs* et de *morts flats* (*C. R.*, 1868, t. LXVI, p. 1289).

Rapport sur la Mission de 1868 relative à la maladie du ver à soie (*C. R.*, 1868, t. LXVII, p. 581).

Moyen de reconnaître aux essais précoces sur les graines de vers à soie celles qui sont prédisposées à la maladie des morts flats (*C. R.*, 1868, t. LXVII, p. 813).

Sur les bons effets de la sélection cellulaire dans la préparation de la graine de vers à soie (*C. R.*, 1869, t. LXVIII, p. 79).

Lettre à M. Dumas, à propos d'une lettre de M. Cornalia sur la méthode proposée pour régénérer les vers à soie (*C. R.*, 1869, t. LXVIII, p. 628).

Résultat des observations faites sur la maladie des morts flats soit héréditaire, soit accidentelle (*C. R.*, 1869, t. LXVIII, p. 1229).

Observations relatives à une note de M. Raybaud-Lange sur la sériciculture (*C. R.*, 1869, t. LXVIII, p. 1433).

Note sur la sélection des cocons faite par le microscope pour la régénération des races indigènes de vers à soie (*C. R.*, 1869, t. LXIX, p. 158).

De la confection de la graine de vers à soie et du grainage indigène (*C. R.*, 1869, t. LXIX, p. 744).

Sur la pratique du chauffage pour la conservation et l'améliorations des vins (*C. R.*, 1869, t. LXIX, p. 577, et 1872, t. LXXV, p. 303.

Réponse aux observations sur le chauffage des vins, faites par M. Thénard (*C. R.*, 1869, t. LXIX, pp. 645, 905 et 973), et par M. de Vergnette-Lamothe (*Ibid.*, 1869, t. LXIX, p. 905, et 1872, t. LXXIV, pp. 791 et 845).

Lettre à M. le maréchal Vaillant sur les résultats obtenus dans l'éducation des races françaises de vers à soie à Villa-Vicentina (*C. R.*, 1870, t. LXX, p. 1319).

Résultats des éducations pratiques de vers à soie effectuées au moyen des graines préparées par les procédés de sélection (*C. R.*, 1870, t. LXXI, p. 182).

Note sur un Mémoire de Liebig, et des Observations de M. Frémy sur les fermentations, l'origine et la nature des ferments (*C. R.*, 1871, t. LXXIII, pp. 1419 et 1427; 1872, t. LXXIV, pp. 403 et 505, et t. LXXV, pp. 784, 781, 900, 981, 987, 1056, 1062, 1066 1170, 1172 et 1217).

Observations à propos d'une communication de M. Trécul sur l'origine des levures lactique et alcoolique (*C. R.*, 1871, t. LXXIII, p. 1461; 1872, t. LXXIV, p. 23, et t. LXXV. pp. 990 et 1167).

Nouvelles expériences pour démontrer que le germe de la levure qui fait le vin provient de l'extérieur des grains de raisin (*C. R.*, 1872, t. LXXV, p. 781).

Faits nouveaux pour servir à la connaissance de la théorie des fermentations proprement dites (*C. R.*, 1872, t. LXXV. p. 784).

Note sur la production de l'alcool par les fruits (*C. R.*, 1872, t. LXXV, p. 1054).

Observations au sujet des notes de MM. Béchamp et Estor sur la fermentation alcoolique (*C. R.*, 1872, t. LXXV, p. 1573).

Note relative à un Rapport de M. Cornalia sur les éducations de vers à soie en 1872 (*C. R.*, 1873, t. LXXVI, p. 461).

Etude sur la bière. Nouveau procédé de fabrication pour la rendre inaltérable (*C. R.*, 1873, t. LXXVII, p. 1140).

Observations relatives à une note de M. Vignon sur le pouvoir rotatoire de la mannite (*C. R.*, 1873, t. LXXVII, p. 1292).

Réponse aux observations de M. Trécul sur l'origine de la levure de bière (*C. R.*, 1873, t. LXXVII, pp. 1321, 1396, 1441, 1444 et 1519).

Observations relatives à une communication de MM. Gosselin et A. Robin sur l'urine ammoniacale (*C. R.*, 1874, t. LXXVIII, p. 46.)

Production de la levure dans un milieu minéral sucré (*C. R.*, 1874, t. LXXVIII, p. 213).

Observations au sujet d'une communication de M. A. Guérin sur le rôle pathogénique des ferments dans les maladies chirurgicales (*C. R.*, 1874, t. LXXVIII, p. 867).

Des forces dissymétriques naturelles (*C. R.*, 1874, t. LXXVIII, p. 1515).

Observations à propos d'une communication de M. Dumas sur l'intérêt qu'il pourrait y avoir à examiner l'effet que produirait sur une vigne la coexistence du phylloxéra et du mycélium constaté à Cully (*C. R.*, 1874, t. LXXIX, p. 1233).

Observations sur la méthode de traitement des amputés de M. A. Guérin (*C. R.*, 1875, t. LXXX, p. 87).

Nouvelles observations sur la nature de la fermentation alcoolique (*C. R.*, 1875, t. LXXX, p. 452).

Sur une distinction entre les produits organiques naturels et les produits organiques artificiels (*C. R.*, 1875, t. LXXI, p. 128).

Observations sur l'origine du sucre dans les plantes (*C. R.*, 1875, t. LXXXI, p. 1071).

Observations, à propos d'une communication de M. Boussingault, sur la végétation du maïs (*C. R.*, 1876, t. LXXXII, pp. 792 et 942).

Note sur le grainage cellulaire pour la préparation de la graine de ver à soie (*C. R.*, 1876, t. LXXXII, p. 955).

Note sur la fermentation, à propos des critiques de MM. Brefeld et Traube (*C. R.*, 1876, t. LXXXII, p. 1078).

De l'origine des ferments organisés, à propos des ouvrages de M. Frémy et de M. Tyndall (*C. R.*, 1876, t. LXXXII, p. 1285).

Sur la fermentation de l'urine (en collaboration avec M. Joubert) (*C. R.*, 1876, t. LXXXIII, p. 5).

Réponse à M. Bastian au sujet de l'altération de l'urine, de la fermentation de l'urine neutralisée par la potasse, et les germes des bactéries en suspension dans l'atmosphère et dans les eaux (en collaboration avec M. Joubert) (*C. R.*, 1876, t. LXXXIII, pp. 176 et 377; 1877, t. LXXXIV, pp. 64, 206, 307; t. LXXXV, p. 178).

Réponse à M. Berthelot sur la théorie des fermentations (*C. R.* 1876, t. LXXXIII, p. 10).

Note sur une communication de M. Sacc, relative à la panification aux Etats-Unis et aux propriétés du houblon comme ferment (*C. R.*, 1876, t. LXXXIII, p. 107).

Note sur la fermentation des fruits et sur la diffusion des germes des levures alcooliques (*C. R.*, 1876, t. LXXXIII, p. 173).

Note sur une communication de M. Durin sur la fermentation cellulosique du sucre de canne (*C. R.*, 1876. t. LXXXIII, p. 176).

Réponse à M. Frémy sur la génération intra-cellulaire du ferment alcoolique (*C. R.*, 1876, t. LXXXIII, p. 182).

Observations à propos d'une communication de M. Bouillaud sur la fièvre typhoïde (*C. R.*, 1877, t. LXXXIV, p. 106).

Sur les conserves alimentaires (*C. R.*, 1877, t. LXXXIV, p. 293).

Note au sujet d'une communication de M. Weddell sur l'avantage qu'il y aurait à remplacer la quinine par la cinchonidine (*C. R.*, 1877, t. LXXXIV, p. 577).

Etude sur la maladie charbonneuse (en collaboration avec M. Joubert) (*C. R.*, 1877, t. LXXXIV, p. 900).

Remarques sur une communication de M. Raynaud à propos du charbon (*C. R.*, 1877, t. LXXXIV, p. 1520).

Note sur le charbon et la septicémie (*C. R.*, 1877. t. LXXXV, pp. 61 et 101).

Réponse à M. Trécul sur l'origine des levures alcooliques (*C. R.*, 1878, t. LXXXVI, p. 56).

La théorie des germes et ses applications à la médecine et à la chirurgie (en collaboration avec MM. Joubert et Chamberland) (*C. R.*, 1878, t. LXXXVI, p. 1037).

Observation sur le mémoire de M. Cunning relatif à l'anaérobie des microorganismes (*C. R.*, 1878, t. LXXXVII, p. 33).

Sur le charbon des poules (en collaboration avec MM. Joubert et Chamberland) (*C. R.*, 1878, t. LXXXVII, p. 47).

Sur la théorie de la fermentation, à l'occasion d'un article publié dans la *Revue scientifique* sous le titre de « la Fermentation alcoolique, dernières expériences de Claude Bernard » (*C. R.*, 1878, t. LXXXVII, pp. 125, 185 et 813, et 1879, t. LXXXVIII, p. 1169).

Réponses aux observations de M. Berthelot relatives à ce mémoire (*C. R.*, 1878, t. LXVXXII, p. 1053 ; 1879, t. LXXXVIII, pp. 58, 133 et 255).

Réponses aux observations de M. Trécul sur la fermentation et les êtres inférieurs (*C. R.*, 1878, t. LXXXVII, p. 1059, et 1879, t. LXXXVIII, pp. 58, 106, 254 et 255).

De l'extension de la théorie des germes à l'étiologie de quelques maladies communes (*C. R.*, 1880, t. XC, p. 1033).

Sur l'étiologie du charbon (en collaboration avec MM. Chamberland et Roux) (*C. R.*, 1880, t. XCI, pp. 86 et 455).

Expériences tendant à démontrer que les poules vaccinées pour le choléra sont réfractaires au charbon (*C. R.*, 1880, t. XCI, p. 315).

Sur la non-récidive de l'affection charbonneuse (en collaboration avec M. Chamberland) (*C. R.*, 1880, t, XCI, p. 531).

De l'atténuation du virus du choléra des poules (*C. R.*, 1880, t. XCI, p. 673).

Nouvelles observations sur l'étiologie et la prophylaxie du charbon (*C. R.*, t. XCI, p. 697).

La vaccination du rouget des porcs, à l'aide du virus mortel atténué de cette maladie (en collaboration avec M. Thuillier) (*C. R.*, 1883, t. XCXII, p. 1163, et *Bull. Acad. de médec.*, 1883, t. XII, n° 48).

Sur une maladie nouvelle provoquée par la salive d'un enfant mort de la rage (en collaboration avec MM. Chamberland et Roux) (*C. R.*, 1881, t. XCII, p. 159, et *Bull. de l'Acad. de médecine*, 1881, 2ᵉ série, t. X, p. 94).

Sur la longue durée de la vie des germes charbonneux et sur leur conservation dans les terres cultivées (en collaboration avec MM. Chamberland et Roux) (*C. R.*, 1881, t. XCII, p. 209).

De l'atténuation des virus et de leur retour à la virulence (en collaboration avec MM. Chamberland et Roux) (*C. R.*, 1881, t. XCII, p. 429).

De la possibilité de rendre les moutons réfractaires au charbon par la méthode des inoculations préventives (en collaboration avec MM. Chamberland et Roux), *C. R.*, 1881, t. XCII, p. 662.

Le vaccin du charbon (en collaboration avec MM. Chamberland et Roux) (*C. R.*, 1881, t. XCII, p. 666).

Compte rendu sommaire des expériences faites à Pouilly-le-Fort, près Melun, sur la vaccination charbonneuse (en collaboration avec MM. Chamberland et Roux) (*C. R.*, 1881, t. XCII, p. 1378).

Sur la rage (en collaboration avec MM. Chamberland, Roux et Thuillier) (*C. R.*, 1881, t. XCII, p. 1259, et *Bull. de l'Acad. de médec.*, 1881, 2ᵉ série, t. X, p. 717).

Nouveaux faits pour servir à la connaissance de la rage (en collaboration avec MM. Chamberland, Roux et Thuillier) (*C. R.*, 1882, t. XCV, p. 1187).

Sur la vaccination charbonneuse (*C. R.*, 1883, t. XCVI, p. 979).

Réponse à la Commission de l'Ecole vétérinaire de Turin (*C. R.*, 1883, t. XCVI, p. 1457).

Nouvelles communications sur la rage (*C. R.*, 1885, t. XCVIII, pp. 457 et 1229, et 1886, t. CIII, p. 777, et *Bull. de l'Acad. de médec.*, 1886, t. XVI, n° 41).

Observations sur une note de M. Duclaux, relative à la germination dans un sol riche en matières organiques, mais exempt de microbes (*C. R.*, 1885, t. C, p. 68).

Méthode pour prévenir la rage après morsure, et réponse aux remarques de MM. Vulpian, Bouley et Larrey à ce sujet (*C. R.*, 1885, t. CI, pp. 765 et 774, et *Bull. de l'Ac. de médecine*, 1885 (2), t. XIV, n° 43).

Résultats de l'application de la méthode pour prévenir la rage après morsure, et réponse à divers observateurs (*C. R.*, 1886, t. CII, pp. 459, 468 et 835).

Rapport de la Commission pour la fondation d'un établissement destiné au traitement de la rage après morsure (*C. R.*, 1886, t. CII, p. 531).

Note accompagnant le Rapport de la Commission anglaise de la rage (*C. R.*, 1887, t. CV, p. 6).

Recherches sur la fermentation visqueuse (*Bull. Soc. chim.*, 1858, t. I, p. 21).

De la fermentation visqueuse (*Bull. Soc. chim.*, 1859, t. II, pp. 21 et 31).

Remarques sur la formation d'acide paratartrique par la mannite (*Bull. Soc. chim.*, 1859, t. II, p. 103).

Propriétés optiques des dérivés nitrés de la mannite et de la dulcite (*Bull. Soc. chim.*, 1859, t. II, p. 115).

Nature de la fermentation butyrique (*Bull. Soc. chim.*, 1861, t. III, p. 145).

Sur les fermentations acétique et butyrique (*Bull. Soc. chim.*, 1862, t. III, p. 52).

Remarques sur les acides dérivés de la sorbine et obtenus par M. Dessaignes (*Bull. Soc. chim.*, 1862, t. III p. 107).

Fermentation par des infusoires (*Bull. Soc. chim.*, 1863, t. V, p. 221).

Acide acétique dans la fermentation alcoolique (*Bull. Soc. chim.*, 1863, t. V, p. 576).

Des générations spontanées (*Bull. Soc. chim.*, 1860, pp. 138, 146 et 382).

Dosage de l'acide tartrique et de la crème de tartre dans les vins (*Bull. Soc. chim.*, 1864, t. I, p. 449; t. II, p. 3).

Influence de l'oxygène dans la vinification (*Bull. Soc. chim.*, 1864, t. I, p. 390).

Fermentation acétique (*Bull. Soc. chim.*, 1865, t. III, p. 306).

Conservation des vins par la chaleur (*Bull. Soc. chim.*, 1865, t. IV, pp. 80 et 410; t. V, p. 468; 1872, t. XVIII, p. 365).

Fabrication et conservation de la bière (*Bull. Soc. chim.*, 1872, t. XVII, p. 144 et 384; 1874, t. XXI, p. 43; t. XXII, p. 219).

Recherches sur la dissymétrie moléculaire des produits organiques naturels (Leçons, prof. à la *Soc. chimique de Paris*, le 20 janv. et le 3 févr. 1860; et *Leçons de chimie de la Société chimique de Paris*, 1861, t. I, pp. 1-48).

Sur la destruction des lapins en Australie et dans la Nouvelle-Zélande, 1 vol. in-8, 1888 (*Ann. de l'Inst. Pasteur*, 1888, t. II, pp. 1-8).

Remarques relatives à une communication de M. Gamaléia sur la vaccination préventive du choléra asiatique (*C. R.*, 1888, t. CVII, p. 434).

Sur la méthode de phophylaxie de la rage après morsure (*C. R.*, 1889, t. CVIII, p. 1228).

Observations relatives à une communication de M. Piutti sur une nouvelle espèce d'asparagine (*C. R.*, 1886, t. CIII, p. 138).

Lettre à M. Duclaux sur la rage (*Ann. de l'Inst. Pasteur*, 1887, t. I, n° 1, pp. 1-18, et t. II, 1888, n° 3, p. 117).

Du virus rabique et de la septicémie (*Bull. de l'Ac. de méde-cine* (2), 1881, t. X, p. 136).

De la septicémie puerpérale (*Bull. de l'Ac. de médecine* (2), 1879, t. VIII, pp. 256 et 565).

Précautions contre le choléra (*Revue d'hygiène*, t. V, août 1883, p. 698).

Le traitement de la rage (1 br. in-8 de 46 p. Marpon et Flamma-rion, Paris, 1886).

Études sur la maladie des vers à soie. 2 vol. in-8, Gauthier-Vil-lars, 1870. T. I, la Pétrine et la Flacherie ; t. II, Notes et docu-ments.

Mémoire sur la fermentation alcoolique (106 p.), (*Ann. de Chim. et de Phys.* (3), 1860, t. LVIII).

Mémoire sur la fermentation appelée lactique (15 p.). Communi-cation faite en août 1857 à la Société des sciences de Lille (*Ann. de Chim. et de Phys.* (3), 1858, t. LII).

Mémoire sur les acides aspartique et malique, (36 p.), (*Ann. de Chim. et de Phys.* (3), 1851, t. XXXIV).

Recherches sur les propriétés spécifiques de deux acides qui com-posent l'acide racémique (44 p.) (*Ann. de Chim. et de Phys.* (3), 18 , t, XXVIII).

Examen critique d'un écrit posthume de Claude Bernard sur la fermentation (1 vol. in-8 de 156 p., Paris, Gauthier-Villars, 1879).

Etudes sur le vin, ses maladies, causes qui les provoquent, pro-cédés nouveaux pour le conserver et pour le vieillir (1 vol. in-8 de 264 pp. Paris, Imprimerie impériale, V. Masson, 1866).

Remarques à l'occasion d'une communication de M. Feltz sur un Leptotrix trouvé dans le sang d'une femme atteinte de fièvre puer-pérale grave (*C. R.*, 1879, t. LXXXVIII, p. 612 et 1216).

Observation à propos d'une communication de MM. E. et H. Bec-querel sur le froid que peuvent supporter la bactéridie charbon-neuse et d'autres organismes microscopiques sans perdre leur vi-rulence (*C. R.*, 1879, t. LXXXVIII, p. 1015).

Sur les maladies virulentes et en particulier sur la maladie appelée vulgairement choléra des poules (*C. R.*, 1880. t. VC, pp. 239, 952 et 1050).

Remarques à l'occasion d'une note de M. Rommier relative à l'influence toxique que le mycélium des racines de la vigne exerce sur le Phylloxéra (*C. R.*, 1880, t. XC, pp. 512 et 514).

Études sur les modes d'accroissement des cristaux et sur les causes des variations de leurs formes secondaires (27 p.) (*Ann. de Chim. et de Phys.* 1856 (3), t. XLIX).

Études sur le vinaigre, sa fabrication, ses maladies, moyens de les prévenir; nouvelles observations sur la conservation des vins par la chaleur (1 vol. in-8 de VIII-119 p. Paris, Gauthier-Villars, 1868).

Studies on fermentation. The diseases of beer, their causes and the means of preventing them. A translation made with the author's sanction of « Études sur la bière », with notes, index and original illustrations, by Frank Faulkner and D. Constable Robb (1 vol. in-8 de xv-418 p. London, Macmillan, 1879).

Rapport au ministère de l'Agriculture et du Commerce sur la mission confiée à M. Pasteur en 1868 relativement à la maladie des vers à soie (1 vol. in-4 de 72 p. Paris, Impr. impér., 1868).

Sur les maladies virulentes et en particulier sur la maladie appelée vulgairement choléra des poules (1 br. in-8 de 16 p. Masson, 1880).

Observations à propos d'une note de MM. Arloing, Cornevin et Thomas sur la cause de l'immunité des adultes de l'espèce bovine contre le charbon (*C. R.*, 1881, t. XCIII, p. 608).

Sur le rouget ou mal rouge des porcs (*C. R.*, 1882, t. XCV, p. 1120).

De l'atténuation des virus (communication faite au IV° Congrès d'hygiène et de démographie de Genève (*Revue scientifique*, 16 sept. 1882 (3), t. III, pp. 353-361).

Des virus vaccins (communication faite au Congrès médical de Londres) (*Revue scientifique*, 20 août 1881 (3), t. IV, pp. 225-228).

Une statistique au sujet de la vaccination préventive contre le charbon portant sur quatre-vingt-cinq mille animaux (*C. R.*, 1882, t. XCV, p. 1250).

La vaccination charbonneuse ; réponse à un Mémoire de M. Koch *Revue Scientifique,* 1883) (3), t. V, p. 97).

Discours prononcé à l'Académie française.

Discours prononcé au jubilé du 27 décembre 1892 (jubilé de M. Pasteur, 1893, pp. 24-26).

Discours prononcé à la Conférence Scientia (*Revue Scientifique,* 1re sem., 1885, p. 221).

Discours prononcé à l'inauguration de l'Institut Pasteur (*Ann. de l'Institut Pasteur,* 1888, t. II, p. 26, supplém.).

CONCLUSION

QUAND, aux premiers siècles, l'homme apprit à se garer des bêtes féroces, des fauves, il fit le premier pas vers la civilisation ; aujourd'hui, l'homme apprend à se préserver des *microbes, ses plus grands ennemis :* c'est un pas d'égale importance. Un jour viendra où dans Paris, dans Londres, dans Berlin, dans Madrid, on ne mourra pas plus de diphtérie, de fièvre typhoïde, de scarlatine, de tuberculose, qu'on ne meurt maintenant du venin des serpents ou de la dent des chiens. C'est la plus belle des révolutions accomplies par la science, et c'est grâce à Pasteur qu'on est arrivé à ce grandiose et beau résultat.

****

Un jour viendra où les bruits de ce siècle se seront éteints, où l'on ne parlera plus des fautes commises, des désastres des années fatales, où tout ne sera plus qu'un fragment de l'histoire du monde. Ce jour-là, peut-être, un penseur dira : « Malgré tout ce qui s'est passé de mal, ce siècle a été tout de même un beau siècle pour la Science, et la France a été tout de même le premier pays de l'Europe au point de vue de la civilisation ; car ce siècle a vu les découvertes du grand génie Pasteur et c'est la France qui est sa patrie. »

Pasteur est mort, mais sa grande œuvre est bien vivante ; ses dignes apôtres qui le secondaient sont là pour la développer. Son souvenir vivra éternellement, car il était l'homme de l'humanité. En effet, n'a-t-il pas, par son génie et son travail amassé des trésors de science qu'il a distribués à mains pleines, avec la sérénité et le désintéressement des bienfaiteurs qui donnent pour le plaisir de donner, dans l'unique pensée de soulager la misère humaine. Ce bienfaiteur illustre, chargé de gloire et d'honneurs, à défaut des richesses qu'il ne recherchait pas, est descendu dans la tombe, en emportant avec les hommages si sincères de ses compatriotes, ceux de l'humanité tout entière.

Le monde entier lui est reconnaissant de ce que, sans autre but que celui de venir en aide à ses semblables, à ses frères, de les prémunir contre l'invasion des plus cruels maux, il a multiplié ses découvertes merveilleuses, sans avoir jamais cherché à en tirer le moindre profit.

Tous se sont donc inclinés devant ce grand homme qui, ayant du génie, ne l'a jamais exploité que pour l'amour du bien.

TABLE DES MATIÈRES

CHAPITRE IV

DÉCOUVERTES ET TRAVAUX

CHAPITRE V

LA RAGE

CHAPITRE VI

PASTEUR ACADÉMICIEN

CHAPITRE VII

PASTEUR INTIME

CHAPITRE VIII

PASTEUR PATRIOTE

CHAPITRE IX

L'INSTITUT PASTEUR

CHAPITRE XV

L'INSTITUT PASTEUR APRÈS LA MORT DU MAITRE

CHAPITRE XVI

PASTEUR DEVANT LES CONTEMPORAINS

APPENDICE

A LA MÊME LIBRAIRIE

BIOGRAPHIES ET RÉCITS MILITAIRES CONTEMPORAINS

Un glorieux soldat. — Mac-Mahon, maréchal de France, duc de Magenta, par XAVIER DE PRÉVILLE (6ᵉ édition). Illustrations de Clerget, Aimé Morot, Maîtrejean, etc.

Le dernier maréchal de France. — Canrobert, par le COMMANDANT GRANDIN, d'après les documents fournis par la famille de l'illustre maréchal. Ouvrage couronné par l'Académie Française. Illustrations de Maîtrejean.

Nos grandes Écoles militaires. Récits et Souvenirs, par FR. BOURNAND, professeur à l'École professionnelle catholique. Illustrations de Bouard.

La Russie militaire. — Anecdotes historiques, par FR. BOURNAND, professeur à l'École professionnelle catholique. Illustrations de Bouard.

Mémoires d'un Chef de partisans au Mexique. De Vera-Cruz à Mazatlan, par le COMMANDANT GRANDIN, lauréat de l'Académie Française. Illustrations de Maîtrejean.

Histoire d'un marin. Le vice-amiral Jurien de La Gravière, par le COMMANDANT GRANDIN. Illustrations de Maîtrejean.

Au pays du soleil. Épisodes de la guerre d'Afrique, par le COMMANDANT GRANDIN. Illustrations de Maîtrejean.

Dans le passé. — Chanzy, par le COMMANDANT GRANDIN, ancien officier d'ordonnance du général Chanzy. Illustrations de Bouard.

Autour du Drapeau russe. — Alexandre III, empereur de Russie, par le COMMANDANT GRANDIN, commandeur de l'ordre de saint Stanislas de Russie. Illustrations de Maîtrejean.

Jeanne d'Arc, vierge et martyre, par l'abbé FESCH. Illustrations de Méjanel.

Légendes de Notre-Dame de Paris, par PAULINE DE GRANDPRÉ. Illustrations de Maîtrejean. *Ouvrage offert à Messieurs les officiers de l'Escadre russe, à leur passage à Paris, le 20 octobre 1893.*

A PASTEVR
LE IOVR DE SES 70 ANS
LA SCIENCE
ET L'HVMANITE
RECONNAISSANTES
XXVII
DECEMBRE
MDCCCXCII

www.ingramcontent.com/pod-product-compliance
Ingram Content Group UK Ltd.
Pitfield, Milton Keynes, MK11 3LW, UK
UKHW022324090726
13658UKWH00001B/61